Frau Fitz

JC Snaith

Writat

Diese Ausgabe erschien im Jahr 2024

ISBN: 9789359941875

Herausgegeben von
Writat
E-Mail: info@writat.com

Inhalt

KAPITEL I

NACH REUTER

„Es schneit“, sagte Frau Arbuthnot.

"Pech!" knurrte ich hinter meiner Zeitung hervor. „Dieses unaussprechliche Klima! Warum können wir den Wetterschreiber nicht entlassen?“

„Weil er ein ständiger Beamter ist“, sagte Joseph Jocelyn De Vere Vane-Anstruther, der den Raum betrat. „Und das sind die Leute, die das umnachtete Land regieren.“

Joseph Jocelyn De Vere Vane-Anstruther war recht schick gekleidet. Es war der erste Dezember, und die Hunde – es gibt nur ein Rudel im Vereinigten Königreich – wollten dem Land eines Nachbarn einen jährlichen Besuch abstatten . Mit bewusster Großartigkeit strebte meine angeheiratete Verwandtschaft schnurstracks an die Anrichte. Er hielt einen Moment inne und überlegte, welcher von zwei zwingenden Pflichten er den Vorrang geben sollte: nämlich seinen täglichen Bericht über das persönliche Erscheinen seines Gastgebers zu erstatten oder herauszufinden, was es zu essen gab. Der Zustand der Elemente ermöglichte es Mutter Natur, sich einen Ehrentitel zu sichern Ästhetizismus . Jodey begann langsam, aber entschlossen zwischen den Schüsseldeckeln zu suchen.

„Kedgeree! Zweimal in zwei Wochen. Schau mal, Mops, das geht nicht.“

Mrs. Arbuthnot blätterte in dieser Zeitschrift, die für die bescheidene Summe von einem halben Penny den Glanz der Geschichte nur zu fünf Prozent wiedergibt. seiner Verantwortung. Sie blätterte lediglich eine Seite um. Ihr Bruder, der genug Kedgeree auf seinen Teller gehäuft hatte, um eine Mahlzeit für den Durchschnittsbürger zuzubereiten, pfefferte und salzte es ebenso großzügig und schlug dann Kaffee vor.

„Tee ist besser für die Verdauung“, sagte Mrs. Arbuthnot mit ihrer natürlichen Miene schlichter Autorität.

„Ich weiß“, sagte Jodey, „deshalb bevorzuge ich die anderen Sachen.“

„Männer sind so vernunftig!“

„Macht es Ihnen etwas aus, den Zucker zu nehmen ?“

„Zucker macht dich fertig und ruiniert dein Aussehen.“

Ein Kardinalsatz meiner Freundin Mrs. Josiah P. Perkins, geborene Ogbourne , die früher in Brownville, Mass. lebte, lautet: „Pferdeverstand zahlt sich immer aus.“ Unter den Töchtern der Männer kenne ich keine, die mit dieser glücklichen Eigenschaft ausgestattet wäre wie die liebenswürdige Teilnehmerin an meinen Ausgaben. In diesem Fall zahlte es sich aus.

„Gib mir lieber Tee."

„Ohne Zucker?", sagte Mrs. Arbuthnot sehr charmant.

„Ein kleiner Klumpen", sagte Jodey als Zugeständnis an seine Charakterstärke.

Der junge Mann rührte seinen Tee so eifrig um, dass der kleine Klumpen tatsächlich wie ein großer aussah. Und dann heftete er seinen Blick mit einer etwas unheimlichen Ernsthaftigkeit auf meinen Mantel und meine Lederkleidung.

„Von einem lokalen Künstler namens Jobson", sagte ich demütig. „Das zweite Geschäft auf der rechten Seite, wenn Sie die Middleham High Street betreten."

„Sie sprechen für sich."

„Mein Vater war dort", sagte ich. „Mein Großvater auch. Ich glaube, zur Zeit meines Großvaters hieß die Firma Wiseman und Grundy."

„Es ist den Hunden gegenüber nicht fair . Wenn ich Brasset wäre, würde ich sie mit nach Hause nehmen ."

„Wenn du Brasset wärst", entgegnete ich, „wäre das kaum nötig. Sie würden ihren Weg nach Hause alleine finden."

„Mops ist schuld. Sie ist ordentlich erzogen worden."

„Es kommt dazu, mein Freund. Wir können nicht beide die Hosen tragen. Ihre haben bei diesen Dieben in der Regent Street einen hübschen Penny gekostet."

„Maddox Street", sagte eine langweilige Stimme aus den Nischen des *Daily Courier* .

„Diese Banditen in der Maddox Street", sagte ich mit Pathos. „Aber soweit ich weiß, könnten es diese Haie in der Mile End Road sein. Ich bin ein Baby in diesen Dingern."

„Nein, mein lieber Odo", sagte der junge Mann und brachte seinen Standpunkt etwas ausführlicher zum Ausdruck, „in diesen Dingen bist du ein Verlierer. Ein absoluter Verlierer. Ich schäme mich, gesehen zu werden, dass ich mit dir denselben Fuchs habe. Das sollte ich tun." Ich schäme mich, tot im selben Graben gefunden zu werden. Ich hasse Menschen, die es mit Kleidung nicht ernst meinen.

Mein angeheirateter Verwandter brachte ein äußerst leuchtend gelbes Seidentaschentuch hervor und schnippte nachdenklich einen unsichtbaren Staubfleck von einem makellosen Wildleder.

„Mein Gott, diese Oberteile!"

„Von einem ortsansässigen Zeichner", sagte ich, „mit Namen Bussey. Er ist sorgfältig bei den Maßen und fertigt eine Zeichnung des Fußes an."

„„ Schrecklich . Du siehst aus wie ein Kosak im Hippodrom."

„Die Madam ist Schirmherrin eines Lokals in der Bond Street. Man versteht, dass verschiedene Lizenzgebühren ihrem Beispiel folgen."

„Sie machen sich auf den Weg zum König von Illyrien", sagte Frau Arbuthnot.

„Das ist interessant", antwortete ich auf einen fragenden Blick vom Frühstückstisch. „Tatsache ist, dass meine liebenswürdige Koadjutorin in den Dingen dieses Lebens eine ausgeprägte Schwäche für das Königtum hat. Sie bestreitet es vehement und verrät es schamlos bei jeder möglichen Gelegenheit."

„In der Tat sehr interessant ", sagte ihr Bruder.

Im nächsten Moment erklang ein Schrei der Überraschung aus den Tiefen der Half-Penny-Zeitung.

"Was für ein Zufall!" rief Frau Arbuthnot aus. „Es gab einen Anschlag auf den König von Illyrien. Sie haben eine Bombe in seinen Palast geworfen und den Bruder des Premierministers getötet."

„Im Interesse der Aktionäre des *Daily Courier* ", sagte ich.

„Sei ernst, Odo", sagte Frau Arbuthnot. „Wenn ich daran denke, dass dieser liebe alte König in Gefahr ist!"

„Ja, der liebe alte König", sagte Jodey.

„Ich finde Sie beide schrecklich", sagte Mrs. Arbuthnot mit dem Geist, der sie zu einem bewunderten Mitglied der Crackanthorpe Hunt machte. „Diese schrecklichen Illyrer! Sie haben es nicht verdient, einen König zu haben. Sie sollten wie Frankreich, Amerika und die Schweiz sein."

„Sie werden bald in dieser unglücklichen Lage sein", sagte ich und blätterte auf Seite vier der Zeitung „*Times* ". „Laut Reuter scheint es ein echter Versuch gewesen zu sein . *Graf* Cyszysc – "

„Du niest zweimal", schlug Jodey vor.

„Graf Cyszysc wurde auf der Schwelle des Zweisgartenschlosses in Stücke gerissen , dessen gesamte Südwestfront zerstört wurde."

„Die Elenden!" sagte Frau Arbuthnot. „Sie sind nur für eine Republik geeignet. So ein lieber alter Mann, das Ideal dessen, was ein König sein sollte. Erinnern Sie sich nicht an ihn, als er im Staatsumzug neben dem Kaiser ritt?"

„Der alte Johnny mit den weißen Haaren", sagte Jodey und griff nach der Marmelade.

„Er sah durch und durch wie ein König aus", sagte Mrs. Arbuthnot, „und Illyrien ist auch kein sehr großer Ort."

„In einem kleinen und unbekannten Land", wagte ich es zu bemerken, „muss man bis auf den letzten Zentimeter wie ein König aussehen, sonst wird niemand glauben, dass man einer ist. In einem so wichtigen Land wie unserem spielt es keine Rolle, ob ein König wie ein König aussieht." ein Geschäftsreisender .

„Übrigens", sagte Jodey, der eine höfliche Abscheu vor allem hatte, was als *Belästigung ausgelegt werden könnte Majestät* , „Wo ist Illyrien?"

„Mein lieber Freund", sagte ich, „weißt du nicht, wo Illyrien liegt?"

„Ich wette mit dir, dass du es auch nicht tust", sagte Jodey und bemühte sich, wie junge Leute es tun, seine Unwissenheit durch eine Zurschaustellung von Unverschämtheit zu verbergen.

„Warst du nicht in Blaenau? Kennst du die Sveltkes nicht ? – hoch ! hoch !"

"Nein du?" sagte der junge Kerl dreist.

„Sie sind die älteste regierende Familie in Europa", sagte Frau Arbuthnot streng.

„Woher weißt du das, Mops?" sagte der skeptische Jugendliche.

„So steht es im deutschen ‚Who is Who'", sagte die Frau streng, „ich habe sie absichtlich nachgeschlagen."

„Mein lieber Freund", sagte ich, „wenn Sie ein bisschen weniger über Polo und ein bisschen weniger über die Fuchsjagd und ein bisschen mehr über Geographie und Fremdsprachen und die Dinge wüssten, die Effizienz ausmachen, wären Sie *auf dem Laufenden.*" mit dem Königreich Illyrien und seiner regierenden Familie. Sag dem jungen Kerl, wo dieses romantische Land ist, alte Dame.

„Zuerst gehen Sie nach Paris", sagte die Frau mit bewunderswerter Klarheit. „Und dann, ich bin mir nicht sicher, aber ich glaube, Sie kommen nach Wien, und dann, glaube ich, kommen Sie rüber und kommen nach

Illyrien. Und dann kommen Sie nach Blaenau, der Hauptstadt, wo der König lebt, der fünfhundert ist Meilen Luftlinie von St. Petersburg entfernt, weil ich es auf der Karte markiert habe.

„Nun, wenn Sie es wirklich auf der Karte markiert haben", sagte ich, „kann man nur vernünftigerweise annehmen, dass sich das Königreich Illyrien in einem Zustand der Existenz befindet."

„Sie sind zu absurd", sagte Mrs. Arbuthnot. „Der Ort ist bekannt und sein König ist berühmt."

Schießereien gibt ", sagte Joseph Jocelyn De Vere mit der Miene stillschweigender Herablassung, die ihm im gesamten englischsprachigen Raum Aufstieg verschaffte. „Man könnte es eine Woche lang ausprobieren, um zu zeigen, dass man nichts dagegen hat . "

„Wo ein König ist, kann man immer ordentlich schießen", wagte ich zu bemerken.

Mrs. Arbuthnot wandte sich wieder ihrer Zeitung zu.

„Sie wollen in Illyrien eine Republik gründen", verkündete sie, „aber der alte König ist entschlossen, sie zu vereiteln."

„Offenbar ein bisschen sportlich", sagte ihr Bruder. „Aber egal, Illyria. Gib mir noch etwas Kaffee. Wir müssen um elf an der Kreuzung sein."

„Kein tödlicher Nutzen, fürchte ich", sagte ich. „Das Glas ist sofort zurückgegangen. Und schauen Sie durch das Fenster."

„Gutes altes britisches Klima! Und auf der anderen Seite haben sie einen der besten Flecken des Landes in den Grafschaften, und Mortons Titelseiten sind immer voller Füchse."

Trotz seines Pessimismus ging mein angeheirateter Verwandter jedoch weiterhin treu mit der bescheidenen Mahlzeit um, die ihm angeboten worden war. Auch erkundigte er sich gern bei der Hausherrin, ob *genügend* Sandwiches geschnitten und *beide* Flaschen gefüllt seien; und vom nominellen Oberhaupt unserer bescheidenen Einrichtung wollte er erfahren, welche Vorkehrungen für die zweiten Reiter getroffen worden seien.

„Sie werden heute unerwünscht sein, fürchte ich."

„Puh, ein paar Flocken Schnee!"

Genau in diesem Moment war das Hupen einer Motorhupe zu hören. *Auf dem Weg* zur Haustür schlich sich ein 60 PS starker Sechszylinder der neuesten Bauart durch das Gebüsch .

„Warum, war das nicht Brasset?"

„Auf jeden Fall sein Auto."

„Was will der Mistkerl?"

Wolds 30 cm Schnee liegen und dass die Hunde besser in den Zwingern bleiben sollten."

„Puh", sagte Jodey, „er hätte sich nicht die Mühe gemacht, selbst zu kommen. Du hast doch ein Telefon, nicht wahr?"

„Zweifellos möchte er auch mit Frau Arbuthnot über den Stand der Dinge in Illyrien sprechen. Er ist ein sehr ernster Kerl mit politischen Ambitionen."

Außerdem hätte ich hinzufügen können – was ich jedoch nicht tat –, dass der Kapitän der Crackanthorpe in seiner Haltung respektvoller Aufmerksamkeit gegenüber meiner verführerischen Mitteilnehmerin in diesem Jammertal, die ihrerseits eher zum Stolz neigte, einigermaßen beharrlich war Sie beruft sich auf einen altmodischen Respekt vor dem Adel. Die Aussicht auf einen Besuch des edlen Meisters veranlasste sie, die Angelegenheiten der illyrischen Monarchie zugunsten eines noch interessanteren Untertanen aufzugeben.

„Wenn es Reggie Brasset ist", sagte sie und verzichtete auf den *Daily Courier*, „dann ist er wegen Mrs. Fitz gekommen."

"Aussteigen!" sagte der verächtliche Jodey. „Ihr Leute hier unten habt Mrs. Fitz im Kopf."

Aus den Mündern von Babes! Es stimmte völlig, dass die Menschen in unserem kleinen Winkel der Welt Mrs. Fitz im Kopf hatten .

KAPITEL II

Die Schwierigkeiten eines MFH

Brasset war es auf jeden Fall. Und als er den Raum betrat, sah er herrlich gesund aus, ausgesprochen gutaussehend und um einiges ernster als ein Minister der Krone. Seine ersten Worte waren, dass Morton angerufen hatte, um zu sagen, dass sie dreißig Zentimeter Schnee hätten Wolds und dass Hunde besser dort bleiben sollten, wo sie waren.

„Schrecklich nett von dir, Brasset, dass du gekommen bist und es uns erzählt hast ", sagte ich herzlich. „Etwas frühstücken?"

„Nein, danke", sagte Brasset. „Tatsache ist, da wir nicht zu Morton's gehen, dachte ich, dies wäre eine gute Gelegenheit, – zu –"

Aus irgendeinem Grund schien der edle Meister nicht zu wissen, wie er seinen Satz vervollständigen sollte.

„Ja, Lord Brasset", sagte Mrs. Arbuthnot mit der Miene scharfsinniger Intelligenz.

„Eine gute Gelegenheit, – zu –", sagte Brasset, der trotz seiner Ernsthaftigkeit wirklich absurd jung aussah, um der Herr eines solchen Rudels wie unseres zu sein.

„Ja, Lord Brasset", sagte Mrs. Arbuthnot erneut.

„Ja, ganz richtig, mein Lieber", sagte ich, ohne, wie ich hoffe und glaube, den geringsten Anschein von Leichtfertigkeit, denn der kompromisslose Blick der Autorität war auf mich gerichtet.

„Was ist los, Brasset?" sagte Jodey, der entgegen den Vorschriften seine Pfeife am Frühstückstisch anzündete und neben seinen vielen einnehmenden Qualitäten auch einen äußerst praktischen Verstand besaß. „Sie möchten ein Glas Bier. Parkins, bringen Sie seiner Lordschaft ein Glas Bier."

Mit dieser Hilfe für den Körper in seiner Hand und mit zwei großen, ernsten und bewundernswert besorgten Augen, die auf ihn gerichtet waren, unternahm der edle Meister einen dritten Versuch, seinen Satz zu vervollständigen. Diesmal gelang es ihm.

„Tatsache ist", sagte er, „ich dachte, dies wäre eine gute Gelegenheit, um" – hier stürmte der edle Meister heldenhaft nach England, seiner Heimat und seinem Ruhm – „über diese verworrene Angelegenheit von Mrs. Fitz zu sprechen." "

Mrs. Arbuthnot saß kerzengerade da, mit einem Ausdruck der Ekstase und dem Gesichtsausdruck „Da, was habe ich Ihnen gesagt!" steht überall auf ihr geschrieben

"Ganz recht, mein Lieber", sagte ich in schlichtem guten Glauben, doch da ich in diesem Moment zufällig einen Blick einer Frau auffing, musste ich mein Gesicht notgedrungen etwas hastig in den dicken Falten der *Times verbergen* .

"Was ist mit ihr?", fragte der am Frühstückstisch Sitzende, der, was auch immer die Engel gerade taten, nie zögerte, mit beiden Füßen hereinzuspazieren. "Ich habe gerade zu Arbuthnot und meiner Schwester gesagt, als Sie hereinkamen, dass Sie hier unten Mrs. Fitz im Kopf haben."

„Ja, das haben wir, fürchte ich", sagte Brasset reumütig. „Tatsache ist, dass die Dinge einen solchen Schlamassel erreichen, dass es nicht mehr weitergehen kann."

„Ich stimme Ihnen zu, Lord Brasset", sagte Mrs. Arbuthnot überzeugt.

"Etwas muss getan werden."

„Es ist für alle so unangenehm", sagte Frau Arbuthnot. „Und das kann ich versprechen, Lord Brasset" – die schöne Rednerin wandte demonstrativ den Blick von der Nähe des führenden Morgenmagazins ab – „welche Schritte Sie auch immer in dieser Angelegenheit unternehmen werden, sie werden die volle Sympathie und Unterstützung jeder weiblichen Abonnentin der Jagd finden." ."

„Vielen Dank, Frau Arbuthnot", sagte der edle Meister mit Gefühl, „ich bin Ihnen sehr dankbar. Es wird mir sehr helfen."

„Wir haben am Sonntagnachmittag ein Treffen in Mrs. Catesbys Salon abgehalten. Wir haben einen Beschluss gefasst, in dem wir unser vollstes Vertrauen in Sie zum Ausdruck bringen – ich wünschte, Lord Brasset, Sie hätten hören können, was über Sie gesagt wurde." Der malerische Teint des Meisters erhielt einen rosigeren Farbton. „Unsere einstimmige Unterstützung und Zustimmung wurde Ihnen in allem zugestimmt, wozu Sie sich berufen fühlen."

„Tausend Dank, meine liebe Frau Arbuthnot."

„Und wir hoffen, dass Sie Mrs. Fitz aus der Jagd ausschließen werden. Ich habe auch einen Änderungsantrag eingebracht, der besagt, dass auch Fitz ausgeschlossen werden soll, aber es wurde mit sechs zu vier Stimmen beschlossen, ihm eine weitere Chance zu geben. Aber im Fall von Mrs . Fitz, das Treffen war absolut einstimmig."

„Mein Gott", sagte der Bewohner des Frühstückstisches. „Wenn das nicht die Grenze ist!"

„Mrs. Fitz ist ein gutes Stück mehr als die Grenze." Mrs. Arbuthnots Augen funkelten vor Aufsässigkeit.

„Nimm eine Zigarette, mein Lieber", sagte ich und bot dem unglücklichen Brasset mein Etui an, sobald meine Gefühlslage es mir erlaubte.

Brasset wählte eine Zigarette mit einem Hauch intensiver Melancholie. Als er das brennende Streichholz anzündete, das ihm ebenfalls angeboten wurde, schenkte er mir einen Blick, der so traurig war, dass er ein Herz aus Stein zum Mitleid rühren musste. Im Gegenteil, meine Mitpilgerin durch dieses Tal der Tränen hatte einen äußerst passenden Rosaton angenommen, was bei ihr immer der Fall ist, wenn sie wirklich auf dem Kriegspfad ist. Auch in ihren porzellanblauen Augen – ich hoffe, dass eine solche Beschreibung dieser Waffen die Zensur passieren wird – war ein Ausdruck grimmiger, unumstößlicher Rücksichtslosigkeit zu erkennen, vor dem Männer, die so kräftig waren wie Brasset, schwanken mussten.

Der edle Meister zog nervös an seinem Ägypter.

„Schau her, Arbuthnot", sagte er, „du bist ein kluger Kerl, nicht wahr?"

„Er hält sich für weise", sagte mein Helfer.

„Jeder Mensch tut es", sagte ich bescheiden, „nicht unbedingt aus Glaubensgründen, sondern aus rituellen Gründen."

„Ja, natürlich", sagte Brasset mit einer Miene von Intelligenz, die niemandem aufdrängte. „Aber alle sagen, dass Sie ein weiser Kerl sind. Diese kleine Mrs. Perkins sagt, Sie seien der klügste Kerl, den sie je in London getroffen hat."

Diese Indiskretion seitens Brasset – manche Männer haben so wenig Taktgefühl! – löste eine Versteifung des Gefieders aus; und wenn aus den porzellanblauen Augen kein Funke sprühte, wäre diese Chronik wahrscheinlich nicht von großem Wert.

„Bleib bitte bei der Sache", sagte ich. „Ich bekenne mich schuldig, ein Salomo zu sein."

„Nun, da du ein weiser Kerl bist", sagte der Patzer, „und ich bin ein Arschloch –"

„Ich stimme Ihnen überhaupt nicht zu, Lord Brasset", piepste ein fairer Bewunderer.

„Oh, aber das bin ich, Mrs. Arbuthnot", sagte Brasset und widersprach damit der Höflichkeit, in der er überragend war. „Es ist furchtbar nett von dir, das zu sagen, aber jeder weiß, dass ich in den meisten Dingen kein besonders guter Kerl bin."

„Sie sind vielleicht nicht so klug wie Odo", sagte die Frau an meiner Brust, „weil Odo außergewöhnlich ist. Aber Sie sind trotzdem ein äußerst *fähiger Mann, Lord Brasset.*"

„Sie hat vor, am Mittwoch an dem Verkauf bei Tatt's teilzunehmen", sagte die Person am Frühstückstisch nebenbei zur Marmelade.

„Nun, wenn ich nicht so ein Narr bin, wie ich denke" – eine so vollkommene Aufrichtigkeit, die Kritik entschärft – „dann ist es furchtbar nett von Ihnen, das zu sagen, Mrs. Arbuthnot. Aber was ich meine ist, ich würde Arbuthnots mögen." Ratschläge zum Thema – zum Thema –"

„Apropos Mrs. Fitz", sagte Mrs. Arbuthnot mit dem Gurren der Taube und dem Blick der Klapperschlange.

„Ja", sagte der edle Meister und ließ nervös die Asche seiner Zigarette auf eine sehr teure Tischdecke fallen.

„Odo wird sich in der Tat sehr freuen, Lord Brasset", sagte die höhere Hälfte meines Wesens, „Ihnen Ratschläge zu Mrs. Fitz zu geben. Er stimmt mit mir und Mary Catesby und Laura Glendinning darin überein, dass sie von der Jagd ausgeschlossen werden muss." ."

Der arme Brasset entfernte in einem vergeblichen Versuch, mit seiner Bestürzung fertig zu werden, mit einem Seidentaschentuch in leuchtenden Farben, dem Bruder desjenigen, den Bayard am Frühstückstisch trug, eine Schweißperle aus der ratlosen Melancholie seiner Züge.

„Ist das üblich, Frau Arbuthnot?"

„Es ist vielleicht nicht üblich, Lord Brasset, aber Mrs. Fitz ist keine gewöhnliche Frau."

„Meine liebe Irene", sagte ich gelassen – Mrs. Arbuthnot freut sich über den klassischen Namen Irene – „meine liebe Irene, ich verstehe Brasset so, dass es in der Satzung der Crackanthorpe Hunt nichts gibt, was gegen den Fall vorsehen könnte, dass Mrs. Fitz oder eine andere britische Matrone so oft die Jagdhunde dominiert." wie es ihr gefällt.

Obwohl ich außer einem Mittagessen im Saal von Gray's Inn keine regelmäßige juristische Ausbildung absolviert habe, kennt jeder meinen Onkel, den Richter. Aber ich muss leider sagen, dass diese gewichtige Befreiung in der Gegend, in der sie das Recht hatte, danach zu streben, nicht den vollen Respekt fand.

„Das ist Unsinn, Odo“, sagte Frau Arbuthnot. „Ich bin sicher, dass der Quorn –“

Brassets Kummer nahm bei der Erwähnung des Quorn ein so großes Ausmaß an, dass Mrs. Arbuthnot mitfühlend innehielt.

„Der Quorn – mein Gott!“ murmelte der Bayard am Frühstückstisch neben dem Teekessel.

„Oder die Cottesmore“, fuhr die ungeschlagene Mrs. Arbuthnot fort, „würden ein solches Verhalten einer Person wie Mrs. Fitz nicht ertragen.“

„Glauben Sie das, Frau Arbuthnot?“ sagte der edle Meister. „Sehen Sie, wir möchten unseren Namen nicht dadurch bekannt machen, dass wir etwas Ungewöhnliches tun.“

„Mit einer ungewöhnlichen Person muss auf ungewöhnliche Weise umgegangen werden“, sagte Frau Arbuthnot mit großer Sensibilität.

„Mary Catesby denkt –“

Der lange Arm des Zufalls ist manchmal sehr verblüffend, und ich kann dafür bürgen, dass der Auftritt von Parkins in diesem psychologischen Moment, um das Erscheinen von Mary Catesby im Fleisch anzukündigen, uns alle als etwas ganz Außergewöhnliches beeindruckt hat.

„Hier *ist* Mary“, sagte Mrs. Arbuthnot und gab dieser Quelle des Lichts und der Autorität einen Kreuzkuss auf beide Schecks. Es ist das Markenzeichen der verheirateten Damen unserer Nachbarschaft , dass sie alle Freude daran haben, eine fast übertriebene Verehrung für Mary Catesby zu zeigen.

Ich selbst schätze Mary Catesby sehr. Zum einen hat sie ihr Land gut verdient. Als Mutter von drei Mädchen und fünf Jungen ist sie die britische Matrone *in Excelsis* ; und abgesehen von der Gewohnheit, die sie sich angeeignet hat, im Maul ihres Pferdes zu reiten, hat sie alle Eigenschaften der besten christlichen Gentleman-Frau. Sie ist neununddreißig Jahre alt – um dem ungalanten Beispiel von Debrett zu folgen! – , die älteste Tochter eines Adligen und äußerst maßgebend in Bezug auf alles, was es gibt, vom Eierpreis bis zur Rangordnung.

Die bewundernswerte Mary – ihr voller Name ist Mary Augusta – ist vielleicht ein wenig übertrieben . Ihre Pferde wiegen gut 14 Stone. Und da Materie und Geist ein und dasselbe sind, wird ihr manchmal vorgeworfen, dass ihr Benehmen ein wenig überwältigend sei. Aber das heißt, man sucht nach Makel in der Mittagssonne weiblicher Vortrefflichkeit. Jemand von zerbrechlicherem Geschlecht könnte eine solche Last der Tugend als Bürde empfinden. Aber Mary Catesby trägt sie wie eine Blume.

Zusätzlich zu ihrer Tugend trug sie auch einen Pelzmantel, um den sie die gesamte weibliche Bevölkerung der Grafschaft insgeheim beneidete, obwohl einzelne Mitglieder davon es sich zur Ehrensache machten , zum Wohle der anderen auszurufen: „Warum *besteht* Mary darauf, diese Abscheulichkeit mit dem Hermelinschwanz zu tragen? Sie kann wirklich nicht wissen, wie furchtbar sie darin aussieht."

Tatsächlich ist Mary Catesby in ihrem Pelzmantel eine der beeindruckendsten Menschen, die sich ein Mensch vorstellen kann. Ihr Pelzumhang kann den Fliegenden Holländer an jeder Station zwischen Land's End und Paddington aufhalten; und auf dem Podium der jährlichen Preisverleihung an der Middleham Grammar School habe ich mehr als einen kleinen Jungen gesehen, der davon so völlig überwältigt war, dass er „Macaulays Essays" auf den Kopf des Reporters des *Advertiser fallen ließ* .

Außer diesem berühmten Kleidungsstück war Maria mit einer Melone mit riesigen Krempen geschmückt, die der von Mr. Weller the Elder, wie Cruikshank ihn darstellte, nicht unähnlich war, und einem so furchteinflößenden Paar Metzgerstiefeln, dass die Erde unter ihr buchstäblich erbeben ließ.

Ihre erste Bemerkung war ganz natürlich an den unglücklichen Brasset gerichtet, der durch den beeindruckenden Auftritt dieser bemerkenswerten Frau noch etwas rosiger und noch verwirrter geworden war, als er ohnehin schon war.

„Ich halte dieses Wetter für eine Schande", sagte sie. „Das ist immer so, wenn wir zu Mortons gehen. Warum ist das so, Reggie?"

Sie sprach, als wäre der glücklose Reggie persönlich für das Wetter und auch für die beleidigende Art und Weise verantwortlich, mit der diese viel kritisierte britische Institution ihre Pläne durchkreuzt hatte.

„Es tut mir furchtbar leid, Mrs. Catesby. Kein großer Tag, oder?"

„Eine Schande. Wenn man kein besseres Wetter als dieses haben kann, kann man genauso gut eine Woche lang bei Prince's Schlittschuhlaufen gehen."

Die Idee, dass Mary Catesby eine Woche lang bei Prince's Eislaufen gehen könnte, schien Joseph Jocelyn De Vere zu gefallen. Zumindest war dieser Sportler nicht wenig erfreut.

„Englischer Stil oder kontinental?" sagte er.

Mary Catesby würdigte dies nicht.

„Es tut mir schrecklich leid, Mrs. Catesby", sagte Brasset erneut mit wirklich schöner Demut.

Mrs. Catesby lehnte es ab, diese entzückend höfliche Entschuldigung anzunehmen, blickte aber mit der weiten Miene, die sie unweigerlich wie Minerva aussehen lässt, wie Tizian sich diese Gottheit vorstellte, mit dem Kinn auf die unglückliche Brasset herab. Schweigend und erbarmungslos schob sie die gesamte Verantwortung für das Wetter dem Kapitän der Crackanthorpe zu .

Sie hatte dieses Kunststück gerade mit größter Effizienz vollbracht, als nicht der geringste ihrer Bewunderer ein Ruder einlegte.

„Ich bin so froh, dass Sie gekommen sind, Mary", sagte Mrs. Arbuthnot. „Wir haben uns gerade mit Lord Brasset über Mrs. Fitz gestritten."

Es folgte eine unangenehme Stille.

„Ist sie ein Gesprächsthema in gemischter Gesellschaft?", sagte ich, um die Spannung abzubauen.

„Das würde ich nicht sagen", sagte Mary. „Aber Reggie war so schwach, dass es nichts zu ändern gab."

„Vielleicht ein Opfer der Umstände", sagte ich mit großzügiger Unklugheit.

„Menschen, die schwach sind, sind immer Opfer der Umstände. Wenn Reggie am Anfang nur entschlossener gewesen wäre, wären wir jetzt nicht für alle eine Lachnummer. Meiner Meinung nach ist die erste Voraussetzung für einen Hundeführer die Entschlossenheit des Charakters."

„Hören Sie, hören Sie", sagte der Bewohner des Frühstückstisches mit *sotto voce* .

Der elende Brasset, dessen Röte und Verwirrung immer größer wurden, geriet vor der forensischen Macht der Großen Dame ins Wanken.

„Meinen Sie, Frau Catesby, ich sollte zurücktreten?" sagte er mit der Demut, die zum Tritt einlädt.

Jetzt sicherlich nicht ; es wäre zu erbärmlich. Wenn Sie das Gefühl hätten, dass die Situation über Sie hinausgeht, hätten Sie von Anfang an zurücktreten sollen. Sie müssen Mut zeigen, Reggie. Sie dürfen sich nicht damit abfinden, öffentlich von – von – mit Füßen getreten zu werden. "

Die Große Dame machte hier eine Pause, nicht weil ihr ein Wort fehlte, sondern weil sie, wie alle geborenen Redner, instinktiv wusste, wie wichtig es ist, an der richtigen Stelle eine Pause einzulegen.

„Von einem Zirkusreiter aus Wien", schloss sie mit ruhiger Stimme.

KAPITEL III

DER FALL FÜR DIE ANKLAGE

„Ich weiß, Mrs. Catesby, ich bin kein großer Kerl", sagte Brasset, „aber was soll ein Kerl tun? Ich habe Fitz einen Hinweis gegeben, wissen Sie."

„Fitz!!" Die Kunst des *Literaten* kann eine so erhabene Verachtung nur durch zwei Ausrufezeichen wiedergeben.

„Was hat Fitz gesagt?" Ich wagte es, nachzufragen.

„Brunzelnd wie Flammen", sagte Brasset kläglich. „Ich dachte, der böse, dreieckige Teufel würde mich fressen. Bitte um Verzeihung, Mrs. Catesby."

Der edle Meister ließ sich auf beklagenswert wirkungslose Weise in sein Glas Bier sinken.

Ich klärte meine Stimme in dem Bewusstsein, dass ich einen Onkel hatte, der Richter war.

„Brasset", sagte ich, „würden Sie dem Gericht freundlicherweise mitteilen, was die konkreten Beschwerdegründe gegen diese vielgeschmähte und unglückliche – äh – Frau sind?"

„Mach dich nicht lächerlich, Odo!"

„Odo, du weißt es ganz genau!"

Es war ein totes Rennen zwischen Mrs. Arbuthnot und der Großen Dame.

„Befehl, Befehl", sagte ich streng. „Diese Szene gehört Brasset. Nun, Brasset, beantworten Sie die Frage, und dann kann vielleicht etwas unternommen werden."

Es sollte jedoch nicht sein. Der Neffe meines Onkels versäumte es kläglich, dem Stuhl Gehorsam einzufordern.

„Mein lieber Odo", sagte Mary Catesby in einer Art, die ich nur als ihre Albert-Hall-Manier beschreiben kann, wobei ihre Stimme bis zur Spitze reichte wie eine Fahne, die an einer Stange hochsteigt, „wollen Sie *mir sagen* ——?"

„Dass Sie nicht wissen, wie Mrs. Fitz sich verhalten hat!" Die Frau mischte sich mit wirklich wunderbarer Klugheit ein.

„Das tue ich nicht, unter Eid", sagte ich feierlich. „Sie scheinen zu vergessen, dass ich während dieser abscheulichen Herbstsitzung meine Zeit der Nation gewidmet habe."

„ Das hat er, armer Schatz", sagte der Partner meiner Freuden.

„Wie eine gute Bürgerin", sagte Mary Catesby, die erhabenste der Primrose Dames.

„Danke, Mary, ich habe es verdient. Aber soll ich verstehen, dass Mrs. Fitz ihre Mütze über die Mühle geworfen hat oder dass sie angefangen hat, rittlings zu reiten, oder liegt es daran, dass sie weiterhin den scharlachroten Mantel trägt, den sie letzte Saison trug? das Ende der Witwe beschleunigt?"

„Nein, Arbuthnot." Es war die Stimme von Brasset, die mit so tiefer Emotion vibrierte, dass sie nur mit der *Marche Funèbre* verglichen werden kann, die auf einer Kathedralenorgel gespielt wird. „Aber es war nur der Gnade Gottes zu verdanken, dass sie sich letzten Dienstagmorgen nicht gegen Challenger durchsetzen konnte."

„Allah ist großartig", sagte ich.

„Auf mein feierliches Ehrenwort " , sagte der edle Meister, der aus der Tiefe sprach, „war sie nur noch zwei Zoll vom Heck des alten Mädchens entfernt."

„Parkins", sagte eine Stimme vom Frühstückstisch, „bringen Sie seiner Lordschaft noch ein Glas Bier."

Um ganz ehrlich zu sein: Flüssige Nahrung war für den edlen Meister keine lebenswichtige Notwendigkeit mehr. Er war bereits rosig vor Empörung über die plötzliche Erinnerung an sein Unrecht. Nur eines kann Brasset dazu bringen, auch nur eine normale Portion Geist an den Tag zu legen. Das ist das Wohlergehen der heiligen Aufgaben, über die er zum Wohle der Allgemeinheit wacht. Er wird zulassen, dass Sie ihm auf den Kopf schlagen, ihm auf die Zehen treten oder ihn beschimpfen, und höchstwahrscheinlich wird er sich liebevoll für etwaige Unannehmlichkeiten entschuldigen , die Ihnen dadurch entstanden sind. Aber wenn Sie die Crackanthorpe Hounds herabsetzen oder in irgendeiner Weise das bescheidenste Mitglied der Fitzwilliam-Linie gefährden, wehe Ihnen. Du verwandelst Brasset in einen wahren Mann aus Blut und Eisen. Er ist voller Pathos und Würde. Die Blitze des Himmels blitzen unter seinen langbewimperten Augen hervor; und aus seiner etwas schmalen Brust entspringt ein weitaus reicheres Vokabular, als die allgemeine Ineffizienz seines Aussehens unter allen denkbaren Umständen rechtfertigen könnte.

Bloßer weiblicher Lärm wurde durch den verwandelten Brasset zum Schweigen gebracht. Seine blauen Augen leuchteten, seine Wangen wurden rosiger, jedes einzelne Härchen seines bezaubernden kleinen blonden Schnurrbarts, den Truefitt alle zwei Wochen gestutzt hatte, stand wie Federkiele auf dem ärgerlichen Porpentin. Anstelle der rosafarbenen Demütigung trat eine gelbbraune Denunziation.

„Ich gebe zu, Arbuthnot“, sagte der Mann aus Blut und Eisen, „ich habe die Frau so angesehen, wie kein Mann eine Dame ansehen sollte.“

„Haben Sie nicht ‚verdammt‘ gesagt, Lord Brasset?“ sagte ein zurückhaltender Wissenssucher.

„Vielleicht habe ich es getan, Mrs. Arbuthnot, ich gebe zu, dass ich es vielleicht getan habe.“

„Ich denke, das sollte sich auf die Aussagen beziehen“, sagte ich mit einer Annäherung an die Art meines Onkels, des Richters, die für einen Amateur sehr erträglich war.

„Ich *ehre* Sie dafür, Lord Brasset. Nicht wahr, Mary?“

„Bemühen Sie sich, den Zeugen nicht in Verlegenheit zu bringen“, sagte ich. „Fahren Sie fort, Brasset.“

„Brasset, hier ist Ihr Bier“, sagte Jodey, erhob sich vom Tisch und reichte persönlich mit großer Feierlichkeit das Burton-Gebräu.

„Vielleicht habe ich ihre Augen verdammt“, fuhr die Zeugin fort, „oder ich habe es auch nicht getan. Sehen Sie, sie war nur noch fünf Zentimeter von dem alten Mädchen entfernt, und ich habe möglicherweise für eine Weile den Kopf verloren. Das gebe ich zu.“ Dass kein Mann die Augen einer Dame verfluchen sollte, ich sage nicht, dass ich es nicht getan habe, und das gebe ich zu Ich war verunsichert.

„Der Zeuge gibt zu, dass er verunsichert war“, sagte ich.

„Das wärst du auch, alter Sohn“, fuhr der Zeuge großartig fort. „Innerhalb von zwei Zoll, auf meinen Eid.“

„Gab es Repressalien seitens der Dame, deren Augen Sie in einem Moment geistiger Not verdammt hatten?“

„ *Eher* … Sie hat meine verdammt auf Niederländisch.“

Sensation.

„Woher wussten Sie, dass es niederländisch war, Lord Brasset?“ sagte ein Wissenssuchender.

„Nach dem Verhalten der Hunde, Mrs. Arbuthnot.“

„Wie haben sie sich verhalten?“

„Die Bettler sind abgehauen.“

Sensation.

"Meine Tante!" sagte der Bewohner des Frühstückstisches mit feierlicher Belanglosigkeit.

„Das würden Sie auch", sagte der edle Meister. „So etwas habe ich noch nie gehört. Meiner Meinung nach gibt es keine bessere Sprache als Niederländisch, wenn es ums Fluchen geht. Und dann, bevor ich mit der Wimper zucken konnte, hob sie ihre Hand und verpasste mir mit ihrer Gerte einen Schlag über den Kopf."

Sensation.

„Auf mein feierliches Ehrenwort . Es macht mir nichts aus, das Mal jemandem zu zeigen."

„Wo ist es, Lord Brasset?"

Mrs. Arbuthnot erhob sich von ihrem Stuhl in der ekstatischen Suche nach Informationen aus erster Hand. Ihre Augen waren weit und strahlend wie die ihrer kleinen Tochter, Miss Lucinda, als sie die Geschichte von „Die drei Bären" hörte.

„Zeig *mir* die Narbe, Reggie", sagte eine Minerva-ähnliche Stimme.

„Mal sehen, Brasset", sagte der Gast am Frühstückstisch, warf ein Stück Chippendale aus der besten Zeit um und brach dabei ganz nebenbei die Rückseite ein.

Die etwas melodramatische Untersuchung einer dicken Schicht Makassaröl von Rowland und einer dünnen Schicht blonden Haares offenbarte eine unverkennbare Schwellung unmittelbar über der linken Schläfe des edlen Märtyrers im Dienste der öffentlichen Pflicht.

„Wenn es den Hahnenkampf nicht übertrifft!" sagte Jodey in einem Ton unverhohlener Bewunderung.

„Wenn da nicht der Rand meiner Mütze gewesen wäre", sagte der edle Märtyrer als Reaktion auf die öffentliche Begeisterung, „hätte er mir den Kopf offengelegt."

„Meiner Meinung nach", sagte Mary Catesby *ex cathedra* , „ist diese Frau ein perfekter Teufel. Reggie, wenn du nur Standhaftigkeit zeigst, kannst du auf Unterstützung zählen. In einem kontinentalen Zirkus mögen sie so etwas ertragen, aber wir tun das nicht." Ich werde es bei der Crackanthorpe- Jagd nicht aushalten .

„Festigkeit, Brasset", sagte ich, bestrebt, wie die ganze Welt das Orakel zu wiederholen.

Der kleine blonde Schnurrbart wurde einer unmenschlichen Behandlung unterzogen.

„Es ist alles schön und gut, wissen Sie, aber was nützt es, einer Person gegenüber standhaft zu sein, die genauso standhaft ist wie man selbst?"

Die Große Dame schnaubte.

„Seit drei Jahren, Reggie, hast du ein schwieriges Amt einigermaßen gut ausgefüllt. Lass nicht zu, dass dir eine Kleinigkeit wie diese zum Verhängnis wird."

„Alles gut, Mrs. Catesby, aber ich kann ihr doch nicht auf den Kopf schlagen, oder?"

„Nein, aber was ist mit Fitz?" sagte eine Stimme vom Frühstückstisch.

„Ja, daran hatte ich nicht gedacht."

„Und an deiner Stelle würde ich nicht daran denken", sagte ich herzlich. „Fitz ist mit all seinen Fehlern ein kräftigerer Kerl als du, mein Sohn."

Brassets Kiefer klappte zweifelnd herab – es ist übrigens ein ziemlich guter Kiefer.

„ Üben Sie die linke Seite ein wenig, Brasset", lautete der Ratschlag am Frühstückstisch. „Ich kenne einen Kerl in der Jermyn Street, der Unterricht bei Burns hatte. Wir könnten nach dem Mittagessen vorbeikommen und ihn sehen. Bringen Sie einen Bradshaw mit, Parkins. Und ich denke, wir schicken besser ein Telegramm."

„Ich war mit meiner linken Seite nicht so schlecht, als ich oben bei Trinity war", sagte Brasset.

Mrs. Arbuthnot schauderte hörbar. Sie ist seit langem eine glühende Bewundererin der Nase des edlen Meisters. Sicherlich ist seine Kontur von großer Eleganz und Raffinesse.

„Brasset", sagte ich, „ich möchte Sie dringend bitten, nicht auf böse Mitteilungen zu hören. Wenn Sie Burns selbst wären , würden Sie gut daran tun, mit Fitz ganz leichtfertig umzugehen. Er war mein Schwuchtel in der Schule, und obwohl es manchmal Gelegenheit gab, ihn zu besuchen." Wenn ich ihn mit einem Eschenstrauch oder einer Röstgabel auf die in der Hausordnung dieses alten Lehrsitzes vorgeschriebene Art und Weise angreife, sollte ich weder Ihnen noch irgendjemand anderem raten, einen Plan der persönlichen Züchtigung in Angriff zu nehmen."

„Ganz sicher nicht, Reggie", antwortete Mary Catesby auf Mrs. Arbuthnots flehenden Blick. „Odo hat völlig recht. Außerdem musst du dich wie ein Gentleman benehmen. Es ist die Frau, mit der du umgehen musst."

„Nun, ich kann sie nicht schlagen, oder?" sagte Brasset klagend.

„Wenn mich die Frau einer Bucht mit einer Peitsche auf den Kopf schlägt“, sagte die Stimme der Jugend, „sollte ich die Bucht treffen wollen, in der die Frau war, die mich geschlagen hat, und das würde Odo auch tun. Ich sehe, um zwei fährt ein Zug. Fünfzehn kommt um fünf in die Stadt.“

Brassets Augen sind so sanft und durchscheinend blau wie die von Miss Lucinda, aber in ihnen war das Licht der Schlacht. Er zupfte nicht mehr an seiner Oberlippe, sondern streichelte sie sanft. Für diejenigen, die mit diesen Geheimnissen vertraut sind, war dieses Vorzeichen unheimlich.

„Ist Genée im Empire?“ sagte er.

„Parkins weiß es“, sagte Jodey.

Parkins wusste es.

„Ja, mein Herr“, sagte dieses unvergleichliche Faktotum, „das ist sie.“

In Klammern sollte ich erwähnen, dass Parkins das *Glanzstück* unseres bescheidenen Establishments ist. Er beherrscht nicht nur alle von Menschen praktizierten Höflichkeitskünste hervorragend , sondern ist auch ein wandelndes Kompendium präziser Informationen.

"Wie ist das?" sagte Jodey und las das Telegramm vor, das er mit fleißiger Sorgfalt verfasst hatte. „Essen Sie selbst und Kumpel Romano um 19.30 Uhr. Danach Empire. Reservieren Sie drei Stände in der Mitte .“

„Wäre die Seite nicht besser?“ sagte Brasset. „Dann bist du aus der Zugluft raus.“

Bevor diese wichtige Korrektur vorgenommen werden konnte, erhob Mary Catesby ihre Stimme in all ihrer natürlichen Majestät.

„Reginald Philip Horatio“, sagte die Erhabenste ihres Geschlechts, „als einer, der mit deiner armen lieben Mutter Puppen bekleidet und Hymnen komponiert hat, bevor sie ihre unvorsichtige Ehe einging, verbiete ich dir auf jeden Fall, mit einem solchen Mann wie Nevil Fitzwaren zu streiten . Es.“ ist nicht schicklich, es ist nicht christlich, und Nevil Fitzwaren ist ein weitaus mächtigerer Mann als Sie.

„Die Wissenschaft wird zu jeder Tages- und Nachtzeit rohe Gewalt besiegen“, lautete die Meinung am Frühstückstisch.

Mrs. Catesby fixierte den Frühstückstisch mit ihrem unbesiegbaren Nordauge.

„Joseph, bitte halte den Mund. Das ist ein völlig falscher Rat, den du einem Mann gibst, der etwas älter und genauso dumm ist wie du.“

Der Bayard vom Frühstückstisch wies die Anklage zurück.

„Der Rat ist vernünftig genug", sagte er. „Mein Kumpel in der Jermyn Street hat als Mittelgewichtler jede Menge Pötte gewonnen, und er wird sich bald an den Schwergewichten versuchen, nachdem er es sich zum Abendessen im Savoy angewöhnt hat. Er wird Brasset in Ordnung bringen. Er ist genauso schlau wie …" Daylight, ein Schüler von Burns, Mrs. C., wenn Brasset mit einem Links- und einem Rechtsangriff anfängt und dann mit einem Half-Arm-Hook an der Spitze ansetzt, wird er meiner Meinung nach einen Spaziergang machen ."

„Reggie, ich verbiete es dir *absolut* ", sagte der frühe Mitarbeiter der Mutter des edlen Meisters. „Es ist so unzivilisiert ; außerdem, wenn Nevil Fitzwaren zufällig der erste wäre, der mit einem halbarmigen Haken an der Spitze loslegt, würden wir wahrscheinlich einen neuen Meister brauchen. Und das wäre so umständlich. Es war immer eine Maxime von Mein lieber Vater hat gesagt, dass Füchse die einzigen Tiere waren, die von einem Führungswechsel Mitte Dezember profitierten.

„Dein lieber Vater hatte recht, Mary", sagte ich ernst.

„Lieber Vater war unfehlbar. Aber im Ernst, Reggie, wenn dir etwas zustoßen sollte , sollten wir wirklich niemanden haben, der die Hunde nimmt, nachdem sie Odo aus irgendeinem unbekannten Grund zum Parlamentsmitglied ernannt haben."

„Wenn die Frau einer Bucht mich schlägt", ertönte der Refrain vom Frühstückstisch in einer Art Dröhnen, „sollte ich die Bucht treffen wollen, in der die Frau war, die mich geschlagen hat. Sorgen Sie dafür, dass dieses Telegramm gesendet wird, Parkins, und sagen Sie es Kelly dass ich um 14.15 Uhr in die Stadt laufe und über Nacht dort bleibe.

„Jodey, sei kein Dummkopf", sagte ich. „Brasset, das möchte ich sagen. Ich hoffe, du hörst zu, Mary, und du auch, Irene. Was Fitz und seine Frau betrifft, müssen wir alle zuhören." leicht spielen."

Ich habe den ganzen Ernst aufgebracht, dessen ich fähig bin. Sogar Mary Catesby war von dieser Überzeugung beeindruckt.

„Ich verstehe nicht", sagte sie, „warum wir so besonders Rücksicht auf die Gefühle der Fitzwarens nehmen sollten , wenn sie doch die letzten sind, die auf die Gefühle anderer Rücksicht nehmen."

„Sie können mir glauben, Mary, dass Fitz und seine Frau nicht ganz nach gewöhnlichen Maßstäben beurteilt werden dürfen. Sie sind außergewöhnliche Menschen."

„Sagen Sie mir, was Sie mit dem Begriff außergewöhnlich meinen?" sagte mein inquisitorischer Gatte.

„Braucht es wirklich eine Erklärung, *mein Kind*?"

„Das bedeutet", sagte die klare Mary, „dass Nevil Fitzwaren ein außerordentlich rücksichtsloser und ausschweifender Typ Mensch ist und dass Mrs. Nevil ein außerordentlich unangenehmer Typ Frau ist."

Ich bin der Erste, der zugibt, dass dieses wirkungslose Ding, der bloße menschliche Mann, nicht das Kaliber hat , offen von einem wohlüberlegten Urteil der Großen Dame abzuweichen. Aber zum Erstaunen der Menschen und zweifellos auch der Götter wurde ihre Meinung dieses eine Mal öffentlich in Frage gestellt.

Man hätte eine Stecknadel im Zimmer fallen hören, als der Frühstückstisch-Insasse das Messgerät in die Hand nahm.

„Fitz ist ein schlechter Hut." Joseph Jocelyn De Vere nahm die Pfeife von seinen Lippen. „Jeder weiß es. Aber Mrs. Fitz ist tausendmal zu gut für die Bucht, die sie geheiratet hat."

Eine solche Meinungsäußerung ließ seine Schwester mit offenem Mund zurück. Mary Catesby senkte angesichts einer so unheilvollen Indiskretion ihr Kinn und ihre Wimpern.

„Die Fitzwarens ", sagte diese große Autorität, „sind eine sehr alte Familie, und Nevil hat die Bildung, wenn nicht sogar die Instinkte eines Gentlemans, aber was diese Zirkusreiterin betrifft, die er aus Wien mitgebracht hat, hat sie weder die Geburt, weder die Bildung noch die Instinkte einer Dame."

Diese gewaltige Aussage hätte die meisten Menschen sofort außer Gefecht gesetzt. Aber hier war ein mutiger Mann.

„Sie ist top ", sagte Bayard. „Ich habe sie noch nie als ebenbürtig erlebt. Wenn Sie mich nach meiner Meinung fragen, gibt es keinen Kerl in der Jagd, der in der Lage wäre, Mrs. Fitz ein Tor zu öffnen."

Der junge Kerl hatte das Gebiss einigermaßen zwischen den Zähnen und kein Fehler.

„Man fragt dich nicht nach deiner Meinung, Joseph", sagte Mary Catesby mit einer Unverblümtheit, die einen Ochsen niedergeschlagen hätte. „Warum sollte man beten? Ich kenne niemanden, der weniger in der Lage wäre, zu irgendeinem Thema eine Meinung zu äußern."

„Ich bin jedenfalls ihrer Linie gefolgt, und ich war stolz darauf, ihr zu folgen. Sie kann wohlgemerkt auch schlau reiten. Ich habe sie nirgendwo gleichgestellt gesehen und glaube auch nicht, dass ich es jemals tun werde."

„Niemand stellt ihr Reiten in Frage. Sie ist in einem Zirkus geboren und aufgewachsen. Aber eine selbstbewusstere Springerin ist nie in rosa Strumpfhosen durch einen Reifen gesprungen."

Es lag unter der Gürtellinie, und nicht nur Jodey, sondern auch Brasset, der, obwohl er in den meisten Dingen ineffizient ist, unverkennbar ein Sportler erster Klasse ist, spürte das auch.

„Mrs. Fitz hat fremde Wege", sagte der edle Meister, „aber sie kann so nett sein wie jeder andere, wenn sie will. Ich habe sie als furchtbar höflich erlebt."

„Sie ist nicht ohne Charme", sagte ich und hatte das Gefühl, dass es an mir lag, ein wenig zu spielen.

„Sie ist *es* ", sagte Jodey. „Sie ist die Sorte Frau, die einen Kerl abgeben würde –"

„Erschießt sich selbst", zwitscherte der edle Meister.

Ekel und Empörung sind milde Ausdrücke für Mrs. Catesbys Zorn.

„Paar Dummköpfe! Du bist genauso schlimm wie er, Reggie. Aber es war deiner armen Mutter immer so ähnlich, Dinge im Liegen hinzunehmen."

„Ach, kommen Sie mal, Mrs. Catesby, habe ich nicht die ganze Zeit gesagt, dass sie kein Recht hat, mir mit ihrer Peitsche auf den Kopf zu schlagen?"

„Jedenfalls der sicherste Ort, an dem man dich treffen kann." Die Große Dame war in Gefahr, die Beherrschung zu verlieren.

Die Frage von Mrs. Fitz war bei der Crackanthorpe- Jagd ein sehr heikles Thema. Es hatte diese stolze Institution bereits in zwei Gruppen gespalten: in die dicken und dünnen Unterstützer dieser Dame und diejenigen, die sie um keinen Preis haben wollten. Es braucht keine Bemerkung in den Köpfen der vernünftigen Menschen zu erregen, dass die männlichen Anhänger der Jagd, so sehr sie es unter den gegebenen Umständen wagten, eine sehr bemerkenswerte Persönlichkeit bewunderten, fast wie ein Mann; während seine weiblichen Gönner mit einer Einstimmigkeit, die in dieser erhabenen Körperschaft noch nie zuvor dagewesen war, eine Verschwörung planten, um eine Persönlichkeit, die drei Grafschaften an die Ohren gebracht hatte, so tief wie es in ihrer Macht stand, zu demütigen.

Die Große Dame begann, ihren Zorn mit äußerst würdevollem Pathos zu zügeln.

Herzog und die liebe Evelyn öffentlich beleidigt hat ."

„Ich nehme an, Sie meinen die Angelegenheit mit dem Basar?" sagte ich.

„Das tue ich; ein beklagenswerter Aufruhr. Die liebe Evelyn hat ihr Bett vierzehn Tage lang nie verlassen."

„Meine Güte! Sollen wir verstehen, dass ihrer Gnade tatsächlich körperliche Gewalt angetan wurde?"

„Sei nicht kindisch, Odo! Ich war dabei und habe alles gesehen, und ich kann dafür verantworten, dass keinerlei Gewalt angewendet wurde."

„Warum ist die große Dame dann ins Bett gegangen?"

„Aus reiner Verärgerung. Und da wundert man sich eigentlich nicht. Es war nichts weniger als eine öffentliche Beleidigung."

„Erzähl mir, Mary, in drei Worten genau, was auf dem Basar passiert ist. Alle Welt ist sich einig, dass es eine verzweifelte Angelegenheit war, aber niemand scheint genau zu wissen, was genau passiert ist."

Mrs. Catesby hüllte sich in den Mantel hoher Diplomatie, den sie so oft gerne anlegt.

„Nein, mein lieber Odo, ich glaube nicht, dass es freundlich zum Herzog und zur lieben Evelyn wäre, tatsächlich zu sagen, was passiert ist. Meiner Meinung nach ist es nichts, worüber man reden sollte, aber ich kann Ihnen dies – es sagen." wurde in Windsor erwähnt!"

dem Verhalten der Großen Dame ging klar hervor, dass bei dieser Ankündigung von uns allen erwartet wurde, dass wir uns bekreuzigen. Dies tat jedoch nur Frau Arbuthnot.

„Oh, Maria!" Die porzellanblauen Augen schwammen vor Ekstase.

„Wenn Sie uns mitteilen möchten, meine liebe Mary", sagte ich, „dass eine königliche Kommission mit der Untersuchung dieses Themas beauftragt wurde, zeigt die Erfahrung, dass es weniger Aussichten als je zuvor gibt, herauszufinden, was passiert ist." auf dem Basar.

„Erzählen Sie uns, was wirklich auf dem Basar passiert ist, Mrs. Catesby", sagte Brasset. „Es tut mir leid, dass ich nicht da war."

„Nein, Reggie, ich habe die liebe Evelyn *viel* zu gern, um einer lebenden Seele die Wahrheit zu verraten. Aber ich darf dir eines sagen: Der Vorfall war weitaus schlimmer als berichtet wurde."

„Ich verstehe", sagte ich feierlich lügend angesichts des theatralischen Sinns, „dass Windsor ernsthaft wünschte, dass der Vorfall, was auch immer es war, so weit wie möglich minimiert werden sollte."

Der Köder wurde mitsamt Haken verschlungen.

„Wie bist du darauf gekommen, das zu hören, Odo? Selbst mir wurde das nicht gesagt."

„Wer hat dir *das gesagt* , Odo?" Mrs. Arbuthnot zwitscherte atemlos.

Neulich gab es im Repräsentantenhaus ein Gerücht ."

„Das müßige Geschwätz der Lobbys", bekräftigte die Große Dame bewegt.

Aber wir sind vom Punkt abgekommen. Und die Frage war: Auf welche Weise sollte der öffentliche Anstand seine Empörung über das Verhalten von Frau Fitz zum Ausdruck bringen?

KAPITEL IV

DER MITTELKURS

Obwohl es im Ausland so viele widersprüchliche Gerüchte über die beispiellose Beleidigung gab, die dem Erdbeerblatt zugefügt worden war, hieß es in einigen Berichten, dass „die liebe Evelyn" in der Anhörung des Bürgermeisters und anderer Würdenträger von Middleham „eine Katze" genannt worden sei. Während andere erfreut bestätigten, dass ihr vor den Augen des entsetzten Reporters des „ *Advertisers* " *die Ohren geohrfeigt worden waren* , gab es die implizite Aussage von Brasset, dass er nicht nur unkeuschen Äußerungen in einer fremden Sprache ausgesetzt gewesen sei, sondern dies auch tatsächlich getan habe in seinem Ehrenamt körperliche Gewalt erlitten Bemühen Sie sich , die Würde und Disziplin der Crackanthorpe- Jagd zu wahren.

Ich hoffe und glaube, dass ich ein nachsichtiger Richter über die Beleidigungen anderer bin – die Kollegen auf unserer örtlichen Richterbank freuen sich, mir das zu sagen –, aber selbst ich war vom Geist des Treffens so durchdrungen, dass ich zuließ, dass es eine Art offizielle Bekanntmachung geben sollte Das empörende Verhalten von Frau Nevil Fitzwaren muss berücksichtigt werden . Von der ersten Stunde ihres Erscheinens unter uns, vor knapp fünfzehn Monaten, hatte sie Sturmwolken der Kontroversen über sich auf sich gezogen. Kaum hatte sie das Junge zur Welt gebracht, wurde sie zum am meisten diskutierten Menschen im Auenland. Ihre Art war unverkennbar fremd und „unkonventionell"; und sicherlich kann ihre Persönlichkeit sowohl im Sattel als auch außerhalb nur als ein wenig überwältigend beschrieben werden.

Am Anfang dürfte es Fitz selbst gewesen sein, der am meisten zur Berühmtheit seiner kontinentalen Frau beigetragen hat. Fünf Jahre zuvor hatte der einzige überlebende Sohn eines verrufenen Vaters das Haus seiner Vorfahren in einem völlig baufälligen Zustand zusammen mit den väterlichen Ländereien an einen Stadtmagnaten vermietet und sich, Gott allein, wohin begeben. Weise Menschen waren jedoch mehr als bereit, dass der Präsident des Schicksals den alleinigen und ausschließlichen Besitz dieser Informationen behalten sollte. Niemand hatte den geringsten Wunsch zu wissen, wo Fitz der Jüngere, der unverkennbare Spross einer etwas bedauernswerten Dynastie, zu finden war, außer vielleicht ein paar Londoner Händler, die, wenn sie weise Männer wären, mit ihren Tränen sparsam umgehen würden. Sie könnten viel härter getroffen worden sein, als sich herausstellte. Wohin auch immer Fitz gegangen war, diejenigen, die ihn und die Abstammung, aus der er stammte, am besten kannten, hofften inständig, dass er dort bleiben würde.

Fünf Jahre lang kannten wir ihn nicht. Und dann tauchte er an einem schönen Septembernachmittag mit einem Auto, einem französischen Chauffeur und einer ausländischen Frau im Grange auf. Es mag nicht nett klingen, das zu sagen, aber im Interesse dieser seltsamen, aber überaus wahren Geschichte ist es angebracht, deutlich zu sagen, dass seine Rückkehr für alle Teile der Gemeinschaft äußerst beunruhigend war. Sein Name war noch immer eine Beleidigung in den Ohren einer unterwürfigen und keineswegs überzensierenden Landschaft. Das ländliche England ist erstaunlich nachsichtig „gegenüber Squoire und seinen Verwandten", aber Master Nevil hatte sich selbst für seine Nachsicht als ein zu starres Angebot erwiesen.

Fitzwaren- Aktien gab . Im Ausland wurde darüber geärgert, dass er seine Schulden bezahlte, lange vernachlässigte Verpflichtungen erfüllte, dass er die Schüssel aufgegeben hatte und dass er, mit einem Wort, sein Bestes tat, um einen ziemlich schwarzen Rekord zu tilgen. Tatsächlich wurde die Aufwärtstendenz der Fitzwaren- Aktie so gut aufrechterhalten, dass das Komitee zur Aufrechterhaltung des öffentlichen Anstands beschloss, dass die erhabene Mrs. Catesby seine Frau besuchen und so den Weg für die *Entente ebnen sollte* . Schließlich waren die Fitzwarens die Fitzwarens , und unser verehrter Pfarrer – der härteste Pfarrer in fünf Landkreisen – brachte die Sache mit dem treffendsten Zitat aus der Heiligen Schrift, das er sich je gegönnt hat, zum Abschluss.

Die erhabene Mrs. Catesby brachte den Olivenzweig in Form einiger Pappstücke zu gegebener Zeit zum Grange; Frau Arbuthnot, die Frau des Pfarrers, Laura Glendinning, und die Basis der Hüter des öffentlichen Anstands folgten diesem Beispiel; und es herrschte eine solche Atmosphäre der besten Art christlicher Großmut, dass die „liebe Evelyn", die ewige Präsidentin und ehemalige Großherrin dieser anstrengenden Gesellschaft, ganz auf dem *Tapis eine Karte auf den Gutshof schoss*. Um zu zeigen, dass dies kein leeres Geschwätz ist, gibt es Mrs. Catesbys eigene Erklärung, die sie in Mrs. Arbuthnots eigenem Salon in Anwesenheit von Laura Glendinning und der Frau des Pfarrers abgegeben hat: „Das war nur Mrs. Fitz gewesen." Sie war in der Lage zu wissen, dass die liebe Evelyn sie aufgesucht hätte.

Das war die Stunde, in der die Fitzwaren- Aktie ihren Höhepunkt erreichte. Von da an kam es zu einem Preisverfall. Dennoch herrschte Einigkeit darüber, dass Fitz ein reformierter Charakter war. Ein Glas Bier zum Mittagessen, ein Glas Wein zum Abendessen und maximal drei Whiskys und Limonaden *pro Tag* ; stattliche Entschädigung an die Tochter des Vermieters von Fitzwaren Arms; Versöhnung in Hülle und Fülle für Personen aller Grade und Meinungen; Auftritt mit der herzoglichen Partei beim Cockfoster-Shooting; Regelmäßiger Gottesdienstbesuch jeden Sonntagvormittag. Fitz beschleunigte das Tempo so sehr, dass die Weisen erklärten, es könne unmöglich von Dauer sein. Sie lagen jedoch falsch, wie es die Weisen gelegentlich tun. Fitz hatte mehr Durchhaltevermögen, als Freunde und Nachbarn dem Sohn seines Vaters zugestehen wollten. Aber trotz alledem ging die Flaute, als sie einsetzte, stetig weiter.

Diejenigen, die Fitz vor der Reformation gekannt hatten, glaubten schnell, dass es keine innere Stärke war, die ihn zu einem Gefäß der Gnade gemacht hatte. Es war natürlich den schwarzen Schafen der Herde übermäßig zu verdanken, aber das ganze Verdienst der Rekultivierung gebührte nicht dem verlorenen Sohn, sondern der unscheinbaren Dame vom Kontinent, die nicht am Hofe vorgestellt worden war. Die Tiefe von Fitz' Verliebtheit in dieses unkonventionelle Wesen war wirklich grotesk.

Für den bloß männlichen Verstand hätte es geglaubt, dass ein so wohltätiger Einfluss auf einen so befleckten Mann wie den armen Fitz dieser Dame für Gerechtigkeit auf der Skala des Obersten Gerichtshofs gezählt haben musste. Doch das Komitee zur Wahrung des öffentlichen Anstands kam zu einem ganz anderen Schluss. Der bloße Mann kann nichts Besseres tun, als den Bericht des Ausschusses zu dieser Angelegenheit *ausführlich vorzulegen* , und für den Text dieser juristischen Perle gebührt unser Dank der erhabenen Frau Catesby. „Wenn sie irgendjemand gewesen wäre", verkündete diese großartige und gute Frau, „hätte man es nur für richtig gehalten, Nevil Fitzwaren in seinem lobenswerten Einsatz zu unterstützen, aber wie die liebe Evelyn aus unanfechtbarer Autorität erfahren hat, hat sie das früher getan." Wenn er ohne Sattel in einem Zirkus in Wien reitet, ist es ganz klar, dass der elende Kerl in den Mühsalen einer Verliebtheit steckt.

Nach dieser Feststellung des Ausschusses zogen sich die Inhaber von Fitzwaren- Aktien schnell zurück. Dennoch gab es einige dieser Spekulanten, die diesen Weg nicht einschlagen wollten. Fitz, der Harum-Scarum, war mit gestutzten Nägeln eine weniger malerische Figur als der provinzielle Don Juan; Aber es gab diejenigen, die nicht zögern zu behaupten, dass die schöne *Reiterin* , die er aus Wien importiert hatte, die romantischste Figur war, die jemals mit den Crackanthorpe Hounds gejagt hatte.

Zweifellos war sie in einem Stall geboren und mit Stutenmilch aufgewachsen, aber ihr Anblick auf dem Sattel des Godolphin-Arabers, mit hohem Hut, Militärhandschuhen und einem scharlachroten Mantel, war ein Schauspiel, das nur wenige Betrachter vergessen konnten. Nach Ansicht des Ausschusses besteht kein Zweifel daran, dass dadurch das Ende der Witwe beschleunigt wurde. Die alte Dame fuhr zum Treffpunkt an der Kreuzung, hinter ihren dicken alten Ponys und ihrem dicken alten Kutscher John Timmins, im vollen Genuss all ihrer Fähigkeiten, mit klugem Verstand, gutem Gewissen und gutem Appetit, warf sie einen Blick darauf bei Mrs. Nevil Fitzwaren , forderte John Timmins mit heiserem Flüstern auf, sofort nach Hause zu gehen, erlitt vor ihrer Ankunft einen Schlaganfall und verstarb, ohne das Bewusstsein wiederzuerlangen, im Beisein ihrer geistlichen, medizinischen und rechtlichen Berater.

Angesichts des aufgeheizten Zustands der öffentlichen Meinung war es notwendig, dass Personen mit gemäßigten Ansichten vorsichtig sein sollten. Ich hatte Mrs. Fitz auf der Jagd gesehen, und an diesem Ort bin ich bereit zu gestehen, dass ich vom Stamm ihrer Bewunderer ausgeschlossen war. Nicht nur aus sportlicher Sicht, sondern auch aus ästhetischer Sicht. Eine recht junge Frau mit prächtigen schwarzen Augen und einem Wald aus rabenschwarzem Haar, einer Haut von glänzendem Olivgrün, einer Nase und einem Kinn von außergewöhnlicher Entschlossenheit und Charakter; Ich kann mich nicht erinnern, eine gebieterischere, herausforderndere Persönlichkeit gesehen zu haben. Professionelle Wiener *Reiter* sind zweifellos ein Rennen für sich. Sie mögen es gewohnt sein, von ihrer Welt eine Hommage zu verlangen, die in unserer Welt mehr oder weniger den „lieben Evelyns" und ihren Mitmenschen vorbehalten ist. Aber der Blick dieser hochmütigen Königin des Sägemehls, wenn sie sich herabließ, ihn auszuüben, war das Direkteste und Fesselndste, was jemals einem englischen Mann Tribut abverlangte oder die Devotees einer empörten englischen Frau zum Flattern brachte. Ihr „Was-bete-mach-du-auf-der-Erde?" Die Luft war so lebenswichtig, dass sie einen Schauer durch die Adern jagte. Kein Wunder, dass der unglückliche Fitz so tapfer darum gekämpft hatte, sich zusammenzureißen. Sie war eine Frau, um einen Mann zu erschaffen oder ihn zu verderben. Da Fitz bereits geschädigt war, war ihr Wirkungskreis entsprechend eingeschränkt.

Wie die meisten Männer mit gemäßigten Ansichten gestehe ich im Grunde, dass ich ein bisschen feige bin. Auf jeden Fall hätte es wilde Pferde gebraucht, um mir das Eingeständnis zu entreißen, dass ich ein absoluter Bewunderer des „Sturmvogels" war, wie ihn der Pfarrer der Gemeinde mit seltener Glückseligkeit getauft hatte. Denn zu diesem Zeitpunkt war unsere kleine Republik in zwei Teile gespalten. Da waren die Mrs. Fitzites , ihre bescheidenen Bewunderer und willigen Sklaven, deren Geschlecht Sie leicht erraten können; und da waren die Anti-Mrs.- Fitzites , rücksichtslose Gegner, die geschworen hatten, ihr Blut zu haben, oder, falls dies nicht gelang, den Ort für sie so heiß zu machen, dass Atalanta, da Atalanta tatsächlich eine Amazone war, nach den Worten meiner Freundin Mrs. Josiah P. Perkins, „sie müsste aufhören."

Wie man sie vertreiben konnte, das war das Problem für die Damen der Crackanthorpe- Jagd. Auf der Suche nach einer Lösung hatte uns die berühmte Mrs. Catesby mit einem Morgenbesuch beehrt .

„Odo Arbuthnot", sagte diese bemerkenswerte Frau, „es ist meine Absicht, Klartext zu sprechen. Mrs. Fitz muss die Nachbarschaft verlassen . Wir erwarten von Ihnen als verheiratetem Mann, Familienvater und Mitglied des Kreises, dass Sie eine Lösung finden Mittel für ihre Entfernung."

„Stellen Sie einen Gerichtsbeschluss aus", sagte ich. „Das scheint der einfachste Weg zu sein. Wenn unser angegriffener und misshandelter Freund Brasset eine Auskunft schwört, werde ich den Haftbefehl gerne unterschreiben."

„Glauben Sie, sie könnte ins Gefängnis gebracht werden?" sagte Frau Arbuthnot hoffentlich.

„Versuchen Sie nicht, die Frage zu stellen." Die Große Dame ließ sich von der Witterung nicht abbringen. „Seien Sie männlicher. Wir erwarten von Ihnen Gemeinsinn. Natürlich ist dieses Geschäft äußerst unangenehm, aber es entschuldigt nicht Ihre Kleinmütigkeit. Meines Erachtens hat Ihre Einstellung die ganze Zeit darauf schließen lassen, dass Sie versuchen, mit dem Hasen zu laufen und mit ihm zu jagen Die Hunde."

Für einen eingefleischten Liebhaber des Mittelwegs war das ein furchtbarer Heimstoß. Ich hoffe, es mangelt mir nicht völlig an Geist, aber ein solcher Vorwurf war nicht leicht zu widerlegen. Während ich eine staatsmännische Haltung annahm, und sei es auch nur, um ein wenig Zeit zu gewinnen, um meine exponierte Position zu verbergen, griff meine angeheiratete Verwandtschaft mit einem Wagemut, der bei jemandem, der von Natur aus kein Schubser ist, sicherlich bemerkenswert ist, erneut zu den Knüppeln .

„Wenn ich du wäre, Odo", sagte er, „würde ich sie ihre eigene Drecksarbeit machen lassen."

Ich spürte, wie Mary Catesbys Blick wie ein Himmelsblitz an mir vorbeizog.

„Drecksarbeit, Joseph? Ich verlange eine Erklärung."

„Ich nenne es schmutzig", sagte dieser Gladiator. „Ich selbst mag es, wenn es unkompliziert ist . Wenn du denkst, dass ein Cove nach Ärger verlangt , sag es ihm persönlich. Mach dich nicht auf andere ein."

Bevor die Frau von unantastbarer Tugend, an die sich dieses Juwel der Moral richtete, den Bayard entsprechend seiner Verdienste am Frühstückstisch besuchen konnte, befanden wir uns plötzlich in den Sphären des Dramas.

Denn in diesem Moment wurde mir bewusst, dass Parkins um meinen Stuhl schwebte und eine sensationelle Ankündigung auf seinen Lippen lag.

„Herr Fitzwaren möchte Sie in einer dringenden Angelegenheit sprechen, Sir."

Der Effekt war elektrisch. Mary Catesby unterbrach ihre Anklage mit einer Geste wie Boadicea, königlich, aber grausam. Brassets rosafarbene Verwirrung näherte sich einem Grünton; Die Augen der Madame waren wie Monde – unter diesen Umständen ist eine kleine poetische Freiheit sicher zu verzeihen –, und was das Verhalten des Erzählers dieser überaus wahren Geschichte angeht, kann ich dafür antworten, dass es sich um völliges Unbehagen handelte.

„Mr. Fitzwaren hier?" waren meine ersten ungläubigen Worte.

„Ich habe ihn in die Bibliothek geführt, Sir", sagte Parkins feierlich.

„Du kannst ihn nicht sehen, Odo", sagte der Despot unseres Haushalts. „Er darf nicht hierher kommen."

„Wichtiges Geschäft, Parkins?" sagte ich.

„Das *dringendste* Geschäft, Sir."

„Höchst geheimnisvoll!" Frau Catesby bestätigte dies gerne.

Das Kommen von Nevil Fitzwaren war sicherlich höchst mysteriös. Eine kurze Überlegung überzeugte mich von der Notwendigkeit, die allgemeine Neugier zu befriedigen. Ich machte mich auf den Weg zur Bibliothek und hatte viele Spekulationen im Kopf. Nichts lag weiter von meinen Erwartungen entfernt, als von Nevil Fitzwaren in dringenden Angelegenheiten konsultiert zu werden .

KAPITEL V

Reich an Sensation

Obwohl ich über das Erscheinen eines solchen Besuchers erstaunt war, trugen das Aussehen und die Art dieser vieldiskutierten Persönlichkeit nicht dazu bei, mein Interesse zu mindern.

Ich fand ihn aufgeregt im Raum auf und ab. Sein Gesicht war ausgemergelt, seine Augen waren blutunterlaufen, er war ungepflegt und fast mitleiderregend anzusehen. Und noch merkwürdiger war, dass sein offener Mantel, den er in seiner Verzweiflung nicht zugeknöpft lassen konnte, eine zerknitterte Hemdbrust, eine schief liegende Krawatte und ein Smokingjackett enthüllte, das er offensichtlich am Abend zuvor angezogen hatte.

„Hallo, Fitz", sagte ich so unbekümmert, wie ich konnte.

Er antwortete mir nicht, sondern schloss sofort die Zimmertür. Irgendwie hat mir die Aktion einen Nervenkitzel bereitet.

„Besteht keine Möglichkeit, dass wir belauscht werden?" sagte er mit heiserem Flüstern.

„Überhaupt nichts. Lass mich dir aus deinem Mantel helfen. Dann setz dich auf den Stuhl neben dem Feuer und trink etwas."

Fitz unterwarf sich, zweifellos aus Zwang. Meine vierjährige Schulzeit hatte es mir im Allgemeinen ermöglicht, bei ihm meinen Willen durchzusetzen. Es war ziemlich schmerzlich, Zeuge der Anstrengung zu sein, die der Unglückliche unternahm, um sich zusammenzureißen; und als ich einen ziemlich kräftigen Brandy-Soda-Getränk abgab, war seine Weigerung deutlich schmerzlich.

„Ich sollte es nicht haben, alter Junge", sagte er und blickte mit seinen wilden Augen in meine wie die eines dummen Tieres. „Das geht nicht, wissen Sie."

„Trinken Sie es sofort", sagte ich, „und tun Sie, was Ihnen gesagt wird."

Fitz tat dies mit Widerwillen. Die Wirkung auf ihn war etwas, was ich nicht vorhergesehen hatte. Seine ausgemergelte Wildheit wich ganz plötzlich einem Tränenausbruch. Er bedeckte sein Gesicht mit den Händen und weinte auf schmerzhaft überreizte Weise.

Ich wartete schweigend darauf, dass dieser Ausbruch vorüberging.

„Seit gestern Abend um neun Uhr durchstreife ich das Land", sagte er, „und ich habe das Gefühl, den Verstand zu verlieren."

„Was ist los, alter Sohn?" sagte ich und setzte mich neben ihn.

„Sie haben meine Frau.“

„Wen meinst du mit ‚sie‘?“

„Ich kann und darf es dir nicht sagen “, sagte Fitz aufgeregt, „aber sie haben sie und – und ich gehe davon aus, dass sie inzwischen tot ist.“

So wilde Worte wie diese, begleitet von diesem überreizten Verhalten, deuteten nur allzu deutlich auf eine akute Form geistiger Störung hin.

„Du solltest mir besser alles erzählen“, sagte ich überzeugend. „Vielleicht kann ich ein wenig helfen. Zwei Köpfe sind besser als einer, wissen Sie.“

Ich muss gestehen, dass ich keine große Hoffnung hatte, dem Unglücklichen materiell helfen zu können, aber zu meiner Überraschung antwortete er völlig rational.

„Ich bin mit der Absicht hierher gekommen, dir alles zu erzählen. Ich brauche Hilfe, und du bist der einzige Freund, den ich habe.“

„Einer von vielen“, sagte ich und log freundlich.

„Das stimmt“, sagte Fitz. „Der Einzige. Wie dieser Kerl in der Bibel ist die Hand eines jeden Mannes gegen mich. Ich verdiene es; ich weiß, dass ich das Spiel nicht mitgespielt habe; aber jetzt muss ich jemanden haben, der mir zur Seite steht, und das habe ich.“ komme zu dir.“

„Nun“, sagte ich, „das ist nicht mehr, als Sie unter ähnlichen Umständen von mir tun würden.“

„Das meinst du nicht so“, sagte Fitz mit einem Gesichtsausdruck tiefen Kummers. „Aber du bist trotzdem ein echter Kerl.“

„Lasst uns den Ärger hören.“

„Das Problem ist folgendes“, sagte Fitz, und während er sprach, kehrte der Ausdruck der Wildheit in seine Augen zurück. „Meine Frau ist gestern Nachmittag um drei Uhr mit dem Auto in Middleham gefahren, um einzukaufen, in der Erwartung, um fünf zurück zu sein, und weder sie noch das Auto sind zurückgekommen.“

„Und man hat nichts von ihr gehört?“

"Kein Wort."

„Hatte sie einen Chauffeur?“

„Ja, ein Franzose namens Moins , den wir in Paris abgeholt haben.“

„Ich nehme an, Sie haben mit der Polizei kommuniziert?“

„Nein, sehen Sie, die ganze Angelegenheit muss so dunkel wie möglich gehalten werden.“

„Sie sind auf jeden Fall die Menschen, die Ihnen helfen können, insbesondere wenn Sie Grund zu der Annahme haben, dass es sich um ein Fehlverhalten handelt.“

„Es gibt allen Grund zu der Annahme. Ich fürchte, die Polizei kann ihr jetzt schon nicht mehr helfen.“

„Warum solltest du das denken?“

Fitz zögerte. Seine verzweifelte Miene war sehr schmerzhaft.

„Arbuthnot“, sagte er langsam und widerstrebend, „bevor ich Ihnen alles erzähle , muss ich Sie zur absoluten Geheimhaltung verpflichten. Andere Leben, andere Interessen, die wichtiger sind als Ihres und meine, sind darin verwickelt.“

Ich gab das Versprechen und war dabei beeindruckt von einer Tiefe der Verantwortung im Verhalten meines Besuchers, zu der ich kaum hätte fähig sein können.

„Haben Sie gestern Abend in den Zeitungen gesehen, dass es ein Attentat auf den König von Illyrien gegeben hat?“

„Ich habe es heute Morgen in der Zeitung gelesen.“

„Es wird Sie überraschen“, sagte Fitz und bemühte sich um eine Gelassenheit, die er nicht erreichen konnte, „dass meine Frau das einzige Kind von Ferdinand XII., dem König von Illyrien, ist. Sie ist daher die Kronprinzessin und Erbin der Ältesten.“ Monarchie in Europa.

„Es überrascht mich auf jeden Fall “, war die einzige Erwiderung, die ich im Moment machen konnte.

„Ich möchte Hilfe und ich möchte Rat; ich habe das Gefühl, dass ich mich kaum traue, etwas aus eigener Initiative zu tun. Sehen Sie, es ist das Wichtigste, dass die Welt als Ganzes nichts davon erfährt.“

„Warum, darf ich fragen?“

„In Illyrien befinden sich zwei Parteien im Krieg. Es gibt die Partei des Königs, die Anhänger der Monarchie, und es gibt die Republikanische Partei, die drei Attentate auf Ferdinand XII. und zwei auf das seiner Tochter verübt hat.“

„Aber ich gehe davon aus, mein Lieber, dass der Aufenthaltsort der Kronprinzessin in England ihrem Vater, dem König, bekannt ist?“

„Nein; und es ist wichtig, dass er in Unwissenheit bleibt. Unsere Flucht aus Illyrien war ein Hin und Her. Ferdinand hat Himmel und Hölle in Bewegung gesetzt, um herauszufinden, wo sie ist, denn sie wurde offiziell mit einem russischen Großfürsten verlobt, und ob." Wenn sie nicht nach Blaenau zurückkehrt , wird er die Nachfolge nicht sichern können.

„Verlassen Sie sich darauf", sagte ich, „die Kronprinzessin ist auf dem Weg nach Blaenau. Natürlich nicht aus freien Stücken. Aber die Agenten Seiner Majestät haben es geschafft, den Trick zu spielen."

„Vielleicht hast du recht, Arbuthnot. Aber eines ist sicher: Meine arme tapfere Sonia wird nie lebend nach Blaenau zurückkehren."

Tragischerweise vergrub Fitz sein Gesicht in seinen Händen.

„Sie hat das versprochen, wissen Sie, für den Fall, dass so etwas passieren sollte, und ich habe dem zugestimmt." Die Einfachheit seiner Äußerung hatte eine gewisse Erhabenheit, die nur wenige bei einem Mann mit dem Ruf eines Nevil Fitzwaren erwartet hätten . „Nicht jeder glaubt an so etwas, Arbuthnot, aber ich und meine Prinzessin glauben es. Sie wird niemals in den Armen eines anderen liegen. Gott steh ihr bei, mutige und edle und unglückliche Seele!"

Das war nicht der Fitz, den die Welt immer gekannt hatte. Plötzlich erinnerte ich mich an das flachshaarige, seltsame, intensive, etwas verdrehte, völlig unglückliche Wesen, das mir in unserer Kindheit bereitwillig gedient hatte. Ich hatte in unserem Haus in der Schule immer den Ruf genossen, dass ich allein und kein anderer es mit Fitz zu tun hatte. Ich erinnerte mich an seine Leidenschaft für die „Morte d'Arthur ", seine kantige Heftigkeit, seine düstere Fügsamkeit. In jenen fernen Tagen hatte ich gespürt, dass da etwas in ihm war; und nun kam es unter scheinbar seltsam ergreifenden Umständen zur Erfüllung der Prophezeiung.

„Nehmen wir an, mein Lieber", sagte ich und versuchte, in einer Situation von fast lächerlicher Schwierigkeit von praktischem Nutzen zu sein, „dass es nicht ihr Vater ist, der die Prinzessin Sonia entführt hat. Nehmen wir an, es sei der andere Seite, die Republikanische Partei.

„Es würde immer noch den Tod bedeuten; nicht durch ihre eigene Hand, sondern durch ihre. Sie haben zweimal versucht, sie in Blaenau umzubringen."

„Jedenfalls ist einigermaßen klar, dass wir keinen Augenblick verlieren dürfen, um ihr zu helfen."

„Ich weiß nicht, was ich tun soll", sagte Fitz, „und das ist die Wahrheit."

Ich gestand, dass auch ich keine klare Vorstellung von der Vorgehensweise hatte. Mir kam der Gedanke, dass es am klügsten wäre, eine dritte Person in unsere Beratungen einzubeziehen.

„Du fragst mich um Rat", sagte ich; „Mir scheint es das Beste zu sein, zu sehen, ob Coverdale uns helfen wird."

„Das wird Werbung bedeuten. Ich bin der Meinung, dass das um jeden Preis vermieden werden muss."

„Coverdale ist ein kluger Kerl. Er wird wissen, was zu tun ist; er ist ein Mann, dem Sie vertrauen können; und er wird in der Lage sein, die richtige Maschinerie in Gang zu setzen."

Mein Beharren auf diesem Punkt und Fitz' widerwillige Anerkennung der Notwendigkeit einer verzweifelten Abhilfe veranlassten ihn zu einer halbherzigen Zustimmung. Ich selbst war vom Wert von Coverdales Rat überzeugt, wie auch immer er aussehen mochte. Er war der Chef der Polizei in unserem Grafschaft, und abgesehen von einer kleinen äußerlichen Wichtigtuerei, ohne die man verstehen kann, dass es einem Chief Constable kaum möglich ist, diese Rolle zu spielen, war er ein kluger und gutherziger Kerl, der wusste viel über Dinge im Allgemeinen.

Der arme Fitz hörte nicht auf Essensvorschläge. Deshalb befahl ich sofort, den Wagen herumzufahren, und teilte nebenbei dem Herrscher des Haushalts und der erwartungsvollen Versammlung, von der sie umgeben war, mit, dass Fitz und ich ein privates Geschäft zu erledigen hätten, das unsere sofortige Anwesenheit in der Stadt Middleham erforderte.

„Odo", sagte sie, deren Wort Gesetz ist, mit einer Miene dunklen Misstrauens, „wenn Nevil Fitzwaren Sie überredet, ihm Geld zu leihen, verbiete ich Ihnen, auf diese Idee zu kommen. Sie sind in solchen Dingen wirklich so schwach. Das haben Sie wirklich." keine Ahnung vom Wert des Geldes.

„Es wird Ihnen auch bei Ihren Wählern nichts nützen", sagte Mary Catesby, „in Middleham mit Nevil Fitzwaren gesehen zu werden ."

Diesen warnenden Stimmen gegenüber war ich taub und floh auf eine Art und Weise aus dem Zimmer, dass es ein Gefühl von Schuldgefühlen vermuten ließ.

Bei der Vorbereitung wurde keine Zeit verloren. Als wir an der Vorderseite des Hauses vorbeiglitten, wurde mir zumindest unangenehm bewusst, dass hinter den Fensterscheiben eine Reihe feindseliger Augen lauerte. Es bestand kein Zweifel daran, dass jedes Detail unseres Vorgehens ordnungsgemäß markiert war. Der Himmel wusste, welche Theorien aufgestellt wurden! Doch welche Form auch immer sie annahmen, ich war mir sicher, dass aller

Einfallsreichtum der Welt nicht zur Wahrheit führen würde. Kein Akt der reinen Fantasie würde offenbaren, was das Geschäft wirklich war, das dazu geführt hatte, dass ich auf diese offene und unverhohlene Weise mit dem Ehemann der glücklosen Zirkusreiterin aus Wien identifiziert wurde.

KAPITEL VI

EXPERTENMEINUNG

Auf jeder Meile der Acht bis Middleham war Fitz so düster wie das Grab. Trotz des Vertrauens , das man ihm vermittelt hatte, schien er völlig außerstande zu sein, dieses auf das von Coverdale auszudehnen. Er hatte eine krankhafte Angst vor der Polizei und vor der Publizität, die jeden Umgang mit ihr mit sich bringen würde. Die Wahrung des Inkognitostatus seiner Frau war zweifellos eine Angelegenheit von größter Bedeutung.

Es war halb eins, als wir Middleham erreichten. Wir hatten das Glück, Coverdale in seinem Büro im Sitzungssaal anzutreffen .

„Nun, was kann ich für dich tun?" sagte der Chief Constable herzlich.

„Sie können viel für uns tun, Coverdale", sagte ich. „Aber das erste, was wir Sie bitten werden, ist, zu vergessen, dass Sie ein Beamter sind. Wir kommen in Ihrer Eigenschaft als persönlicher Freund zu Ihnen. In dieser Hinsicht." Wir bitten Sie um jeden Rat, den Sie uns geben können oder wollen. Bevor wir Ihnen jedoch Informationen geben, möchten wir Sie um die Zusicherung bitten, dass Sie die gesamte Angelegenheit streng vertraulich behandeln werden.

Coverdale verfügt über einen ebenso ausgeprägten Sinn für Humor , wie ihn seine hohe Stellung zulässt. Da war etwas in meiner Art der Ansprache, das sie anzusprechen schien.

„Das werde ich unter einer Bedingung versprechen, Arbuthnot", sagte er; „Das bedeutet, dass Sie nicht versuchen, mich in die Verschärfung eines Verbrechens einzubeziehen."

„Oh nein, nein, nein, nein!" Fitz platzte heraus.

Fitz' Ausruf und sein tragisches Gesicht verbannten das Lächeln, das auf Coverdales Lippenwinkeln lauerte.

Ich hielt es für das Beste, dass Fitz die Geschichte seiner Tragödie noch einmal erzählen sollte, und das tat er auch. Im Verlauf seiner Erzählung lief ihm der Schweiß über das Gesicht, seine Hände zuckten schmerzhaft und seine blutunterlaufenen Augen wurden so wild, dass weder Coverdale noch ich die Lust hatten, sie anzusehen.

Coverdale saß stumm und ernst da, als Fitz' bemerkenswerte Geschichte zu Ende ging. Er hatte sich in seinem Drehstuhl zu uns umgedreht. Er hatte die Beine gekreuzt und die Fingerspitzen aneinander gelegt, auf die Art und Weise, wie es ein anderer Promi in einem Zweig seiner Branche tun soll.

„Es ist eine seltsame Geschichte von dir, Fitzwaren ", sagte er schließlich. „Aber die Welt ist voll davon – was ?"

„Hilf mir", sagte Fitz mitleiderregend. Seine Stimme war die eines Ertrinkenden.

„Ich denke, das wird uns gelingen", sagte Coverdale. Er sprach im beruhigenden Tonfall eines erfahrenen Chirurgen.

„Das Erste, was man wissen muss", sagte der Chief Constable, „ist die Nummer des Wagens."

„GY 70942 ist die Nummer."

Coverdale notierte es nachdenklich auf seinem Löschblock.

„Haben Sie ein Porträt von Frau Fitzwaren ?" er hat gefragt.

„Das habe ich", sagte Fitz.

Auf die natürlichste Weise schlug er seinen Mantel auf, zog seine Abendkrawatte ab, riss seinen Kragen auf und holte unter der zerknitterten Hemdbrust ein Medaillon hervor, das an einer feinen Goldkette um seinen Hals hing. Es enthielt eine Miniatur der Prinzessin, ausgeführt in Paris. Sowohl Coverdale als auch ich untersuchten es neugierig, aber ich fürchte, wir hatten dabei nur einen einzigen Gedanken. Es war so, dass Fitz ein wenig wütend war.

„Wirst du es mir anvertrauen?" sagte Coverdale.

Fitz' Unentschlossenheit war erbärmlich.

„Es ist das einzige, das ich habe", murmelte er. „Ich glaube nicht, dass ich jemals eine weitere bekommen werde. Ich hätte eine Nachbildung haben sollen, solange ich die Chance dazu hatte."

„Ich verpflichte mich, es innerhalb von drei Tagen zurückzugeben", sagte Coverdale mit einer einfachen Freundlichkeit, für die ich ihn ehrte .

Fitz reichte ihm impulsiv das Medaillon.

„ Natürlich nehmen Sie es auf jeden Fall", sagte er hastig. „Ich weiß, dass du dich darum kümmern wirst. Tatsache ist, dass ich ein bisschen umgehauen bin."

„Natürlich, mein Lieber", sagte Coverdale. „Das sollten wir alle auch sein. Aber ich werde heute Nachmittag in die Stadt gehen und mich mit ihnen bei Scotland Yard unterhalten."

„Ich hatte Angst, dass das passieren müsste. Ich wollte, dass es ein absolutes Geheimnis bleibt, wissen Sie."

„Sie können sich darauf verlassen, dass der Yard die Seele der Diskretion ist. Es ist nicht das erste Mal, dass ihm die inneren Angelegenheiten einer regierenden Familie anvertraut werden. Wenn die Prinzessin noch in diesem Land ist und noch am Leben ist, und das gibt es.“ Es gibt keinen Grund, anders zu denken. Ich glaube, wir werden nicht lange auf Neuigkeiten von ihr warten müssen.

Coverdale sprach in einem ruhigen, beruhigenden Ton, der zumindest sein Taktgefühl und seine Menschenkenntnis bezeugte. Obwohl Fitz überreizt war, blieb es nicht ohne Wirkung auf ihn.

„Müssen die Häfen nicht überwacht werden?“ er sagte.

„Ich glaube kaum, dass es nötig sein wird. Aber wenn Scotland Yard anders denkt, werden sie natürlich beobachtet. Was auch immer passiert, Fitzwaren , Sie können ganz sicher sein, dass bei unserem Bemühen , herauszufinden, was wirklich passiert ist, nichts unentschieden bleiben wird.“ Wir werden uns darauf einigen, die Dame Frau Fitzwaren zu nennen . Darüber hinaus können Sie sich darauf verlassen, dass absolute Diskretion angewendet wird.

Wir verließen Coverdale voller Dankbarkeit für seinen herzlichen Optimismus, und ich glaube, wir hatten beide das Gefühl, dass ein besonders heikles Geschäft nicht in kompetenteren Händen sein könnte. Er war ein Mann mit gesundem Urteilsvermögen und unendlicher Diskretion. Während dieses einzigartigen Interviews hatte er sich als kluger, taktvoller und überaus gutherziger Kerl erwiesen.

Als Ergebnis dieses Besuchs im Sitzungssaal in Middleham erlaubte sich der arme Fitz ein wenig Hoffnung. Er war von dem Mann der Geschäfte, der den Fall übernommen hatte, gebührend beeindruckt gewesen. Allerdings war er noch lange nicht er selbst. Er war immer noch in einem seltsam aufgeregten und düsteren Zustand; und dies wurde durch seine Freundlosigkeit und das Gefühl, dass die Hand aller gegen ihn gerichtet war, noch verstärkt.

Unter diesen Umständen fühlte ich mich verpflichtet, seinem ausdrücklichen Wunsch nachzugeben, ihn zum Grange zu begleiten. Luftlinie ist es weniger als vier Meilen von meinem Haus entfernt.

Das Zuhause der Fitzwarens ist ein weitläufiger, düsterer und heruntergekommener Ort genug. Es liegt ein Gefühl darin, als wäre es zur Saat geworden. Jeder Fitzwaren , der dort seit Menschengedenken lebte, war in der einen oder anderen Form ein Spieler und ein *Roué* . Die Fitzwarens sind mit großer Wahrscheinlichkeit die älteste Familie in unserem Teil der Welt, und ebenso lange ist ihre Bilanz die unglücklichste. Nach einer langen Reihe schlecht geregelter Leben schienen die schweren Rechnungen, die seine Vorfahren der Nachwelt auferlegt hatten, in der Person des unglücklichen Fitz bezahlbar geworden zu sein. Zweifellos war es nicht richtig, dass jemand, der, wie Mrs. Catesby es ausdrückte, ein verheirateter Mann, Familienvater und Mitglied der Grafschaft war, sich als Apologet eines solchen Mannes wie Fitz ausgeben sollte. Aber trotz seiner Fehler hatte ich es nie übers Herz gebracht, ihm gegenüber so zu handeln, wie es so viele seiner Nachbarn ohne Zögern taten. Die Tatsache, dass er in der Schule für mich geschwächt war und das Wissen, dass jemand, dem das Schicksal gnadenlos grausam gegenüberstand, eine liebenswerte, eine erbärmliche und sogar eine heroische Seite hatte, machte es mir unmöglich, ihn als völlig außerhalb der Gesellschaft zu betrachten.

Ich kann unsere Ankunft im Grange an diesem durchdringenden Winternachmittag nie vergessen. Mein Auto gehörte zu der früheren Phase des Autofahrens, als der Reisende dem britischen Klima stärker ausgesetzt war, als die moderne Wissenschaft für notwendig hält. Der Schnee, der von einem schrecklichen Nordosten begleitet wurde , schlug uns erbarmungslos ins Gesicht. Und als wir halb erfroren ins Haus kamen, wurden wir auf der Schwelle von ein paar vier Leuten empfangen. Sie war das Ebenbild ihrer Mutter, mit der gleichen glänzenden olivfarbenen Haut, dem gleichen rabenschwarzen Haar und den gleichen herausfordernden schwarzen Augen. In ihrer Hand befand sich eine verstümmelte Puppe. Es wurde kopfüber getragen und war enthauptet.

„Ich will meine Mama", sagte sie mit einer Autorität, die auf lächerliche Weise der der Zirkusreiterin aus Wien ähnelte. „Hast du meine Mama mitgebracht?"

„Nein, meine kostbare Perle", sagte Fitz und hob die Scherbe an sein schneebedecktes Gesicht, „aber sie wird bald hier sein. Sie hat dir das geschickt."

Er küsste die kleine Elfe, die die Verachtung einer Prinzessin und die Hexerei einer Fee besaß.

"Wer ist das?" sagte sie und zeigte mit ihrer Puppe auf mich.

„Dis, mein Juwel des Ostens, ist unser freundlicher Freund Mr. Arbuthnot. Wenn Sie sehr nett zu ihm sind , bleibt er zum Tee."

„Magot du meine Mama, Mistah ' Buthnot ?" sagte der jüngste Spross der ältesten Dynastie Europas mit einer Direktheit, die für einen Vierjährigen beunruhigend war.

„In der Tat sehr", sagte ich herzlich.

„Du kannst zum Tee bleiben, Mistah ' Buthnot . Ich mag dich sehr ."

Die prompte Herzlichkeit des Urteils war für eine bescheidene Einheit eines monarchischen Landes sicherlich angenehm. Die Kreatur streckte ihre winzige Pfote mit einer so großartigen Geste aus, dass einem Höfling nur noch eines zu tun blieb. Das war, es zu küssen.

Der Besitzer der Pfote schien über diese diskrete Aktion sehr erfreut zu sein.

„Ich mag dich sehr , Mistah ' Buthnot ; ich werde dir meinen Namen sagen.“

„Oh, bitte!“

„Mein Name ist Marie Sophie Louise Waren Fitzwaren .“

„Phoebus, *was für* ein Name!“

„Und das, Mistah ' Buthnot , ist meine Chefin , Miss Green. Sie ist ein Tarn-Narr.“

Die so bezeichnete Dame war unerwartet am Tatort aufgetaucht. Sie war eine geschätzte, bebrillte Dame mit kompromisslosem Auftreten und blickte mit äußerster Strenge auf ihren Schützling herab.

„Marie Louise, wenn ich diesen Satz noch einmal höre, wirst du ins Bett gehen.“

Während Miss Green sprach, blickte sie mich jedoch auf humorvolle, nachdenkliche Weise über ihre Brille hinweg an.

Marie Louise zuckte verächtlich mit den schmalen Schultern und befahl dem Butler, der ehrwürdig genug aussah, um ihr Urgroßvater zu sein, in einem gelinde gesagt gebieterischen Ton, den Tee zu bringen. Die *Congé* , die der ehrwürdige Diener nach Erhalt dieses Befehls hielt, machte deutlich, dass er eines Tages ein vertraulicher Gefolgsmann im Königshaus von Illyrien gewesen war.

„Ich fürchte, Miss Green“, sagte ich zögernd, „dass Ihr Posten keine Pfründe ist.“

„Dieser Vierling hat den herrischen Willen einer Katharina von Russland“, sagte Miss Green mit einem amüsierten Lächeln. „Wenn sie jemals den Rang einer Frau erreicht, schaudert es mich bei dem Gedanken, was sie sein wird.“

Fitz lud mich ein, mit ihm zu essen. Ich gab nach, in der Hoffnung, dass ein wenig Gesellschaft ihm helfen könnte, seine Depression zu bekämpfen. Das Essen war kein fröhliches. Unter den günstigsten Bedingungen ist Fitz kein fröhlicher Mensch; aber ich musste feststellen, dass er in den letzten Jahren gelernt hatte, seinen Willen auszuüben. In vielerlei Hinsicht dachte ich, er hätte sich zum Besseren verändert. Er hatte seine grobe Sprache verloren; er war bei seinen Speisen und Getränken äußerst gemäßigt, und seine Haltung hatte an Zurückhaltung und Würde gewonnen. Mit einem Wort, er war zu einem zivilisicrteren , weiter entwickelten Wesen herangewachsen, als ich es jemals für möglich gehalten hätte.

Es war nach elf, als ich in mein eigenes Reich zurückkehrte. Der Schneesturm herrschte immer noch, und ich fand Mrs. Arbuthnot im Salon vor einem prasselnden Feuer thronend, was glücklicherweise als etwas Abmilderung des arktischen Verhaltens diente , mit dem meine Rückkehr begrüßt wurde. Dies reichte in Verbindung mit den widrigen Umständen, die ich bereits durchgemacht hatte, aus, um den Sturz der stärksten Verfassung zu vollenden.

Der Herrscher von Dympsfield House – Dympsfield House ist der malerische Name, den mein Großvater, Mr. George Arbuthnot von Messrs. Arbuthnot, Boyd and Co., dem berühmten Zuckerraffinerieunternehmen von Bristol, unserem Stammhaus verliehen hat – der Herrscher von Dympsfield House angeblich mit dem Studium einer Belletristik mit ausgeprägt sportlichem Charakter und gelbem Einband beschäftigt. Werke dieser Art und die Provinzausgabe des *Daily Courier*, deren Auflage garantiert zehn Millionen Exemplare *pro Tag haben wird* , sind die einzigen Literaturformen, deren Lektüre der Herrscher von Dymspfield House für „gesund" hält.

Als ich mit einer freien und entspannten Miene, die darauf schließen ließ, dass mein Gewissen nichts zu verbergen und nichts zu verteidigen hatte, das Wohnzimmer betrat, legte die Frau meines Herzens ihren Roman beiseite und fixierte mich mit jenem kühlen Blick, den alle Geborenen haben Vane-Anstruther betrachten es als das Markenzeichen ihrer Kaste, es zu führen.

„Wo warst du, Odo?" war die Begrüßung, die für mich reserviert war.

„Essen mit Fitz", sagte ich kurz und bündig.

Eine kurze Pause.

"Was hast du gesagt?"

Ich wiederholte meine bescheidene Aussage.

Ein Schnauben.

„Bei meinem Wort, Odo, ich kann nicht denken ——!"

Es erforderte ein gutes Urteilsvermögen, um zu wissen, welche Eröffnung gespielt werden sollte.

„Fitz ist in Schwierigkeiten", sagte ich.

„Ist das *sehr* überraschend?"

Es ist schwierig, die wahren stimmlichen Wendungen von Vane-Anstruther in Bezug auf die literarische Kunst wiederzugeben. Ein ähnliches Problem stellt das unerschütterliche Glitzern des porzellanblauen Auges und die subtile Kräuselung der Lippe dar.

„In dem Sinne, den Sie vermitteln möchten, *mein Kind* , ist es überraschend. Fitz ist einer der armen Teufel, die keineswegs so schwarz sind, wie sie dargestellt werden.“

Ein Kopfwerfen.

„Vergessen Sie nicht, dass ich Fitz sein ganzes Leben lang gekannt habe; dass wir zusammen in der Schule waren; und dass ich auf die eine oder andere Weise viel von ihm gesehen habe.“

„Ich würde an deiner Stelle nicht damit prahlen. Der Mann ist ein Synonym; das weißt du. Das ist nicht freundlich zu mir.“

Ich hatte Todesangst vor Tränen. Dieses schreckliche Accessoire des ehelichen Lebens ist in bestimmten Situationen durch den Code De Vere Vane-Anstruther erlaubt. Obwohl das Wetter sehr heftig war, blieb mir das vorerst erspart und ich atmete freier.

Joseph Jocelyn De Vere Vane-Anstruther, der eine Zigarette zwischen den Lippen hatte und der Länge nach auf einem Chintz lag, der bezaubernd in Blau und Gelb gestaltet war, erkundigte sich, ob ich Fitz gegenüber das Thema eines Treffens mit dem empörten Brasset erwähnt habe.

„Wenn das Wetter nicht besser wird“, sagte dieser Corinthian, „gehen wir morgen in die Stadt, und mein Kumpel in der Jermyn Street wird Brasset durch seine Verkleidungen führen. Mit ein wenig Übung sollte Brasset dazu in der Lage sein.“ Gib Fitz seinen Brei.

„Ich verstehe nicht“, sagte ich, „warum der unglückliche Ehemann für die Sünden seiner Frau zur Rechenschaft gezogen werden sollte.“

„Wenn du dir eine Frau nimmst“, sagte mein angeheirateter Verwandter mit einer Didaktik, deren er sich selten schuldig macht, „dann ist das im Guten wie im Schlechten; und wenn deine Frau die Besten im Rudel übertrumpft und dann “ Es ist der Meister, der ihr die Gerte über den Kopf treibt, weil er ihr sagt, was er von ihr hält. Du suchst in beide Richtungen nach Ärger.“

„Es ist eine harte Lehre“, sagte ich.

„Wenn ein Kerl so dumm ist, zu heiraten, muss er die Konsequenzen tragen.“

"Er muss!"

Eine solch prompte Bestätigung der Argumentation des jungen Mannes kann nur als unheimlich bezeichnet werden. Ein Aufblitzen der porzellanblauen Augen kam aus der Nähe des Kaminvorlegers.

„Wie hat sich Frau Fitz am Esstisch verhalten?" fragte der Teilhaber meiner Freuden. „Hat sie mit ihrem Messer gegessen und aus den Fingerschalen getrunken?"

„Nein, *mein Kind*, ich muss sagen, dass sie es nicht getan hat."

Mrs. Arbuthnot runzelte angemessen ungläubig die Stirn.

„Du überraschst einen."

„Vielleicht ist es nicht ganz bemerkenswert."

„Sicherlich eine Ansichtssache."

„Ich persönlich betrachte es lieber als eine Tatsache. Sehen Sie, Mrs. Fitz war nicht am Esstisch."

„Wo war sie, darf ich fragen?"

„Sie war in die Stadt gegangen."

„Und war ihr Mann deshalb so verärgert?"

„Es gibt Grund zu der Annahme, dass es so war."

"Oh!"

In diesem Ausruf lag große Tugend. Meine liebenswürdige Koadjutorin war, wie ich ganz genau wusste, begierig darauf, ihren Nachforschungen nachzugehen, aber ihr Status als Mensch ließ es ihr nicht zu, weiterzugehen. Der stolze Zustand eines De Vere Vane-Anstruther hat viele Vorteile, aber diese fast unmenschliche Erhabenheit hat auch ihre Nachteile. Dazu gehören vor allem die Grenzen, die einer völlig natürlichen und gesunden Neugier gesetzt werden. Es gehört sich nicht, dass ein Mitglied dieses angesehenen Clans sich allzu ausführlich in die Angelegenheiten seiner Nachbarn einmischt .

bekamen wir trotz des schlechten Wetters einen frühen Besuch von Mrs. Catesby. Sie war in Hochform.

„Sie haben die Neuigkeiten natürlich gehört!" Sie verkündete zugunsten von Mrs. Arbuthnot und mit einer Ausweitung der Art, die sie sich nicht immer erlaubt. „ Natürlich hat Odo dir erzählt, was Nevil Fitzwaren gestern Morgen hierher geführt hat."

„Oh nein, das hat er nicht", sagte Mrs. Arbuthnot ziemlich betrübt.

„Ist es denkbar, mein liebes Kind, dass du die Nachricht *nicht* gehört hast?"

„Ich weiß nur, Mary, dass Nevil Fitzwaren in Schwierigkeiten steckt. Odo hielt es nicht für gut, die Einzelheiten zu nennen, und tatsächlich interessieren einen die Angelegenheiten der Fitzwarens so wenig, dass man nicht geneigt war, nachzufragen.“

„Die Kreatur ist durchgebrannt, meine Liebe.“

Trotz Mrs. Arbuthnots Entschlossenheit, sich nicht für die Angelegenheiten der Fitzwarens zu interessieren , war sie dieser melodramatischen Ankündigung nicht gewachsen.

„Durchgeknallt, Mary!“

„Durchgeknallt, Kind. Und mit wem meinst du?“

„Man würde sagen, mit dem Chauffeur“, riskierte Mrs. Arbuthnot prompt.

Mrs. Catesbys Miene verfiel. Sie machte keinen Versuch, ihre Enttäuschung zu verbergen.

„Dann *hat Odo* es dir doch gesagt.“

„Keine Silbe, das versichere ich dir, Mary. Aber ich bin sicher, wenn Mrs. Fitz mit jemandem durchgebrannt ist, dann mit dem Chauffeur.“

„Wie klug von dir, mein liebes Kind!“ Die Bewunderung der Großen Dame war offen und aufrichtig. „Was für ein richtiges Gefühl! Sie ist mit dem Chauffeur auf jeden Fall durchgebrannt.“

„Odo“, sagte Mrs. Arbuthnot triumphierend und doch herrisch, „warum hast du mir das alles nicht erzählt?“

„ *Mon enfant* “, sagte ich in den sanftesten Tönen, die ich beherrsche, „Sie haben mir deutlich zu verstehen gegeben, dass die Angelegenheiten der Fitzwarens möglicherweise kein Interesse für Sie haben.“

Mrs. Arbuthnot biss sich auf die Lippe. Indem ich solch eine sensationelle Nachricht zurückhielt, hatte ich mich einer beispiellosen Empörung über die menschliche Natur schuldig gemacht. Aber sie konnte mein Rechtfertigungsgesuch nicht abweisen.

„Nevil Fitzwaren hat viel mehr Glück, als er es verdient“, sagte die Große Dame. „Es ist ein gnädiger Segen, dass die liebe Evelyn sie nicht wirklich angerufen hat. Ich bin mir sicher, dass sie es getan hätte, wenn ich sie nicht angefleht hätte, nicht voreilig zu sein.“

„Aber Mary, ich hatte den Eindruck, dass du sie selbst aufgesucht hast.“

„ Das habe ich getan, Odo. Aber das geschah nur aus Respekt vor der Erinnerung an Nevils Mutter. Außerdem war es nur richtig, dass jemand sehen sollte, wie ihr Zuhause war.“

„Wie war es, Mary?" sagte ich.

Mrs. Catesby presste die Lippen zusammen.

„Ich frage dich, Maria. Du allein hast dich auf dem Altar des öffentlichen Anstands geopfert; du allein bist im Besitz der düsteren Tatsachen."

„Lass uns barmherzig sein, mein lieber Odo. Was kann man schließlich von einem Menschen von einem kontinentalen Zirkus erwarten?"

„Was in der Tat!" war meine fromme Beschwörung .

„Ich fürchte, Nevil kann jetzt nur noch eines tun", sagte die Große Dame. „Er muss sich scheiden lassen und seinen Koch heiraten."

Die erhabene Matrone verweigerte uns die Ehre , beim Mittagessen mit ihr zusammen zu sein. Sie sollte im Pfarrhaus eintreffen. Und es gab Grund zu der Annahme, dass sie im Priorat Tee trinken und im Schloss speisen würde. Es war so notwendig, dass die freudige Botschaft der göttlichen Gerechtigkeit, die über die Bösen gekommen war, im Ausland verbreitet wurde.

Kapitel VII

COVERDALES BERICHT

Am Nachmittag ritt ich zum Grange, um zu erfahren, ob es Neuigkeiten gab, und um zu sehen, wie es Fitz erging. Es ging ihm auf jeden Fall ungewöhnlich gut. Sein Gesicht war weniger hager, seine Augen waren nicht so wild, und ein Wechsel der Wäsche und ein Rasiermesser hatten seinem Aussehen erheblich geholfen.

Coverdale hatte telegrafisch mitgeteilt, dass das Auto zu einer Werkstatt in der Regent Street zurückverfolgt werden konnte und dass er hoffte, bald im Besitz weiterer Informationen zu sein.

Fitz schien den Fund des Autos als ein günstiges Omen zu betrachten. Zumindest hatte er seine Gefühle weitaus besser unter Kontrolle als am Vortag. Sein Verhalten war nicht mehr übertrieben und er war in der Lage, die Situation praktischer zu betrachten.

Er versprach, mich über alle neuen Entwicklungen auf dem Laufenden zu halten, und ich verließ ihn ohne Bedenken. Er schien den Ereignissen viel besser gewachsen zu sein als damals, als ich ihn in der Nacht zuvor verlassen hatte.

Am Nachmittag des folgenden Tages sah ich Fitz wieder. Es geschah, dass ich gerade vor meiner Haustür aufbrechen wollte, als er mit einem Hundekarren vorfuhr. Er wurde von Coverdale begleitet.

Fitz hat ein seltsam bewegliches Gesicht. Es macht schnell Werbung für die flüchtigen Gefühle seines Besitzers. An diesem Nachmittag war ein Licht in seinen Augen und ein Ausdruck von Entschlossenheit und Wachsamkeit, der verriet, dass eine Neuigkeit eingetroffen war und dass Nevil Fitzwaren , welcher Art auch immer, nicht bereit war, sich zahm dem Schicksal zu unterwerfen.

„Ich wollte gerade zu Ihnen kommen“, erklärte ich, als ich sie hereinführte.

Die Anwesenheit von Coverdale schien auf eine wichtige Entwicklung hinzuweisen. Es wäre jedoch schwierig gewesen, aus der Haltung des Chief Constable so viel abzuleiten. Er ist ein so diskreter und scharfsinniger Mensch, dass keine noch so große Menge besonderer Informationen in der Lage ist, seine gewohnte Haltung gelassener Wichtigkeit zu beeinträchtigen oder zu verstärken.

Meine Besucher wurden mit etwas Nahrung in flüssiger Form versorgt, bevor ich nach den Neuigkeiten fragte; und als Antwort auf meine Forderung forderte Fitz dann Coverdale auf, mich mit den neuesten Informationen *auf dem Laufenden zu halten.*

Es schien, dass Coverdale sich beeilt hatte, Scotland Yard ins Vertrauen zu ziehen, und dass es dieser berühmten Organisation in überraschend kurzer Zeit gelungen war, Licht ins Dunkel des mysteriösen Verschwindens von Mrs. Fitz zu bringen.

„Sie wurde bis zur illyrischen Botschaft in Portland Place zurückverfolgt", sagte Coverdale.

"In der Tat!" sagte ich. „In diesem Fall können wir Ihnen gratulieren, Fitz, dass ihr in dieser würdevollen Abgeschiedenheit wahrscheinlich kein Schaden zugefügt wird."

„Ja, dieser Aspekt der Angelegenheit ist ausgesprochen positiv ", sagte Coverdale. „Aber soweit der Kommissar erfahren kann, ist die Dame in jeder Hinsicht eine strenge Gefangene."

„Ein sehr seltsamer Zustand, sicherlich."

„Absolut einzigartig. Aber es besteht kein Zweifel daran, dass der illyrische Botschafter den strengen Anweisungen seines Souveräns folgt."

„Er muss ein ziemlich cooler Typ sein, wenn er in diesem Land am helllichten Tag die Frau eines Engländers entführt, und der Monarch, für den er handelt, scheint auch ein ziemlich cooler Kunde zu sein."

Coverdale lachte. Mit nachdenklicher Freude klopfte er die Asche vom Ende seiner Zigarre.

„Könige sind Könige in Illyrien", sagte er. „Abgesehen von der Anwesenheit des Schwiegersohns von Ferdinand dem Zwölften glaubt Seine Majestät nicht an diesen verdammten verfassungsmäßigen Unsinn. Er hat seine eigenen Ideen und seine eigene kleine Art, sie umzusetzen."

„Das hat er offenbar. Aber leider für Ferdinand den Zwölften und glücklicherweise für seinen Schwiegersohn Fitz sind wir in diesem Land eher überzeugte Anhänger dieses verdammten verfassungsmäßigen Unsinns. Ich glaube, Coverdale, Ihr Freund, der Kommissar, wird dazu in der Lage sein um Seine Illyrische Majestät auf den Punkt zu bringen.

Die verstohlene Aura der Freude, die über Coverdales rotem Gesicht schwebte, schien sich zu verstärken.

„Das würde man doch denken, nicht wahr?" sagte er mit einem fröhlichen Schnaufen, „aber es scheint, dass es nicht ganz so einfach ist, wie Sie denken."

Ich gestand, überrascht zu sein.

„Sehen Sie, Arbuthnot, selbst in einem Land wie unserem haben Könige Anspruch auf ein gewisses Maß an Respekt. Die regierende Familie von

Illyrien – unter der Gunst unseres angesehenen Freundes" – der Chief Constable verneigte sich vor Fitz mit einer feierlichen Salbung, die er mir schenkte Sein Geist war unbeschreiblich komisch – „hat Blutsbande mit fast allen Königshäusern Europas; die illyrische Botschaft ist keineswegs eine unbedeutende Größe am Hofe des Heiligen Jakobus, denn obwohl Illyrien nicht sehr groß ist, ist es doch teuflisch gut vernetzt; und Auch hier versichert mir der Kommissar, dass eine Botschaft heilige Erde ist, die außerhalb seines Zuständigkeitsbereichs liegt."

„Er scheint auf ein ziemlich schwieriges Unterfangen gestoßen zu sein."

„Er ist der Erste, der es zugibt. Hier haben wir es mit einem eklatanten Verbrechen zu tun, das am persönlichen Eigentum eines gesetzestreuen Engländers begangen wurde, unter seinem eigenen Weinstock und Feigenbaum, in seiner eigenen kleinen Grafschaft; die Täter des Verbrechens sitzen unbekümmert da." Portland Place; dennoch scheint es auf dieser bewundernswert regierten und höchst verfassungsmäßigen Insel keine Maschinerie zu geben, die diese offensichtliche Not beheben kann."

„Aber sicherlich, Coverdale, lässt sich ein Weg finden?"

„Der Kommissar lehnte es rundheraus ab, auf eigene Verantwortung irgendetwas zu unternehmen. Dementsprechend gingen wir zum Auswärtigen Amt und führten ein Interview mit einem Beamten. Der Beamte schien nicht zu wissen, wie das Amt in solchen Fällen vorgeht Aus dem einfachen Grund schien es das erste Mal zu sein, dass das Amt darin Erfahrung gesammelt hatte. In einem Punkt war ihm jedoch völlig klar: Der Kommissar täte gut daran, unverzüglich zu seinen Fingerabdrücken und seinen Fotos von Berüchtigten zurückzukehren Kriminelle und vergessen, dass „ L'Affaire Fitz" ihm zur Kenntnis gebracht worden war."

„Aber das ist absurd."

„So ist die Sache jedenfalls", sagte Coverdale mit distanzierter Miene.

„Hat sich der Beamte mit dem Minister beraten?"

„Ja; und der Minister beriet sich mit dem Beamten; und ihre gemeinsame Weisheit lief auf Folgendes hinaus: Wenn sich ein britischer Untertan den Luxus eines Ferdinands des Zwölften als Schwiegervater gönnt, muss er Gott alle kleinen Meinungsverschiedenheiten vorlegen, die auftreten könnten." entstehen zwischen ihnen, weil das englische Recht diese Häuslichkeiten nicht berücksichtigt und es ablehnt, sie zur Kenntnis zu nehmen ."

"Es ist unglaublich!"

„Ich stimme Ihnen zu, Arbuthnot; und doch, wenn Sie die Angelegenheit in all ihren Zusammenhängen betrachten, ist es schwer zu erkennen, zu welcher anderen Schlussfolgerung man hätte gelangen können. Die ganze Angelegenheit strotzt nur so vor Schwierigkeiten. Es gibt keine konkreten Beweise dafür, dass die Krone Die Prinzessin von Illyrien ist tatsächlich auf Hilfe angewiesen. Obwohl dem Auswärtigen Amt viele Einzelheiten zu ihrer Flucht aus Blaenau bekannt sind, ist die Tatsache, dass sie sich in diesem Land aufhielt, völlig unbekannt. Die ganze Sache ist viel zu heikel, um einen Sturz mit dem illyrischen Botschafter zu riskieren.“

„ Sicherlich scheint der nationale Schrecken, dumm auszusehen, den FO in der *Rolle* des Agag zu rechtfertigen. Aber meines bescheidenen Urteils nach ist seine meisterhafte Untätigkeit für ein britisches Untertan äußerst hart.“

„Nun“, sagte Coverdale und griff auf die Philosophie des einfachen Mannes zurück, „wenn ein britischer Untertan sich einen Ferdinand den Zwölften als Schwiegervater gönnen würde!“

Während unserer überaus pikanten Diskussion – für mich war es das sicherlich, so zahm und platt es in der kahlen Prosa, in die es jetzt eingebettet ist, auch erscheinen mag – war die Person, die davon am meisten betroffen war, eine Studie in düsterer Selbstverdrängung. Er sprach kein Wort, er machte kaum eine Geste; doch seine ganze Haltung hatte Bedeutung. Und als es schließlich an der Zeit war, etwas zu sagen, überlegte er ruhig, als ob jedes Wort vorher ausgesucht und abgewogen worden wäre.

„Es gibt nur eins zu tun“, sagte er. „Da mir das Gesetz nicht hilft, muss ich dem Gesetz helfen.“

Nicht nur ihrem Inhalt nach, sondern auch in der Art und Weise ihrer Übermittlung war eine solche Ankündigung des Schwiegersohns von Ferdinand dem Zwölften durchaus würdig.

Ich sah, wie Coverdale amüsiert die Augenbrauen hob, aber da ich das ungewöhnliche Kaliber des Redners kannte, hatte ich instinktiv das Gefühl, dass eine Zurschaustellung von Skepsis zu diesem Zeitpunkt fehl am Platz wäre. Fitz war durchaus in der Lage, dem englischen Recht zu helfen, wenn er wirklich das Gefühl hatte, dass es seine Hilfe erforderte.

„Ich kann dir nicht danken, Coverdale“, sagte er schlicht. „Sie haben für mich getan, was ich nicht zurückzahlen kann. Das gilt auch für Sie, Arbuthnot. Ich werde nie vergessen, was Sie für mich getan haben. Aber jetzt werde ich Sie beide als englische Landsleute mit Frauen und Kindern fragen.“ von dir selbst, mir zur Seite zu stehen, während ich versuche, fair zu spielen.

Solche Worte berührten uns beide.

„Sie können natürlich auf mich zählen, so viel ich auch wert bin“, sagte ich, „aber ehrlich gesagt, mein Lieber, ich weiß nicht, was Sie angesichts des Erlasses des Außenministeriums tun können.“

„Ich werde Ferdinand mit seinen eigenen Waffen schlagen und ihn besiegen, wie ich es heute schon getan habe.“

Fitz hatte das Recht, sich zu dieser Prahlerei zu bekennen. Die Flucht aus Blaenau musste das Werk eines mutigen und einfallsreichen Mannes gewesen sein.

„Von einem bin ich überzeugt“, fuhr Fitz fort: „Es ist keine Stunde zu verlieren. Meine Frau kann jeden Moment nach Blaenau zurückgebracht werden. Ich bin überzeugt, dass von Arlenberg, der Botschafter, Befehle von Ferdinand hat. Wenn ich Sonias Leben retten will, muss ich unverzüglich handeln.“

Coverdale nickte schweigend, während ich einen Anflug von Bestürzung verspürte. Das Argument war klar genug, aber Fitz' Ohnmacht angesichts der Ereignisse machte ihn zu einer Figur des Mitleids.

Sein Verhalten ließ jedoch kein Bewusstsein dafür erkennen. In diesen seltsamen Augen lag Entschlossenheit, und etwas war in seine Stimme eingedrungen.

„Ich möchte, dass ein halbes Dutzend gute Kerle – Sportler – mir zur Seite stehen. Du bist einer, Arbuthnot. Du auch, Coverdale. Du wirst mir zur Seite stehen, nicht wahr?“

Der Chief Constable wirkte etwas unruhig. Für die offizielle Meinung war eine solche Anfrage entschieden zweideutig, um nicht zu sagen unangenehm.

„Ich würde mich freuen, Fitzwaren “, sagte er, „wenn Sie mir genau sagen würden, welche Verantwortung auf mich zukommt, wenn ich mich diesem Kurs verpflichte.“

„Das hängt von den Umständen ab“, sagte Fitz. „Aber wenn ich mit dem Rücken zur Wand stehe, was ich wohl tun werde, bevor ich mit dieser Angelegenheit fertig bin, möchte ich ein paar Männer an meiner Seite haben, denen ich vertrauen kann.“

„Solange Sie mich nicht damit beauftragen, eine Bombe in die Botschaft zu werfen!“ sagte Coverdale.

Fitz' Plan zur Wiedererlangung seines rechtmäßigen Eigentums war nicht so drastisch, doch als er in die Tat umgesetzt wurde, war es so etwas wie eine Art Natur, zwei Engländern, die sich dem mittleren Alter näherten und sich besonders zur Einhaltung des Gesetzes verpflichtet hatten, eine Pause zu gönnen.

„Ich beabsichtige, sie aus Portland Place herauszuholen. Sie muss morgen wegkommen wissen."

„Es wird sicherlich kein Kinderspiel sein", stimmte der Chief Constable zu, „wenn Sie die Absicht haben, in die illyrische Botschaft einzubrechen und die Kronprinzessin mit Gewalt zu ergreifen."

„Es gibt keine Hilfe", sagte Fitz ruhig.

Coverdale wurde nachdenklich. Es war einigermaßen klar, dass Fitz über einen Akt offener Gewalt nachdachte; und da ein Bruch des Landfriedens jederzeit als ein Bruch des Gesetzes ausgelegt werden muss, war es kaum seine Aufgabe, ihn zu unterstützen und zu unterstützen. Im Grunde seines Herzens war der würdige Chief Constable jedoch ein ausgesprochen ehrlicher, ehrlicher und aufrichtiger Kerl. Er sagte nicht so viel, aber irgendetwas in seinem Verhalten deutete darauf hin, dass er zu dem Schluss gekommen war, dass die nationalen und internationalen Instanzen der Justiz, Scotland Yard und das Auswärtige Amt, eine offensichtliche Ungerechtigkeit gegenüber einem britischen Landsmann inszenierten .

„Es ist ein schwieriger Fall", sagte Coverdale; „Und unter den gegebenen Umständen verstehe ich überhaupt nicht, wie man Ihnen die Schuld geben kann, wenn Sie angemessene Schritte unternehmen, um Ihr Eigentum zurückzugewinnen."

„Mit anderen Worten, Coverdale", sagte ich, „sind Sie bereit, den Überfall auf die illyrische Botschaft zu unterstützen?"

Der Chief Constable lachte.

„Das sage ich nicht genau. Und doch ist dies schließlich ein freies Land; und wenn ein Haufen verdammter Ausländer meine Frau erschlagen hat und das Gesetz mir keine Wiedergutmachung leisten könnte, fürchte ich, ich bin traurig." besorgt--"

„Es wäre ‚Up Guards and at , em '?"

„Bei meinem Wort, Arbuthnot, ich bin mir nicht sicher, ob das so wäre!"

„Danke, Coverdale", sagte Fitz. „Und ich gehe davon aus, dass ihr beide morgen mit mir nach London fahren werdet."

„Was genau verlangen Sie von uns?"

„Überlassen Sie die Einzelheiten mir" – Fitz' Miene war die eines Stabsoffiziers. „Sie können darauf vertrauen, dass ich mir nicht die Mühe mache, nach Ärger zu suchen. Aber es nützt nicht viel, wenn ein einzelner Mann im Alleingang versucht, in die illyrische Botschaft einzudringen, um die Rettung der Kronprinzessin herbeizuführen ."

„Es wäre selbstmörderisch, wenn ein einzelner Mann es versuchen würde", waren wir uns einig.

„Was ist das Minimum an Unterstützung, das Sie benötigen?" sagte ich.

„Ein halbes Dutzend stämmiger Burschen dürften das problemlos hinbekommen. Da sind Coverdale und du und ich. Wenn ich bis morgen noch drei andere anheuern kann, ist die Sache so gut wie erledigt."

Fitz' ruhiger, optimistischer Ton war sicherlich überraschend. Der Chief Constable und ich tauschten eher reumütige Blicke aus. Es schien, als hätten wir uns zu einem Vorgehen verpflichtet, das die schwerwiegendsten und weitreichendsten Folgen haben könnte.

KAPITEL VIII

VORBEREITUNG FÜR DIE KAMPAGNE

Eines war vollkommen klar; Wir waren ziemlich gut in einer Spaltung. Wir hatten uns so herzlich für die Sache eines schwer verletzten Mannes eingesetzt, dass es kaum möglich war, praktische Hilfe zu verweigern, die jetzt so dringend benötigt wurde. Dennoch konnte es keinen Zweifel daran geben, dass Unbehagen und Verwirrung mit der offiziellen Gelassenheit des Chief Constable ins Wanken zu geraten begannen. Auch ich, „ein verheirateter Mann, Familienvater und Kreisangehöriger", begann Bedenken zu haben.

„Drei weitere kräftige Kerle", sagte Fitz, „die keine Angst vor beengten Verhältnissen haben und denen man einen Revolver anvertrauen kann, sind fast eine Notwendigkeit. Die Schwierigkeit besteht darin, sie zu finden."

Seitdem hatte ich bei vielen Gelegenheiten Anlass, mein Verhalten in dieser Krise zu überprüfen. Ob es sich um eine vernünftige, richterliche und gesetzestreue Einheit der Gesellschaft handelte, konnte ich nie feststellen. Zweifellos habe ich einen gewaltigen Fehler gemacht. Dennoch werde ich immer beteuern, dass Nevil Fitzwaren ein schwer verletzter Mann war. Darüber hinaus hielt es die Natur nun, da der Ruf zu den Waffen zu ihm gekommen war, für angebracht, ihn mit jener okkulten Macht auszustatten, die einen Menschen zum Anführer anderer macht. Ich hätte nicht glauben können, dass eine solche Verklärung möglich wäre. Plötzlich schien er der Besitzer einer unerschütterlichen Zielstrebigkeit und einer Willensstärke zu sein, die fast im gleichen Maße Mitgefühl hervorriefen, wie seine erbärmliche Hilflosigkeit es überhaupt erst geweckt hatte.

„Können Sie drei stämmige Kerle vorschlagen, Arbuthnot? Meine Herren, wenn möglich, und vertrauenswürdige Kerle. Natürlich müssen sie das Warum und Warum des Ganzen wissen."

Unter dem Zauber, den Fitz auf mich ausübte, wurde ich Opfer einer Inspiration. Blitzartig kamen mir die drei Spieler in den Sinn, die nötig waren, um die *Party zu vervollständigen* . Es waren Jodey, sein Freund in der Jermyn Street, „der Unterricht bei Burns erhalten hatte", und dieser ausdauernde, aber durch und durch gesunde Kerl, der Meister der Crackanthorpe . Einen Moment lang dachte ich mit dem napoleonischen Blick von Fitz nach. Und dann beging ich aus reiner menschlicher Schwäche die auffälligste Indiskretion, deren sich ein einigermaßen tadelloses Dasein jemals schuldig gemacht hatte. Ich ließ zu, dass mir die Namen dieser drei Champions über die Lippen kamen.

Coverdale richtete seine düsteren Augen auf mich. Sie waren frei von Wut, aber äußerst voller Trauer.

„ Du alter Idiot!" sagte er leise. „Du siehst aus, als würdest du uns fair landen."

„Nun", flüsterte das ungeheuerliche Ich, „wir können den armen Kerl in diesem Stadium des Verfahrens nicht im Stich lassen, oder?"

„Das glaube ich nicht, aber diese Angelegenheit scheint mich mein Quartier zu kosten. Lasst uns zu Gott beten, dass er nicht die Absicht hat, den Botschafter zu erschießen."

„Er nicht", sagte ich und nahm eine Fröhlichkeit an, die ich nicht empfand, in der Hoffnung, mein Abweichen vom strengen Weg der Klugheit so gering wie möglich zu halten . „Er ist ein sehr vernünftiger und teuflisch mutiger Kerl."

Die unmittelbare Folge meiner Indiskretion war, dass ich gedrängt wurde, meinen Verwandten zu heiraten, um seine wertvollen Dienste in Anspruch zu nehmen. Zu diesem Zweck wurde Parkins auf die Suche nach ihm geschickt. Viel zu früh kehrte er mit der Nachricht zurück, dass er drüben in der Halle war und mit Lord Brasset Billard spielte.

„Zwei Fliegen mit einer Klappe!" sagte Fitz jubelnd. „Das Beste, was wir tun können, ist, rüber zu gehen und sie zu sehen."

Die Halle ist nicht mehr als etwa hundert Meter von unserem bescheidenen Anwesen entfernt; und auf Fitz' Geheiß machten wir uns auf die Suche nach Rekruten.

„Schöner Zustand!" knurrte Coverdale *unterwegs* .

Zu gegebener Zeit wurden wir in Brassets Billardzimmer geführt. Der Besitzer und meine angeheiratete Verwandte spielten freundschaftlich, aber einseitig Snooker. Letzterer warf, gemäß seiner beständigen Praxis, „sein bestes Bein zuerst zu stellen", um das lebenslange Handicap, als jüngerer Sohn zur Welt gekommen zu sein, zu kompensieren, dreimal so viele Bälle wie sein charmant liebenswürdiger und höflicher Gegner.

„Hallo, Leute", sagte Brasset. „Nehmen Sie ein Zeichen und schließen Sie sich uns an."

Die Anwesenheit des Mannes von Mrs. Fitz an diesem Ort war völlig unerwartet, aber keiner der Spieler verriet seine Überraschung. Jede Überraschung, die sie zu bieten hatten, wurde später gebührend erwartet.

Die meisten Leute, die sich überhaupt mit ihren Artgenossen verabredet haben, sind mehr oder weniger fertige Heuchler. Aber Brasset und Jodey waren keineswegs immun gegen die außergewöhnliche Geschichte, die Fitz erzählen wollte.

„Erbin der ältesten regierenden Familie Europas!" rief Brasset, dessen Beunruhigung und Verwirrung äußerst komisch waren. „In diesem Fall hatte sie das absolute *Recht*, mich mit ihrer Peitsche über den Kopf zu schlagen, auch wenn sie Challenger ziemlich weit überholte."

Was Joseph Jocelyn De Vere Vane-Anstruther betrifft, so war sein Gesicht eine Studie.

„Nun, ich habe immer gesagt, dass sie *es war*", murmelte er begeistert.

„Steht euch bei – *lieber*! " sagte Brasset. „Nur zu stolz. Ich habe einen wunderschönen Colt-Revolver in meinem Büro. Damit habe ich in Afrika einen Löwen erschossen."

„Dann sollten Sie in der Lage sein, einen Botschafter in Portland Place zu verwalten", sagte ich.

"Eher *!*"

„Es ist also ein Versuch?" sagte Fitz. „Ich kann mich darauf verlassen, dass Sie mir helfen. Vielleicht müssen wir es diesem Schwein von Arlenberg antun , obwohl er natürlich nur den Befehlen von Ferdinand gehorcht."

"Ja natürlich."

Die beiden Rekruten für die Sache der Kronprinzessin strahlten vor Freude. Sie leisteten den Treueeid, der lediglich die Form annahm, dass sie versprachen, vor dem Ereignis bei Ward's zu speisen, und danach im Savoy zu Abend zu essen.

Die sechste Person, die für den Erfolg von Fitz' Plan entscheidend war, war der unbekannte Sportler aus der Jermyn Street, der Unterricht bei Burns erhalten hatte. Jodey betonte in seiner Erklärung, dass sein Freund, den er als „Amateur-Mittelgewichts-Champion des Vereinigten Königreichs" bezeichnete, nur allzu gern eine der großen Chancen seines Lebens ergreifen würde. Sofort wurde ein Telegramm für diesen Paladin zusammengestellt, der aufgefordert wurde, am nächsten Tag zur vereinbarten Stunde bei Ward zu erscheinen. „Nehmen Sie einen Revolver mit. Nach dem Abendessen wird es ein bisschen Spaß geben", lautete eine Klausel, die der Verfasser des Telegramms unbedingt einfügen wollte.

Über die Sinnhaftigkeit der Einfügung der betreffenden Klausel waren die Meinungen geteilt. Für den klugen und vorsichtigen Beamtengeist, wie er von Coverdale vertreten wird, würde es ausreichen, einen vernünftigen und gesetzestreuen Bürger zu drängen, der geplanten Dinnerparty einen großen Bogen zu machen. Persönlich war ich der Meinung von Coverdale; Fitz und

Brasset „sahen darin nichts Ungewöhnliches", während der Autor davon überzeugt war, dass die fragliche Klausel seinen Freund O'Mulligan so wenig abschrecken würde , dass sie eine alltägliche Einladung zum Abendessen bei Ward's und zum Abendessen darstellen würde im Savoy mit genügend romantischer Würze, um zu verhindern, dass „der beste Sportler, der jemals aus Irland kam", eine frühere Verlobung hatte.

Die Jugend wird bedient. Jodeys klare Argumentation hatte Gewicht genug, um das Telegramm in seiner makellosen Integrität an die Jermyn Street zu senden. Coverdale blickte dennoch reumütig drein, und ich spürte, wie er mich vorwurfsvoll ansah. Der Leiter des Unternehmens war jedoch weit davon entfernt, die Bedenken des Chief Constable zu teilen. Im Gegenteil, er hatte das Gefühl, dass die Sache der Prinzessin Sonia drei wertvolle Rekruten gewonnen hatte.

Sicherlich ließ das Verhalten von Brasset und meiner Verwandtschaft unter dem Gesichtspunkt der Aufrichtigkeit nichts zu wünschen übrig. Sie waren nur zu begierig darauf, die Gelegenheit zu nutzen, ein berüchtigtes Unrecht wiedergutzumachen. Coverdale und ich konnten ihrer Begeisterung keineswegs gerecht werden. Wir waren beide über vierzig, und in dieser Lebensphase kann der durchschnittliche Mann diese Eigenschaft nicht hervorbringen, es sei denn, er strebt den Adelsstand an, aber in unserem tiefsten Inneren wollten wir gerne spüren, dass es ihnen Ehre erwies .

Auf Brassets Vorschlag, wir sollten an diesem Abend mit ihm speisen, damit wir, soweit es uns möglich war, einen Feldzugsplan entwickeln könnten, gaben wir eine bereitwillige Antwort. Im Übrigen ist es vielleicht angebracht anzugeben, dass Brasset unverheiratet ist und dass seine Mutter den Winter in San Remo verbrachte.

In großer seelischer Anspannung ging ich zurück zum Dympsfield House und machte mich auf die Suche nach der Waffe, die als Vorsichtsmaßnahme gegen Einbrecher in meinem Ankleidezimmer aufbewahrt wurde. Reumütig wurde es aus seinem Heiligtum geholt und untersucht. Dann machte ich mich auf die Suche nach dem Herrscher des Hauses. Als ich sie beim Herumstöbern im Gewächshaus erwischte, überbrachte ich ihr die Nachricht, dass ich an diesem Abend auswärts essen ging und dass mich der Dienst am nächsten Tag in die Metropole rief, weil ich befürchtete, die chronische Bronchitis meiner alten Großmutter hätte sich verschlimmert.

Beide Ankündigungen wurden mit größerer Gelassenheit angenommen, als der innere Beobachter es mir hätte erwarten lassen.

„Essen Sie auf jeden Fall bei Reggie Brasset, obwohl ich denke, dass es sehr falsch von ihm ist, mich nicht zu fragen. Und gehen Sie auf jeden Fall morgen nach London, um die arme, liebe Oma zu sehen, und" – hier war die erste kleine Fliege wurde in der Salbe offenbart – „Nimm mich. Jetzt, wo das Wetter völlig zusammengebrochen ist, ist es ein guter Zeitpunkt, die neuen Stücke zu sehen; und ich muss mindestens zwei neue Kleider und einen dieser Chinchilla-Mäntel haben, die jeder trägt." ."

Es gibt Gelegenheiten, in denen die auf Gegenseitigkeit bedachte Natur die Ehe als eine überbewertete Institution betrachtet.

„Aber, mein liebes Kind", keuchte ich, „hast du nicht bei deinem heiligen Ehrenwort versprochen, dass du, wenn du diese Stute Anfang November hättest, deine Kleiderpauschale vor dem Sommer nicht überschreiten möchtest?"

"Habe ich?" sagte eine Stimme langweiliger Frage.

„Hast du, *mein Kind*!"

„Aber dann siehst du, dass das arme Ding schon seit vierzehn Tagen lahm ist."

Es war Männersache, Mrs. Arbuthnot behutsam, zärtlich, aber ziemlich bestimmt davon zu überzeugen, dass ihre Forderungen nicht einen Moment lang berücksichtigt werden konnten. Wie es am Ende zustande kam, werde ich nicht erklären. Wer von uns ist in der Lage, diese Diplomatie in gerechter Form wiederzugeben? Aber durch okkulte Mittel gelang es mir, einen Kompromiss zu Bedingungen zu erzielen , auf die nur ein zuversichtlicher Mensch hätte hoffen können. Es sollte mir gestattet werden, mit Brasset zu speisen und eine ruhige Runde Bridge zu spielen, und am nächsten Morgen sollte ich in die Stadt fahren, um das Wochenende bei meiner Großmutter zu verbringen; Als Gegenleistung für diese Vorteile sollte die zweite Vertragspartei das Wochenende mit ihren bewundernswerten Eltern in Doughty Bridge, Yorks, verbringen und eine Zobelstola und eine Muff-Kette aus oxidiertem Silber erhalten.

Ich konnte mich des Gefühls nicht erwehren, dass ein solcher Vertrag der politischen Seite meines Wesens äußerst ehrenvoll gegenüberstand. Ich hatte zumindest auf Perlenohrringe oder einen neuen Opernumhang vorbereitet. Es besteht kaum ein Zweifel daran, dass ein einigermaßen regelmäßiger Besuch des Unterhauses im Verlauf von drei Sitzungsperioden nicht wenig dazu beiträgt, einen Mann für die komplexeren Phasen des zivilisierten Lebens zu rüsten.

Brassets spontane Dinnerparty an diesem Abend war ein voller Erfolg. Dieses glückliche Ergebnis verdankte er nicht zuletzt der Weitsicht seines liebenswürdigen und stets beklagten Vaters. Der Wein war ausgezeichnet. Sogar der Chief Constable, der so düster wie ein Kardinal und so reumütig wie Don Quixote aussah, trank anerkennend den braunen Sherry, spielte mit den leichteren Jahrgängen, nippte mit weisem Beifall am Portwein, bewunderte den alten Brandy und erzählte einem von ihnen Die besten Geschichten, die ich je in meinem Leben gehört habe.

Am Ende dieses Meisterwerks raffinierter Zote klopfte Brasset energisch leicht auf den Tisch und stand auf.

„Meine Herren", sagte er, „ich bitte Sie, auf das Wohl der Kronprinzessin von Illyrien zu trinken. Möge Gott das Recht verteidigen! Mit dem Toast bitte ich darum, den Namen unseres Freundes und Nachbarn , Herrn Nevil, verbinden zu dürfen." Fitzwaren .

Der Toast wurde gebührend gewürdigt .

„Vielen Dank, meine Herren." Fitz' Antwort erfolgte mit rührender Einfachheit. „Gott *wird* das Recht verteidigen. Das tut er immer. Aber ich danke Ihnen allen von ganzem Herzen, dass Sie mir zur Seite stehen und dafür sorgen, dass ich fair gehandelt werde. Es ist gut, als Engländer geboren zu sein."

„Hören Sie, hören Sie; durchaus", sagte der Chief Constable.

warf mir der Chef unserer Gendarmerie jedoch einen Blick zu, der zugleich skurril und traurig war. In dieser offiziellen Brust war immer der Gedanke präsent, dass der kleinste Zwischenfall in einem ausgesprochen gefährlichen Abenteuer für alle Beteiligten Folgen haben würde, über die er nicht nachdenken wollte.

KAPITEL IX

AM VORABEND

Eine ruhige Untersuchung des Falles machte es unvorstellbar, dass zwei Säulen der Verfassung sich unwiderruflich einem Handlungsplan verpflichten sollten, dessen wahre Sphäre die Bretter eines Schauspielhauses oder die Seiten einer grellen Liebesgeschichte waren. Durch welche Vernunft hatten sie es zugelassen, in eine so lächerliche, aber dennoch äußerst gefährliche Lage zu geraten? Möglicherweise war es das Richtige für verantwortungslose Jugendliche; möglicherweise war es das Richtige für temperamentvolle Männer wie den heldenhaften Fitz; Aber für Oberstleutnant John Chalmers Coverdale, CMG, verstorbener Karabiner seiner Majestät, und Odo Arbuthnot, Parlamentsabgeordneter der Uppingdon- Division von Middleshire , war es zugegebenermaßen eine ungeheuerliche Torheit.

Wir hatten beide das Alter überschritten, in dem ein solcher Plan unserer guten Laune wie ein überlegener „Lappen" gefallen hätte. Wer sollte sagen, wohin es führen wird, wenn man es einmal in Angriff genommen hat? Es war unmöglich, den Verlauf eines solchen Abenteuers vorherzusagen. Zwei solche Anhänger von Recht und Ordnung taten gut daran, Bedenken zu hegen, selbst mit dem Weinbecher in der Hand.

Was die andere Seite des Bildes betraf, hatte Fitz durchaus das Recht, sich selbst als einen stark verletzten Mann zu betrachten. Es ist wahr, dass er sich zunächst die Freiheit genommen hatte, eine morganatische Ehe mit einer Prinzessin in der direkten Erbfolge eines regierenden Hauses einzugehen. Aber in einem Land wie unserem, in dem die Freiheit des Subjekts und das Recht des Einzelnen, sein eigenes Schicksal zu gestalten, den Grundpfeiler des Bogens bilden, auf dem sich das Gefüge der Gesellschaft aufbaut, war es unmöglich, nicht leidenschaftlich mit Fitz zu sympathisieren . Alle freigeborenen Engländer konnten sich über das Eingreifen eines unverantwortlichen Dritten ärgern, der rücksichtslos entschlossen war, ein von Gott gebilligtes Band zu verletzen.

Nachdem die Dienerschaft das Zimmer verlassen hatte, wurden bei Zigarren die Bestellungen für den morgigen Tag besprochen

„Ich hoffe, Fitzwaren ", sagte der Chief Constable, „dass Sie sich der extremen Schwere Ihres Unternehmens voll und ganz bewusst sind . Ein einziger Fehler in Ihrer Beurteilung, ein einziger Fehler in Ihrer Vorgehensweise, und wir sind mit Sicherheit in der Tat sehr schlecht gelandet." . Ich persönlich hoffe sehr, dass Sie tödliche Waffen aus dem Fall lassen, wenn wir sie tragen , und sie werden nicht nur unserer Sache schaden, sondern es ist auch nicht abzusehen, wohin sie führen werden.

„Ich würde mich gerne mit diesen Bemerkungen Coverdales identifizieren", sagte ich. Ich stimme voll und ganz zu."

Fitz nahm die Zigarre von seinen Lippen und lehnte sich in seinem Stuhl zurück. Er schien tief nachzudenken.

„Ich respektiere die Meinung von Ihnen beiden", sagte er nach einer etwas längeren Pause mit großer Überlegung. „In gewisser Hinsicht haben Sie völlig recht, aber im wichtigsten Sinne bin ich mir sicher, dass Sie Unrecht haben. Ich möchte, dass jeder, der in dieses Geschäft einsteigt, klar versteht, dass es sich höchstwahrscheinlich als äußerst ernst erweisen wird. Wir müssen es nehmen Jede vernünftige Vorsichtsmaßnahme, denn sobald wir das Haus von Arlenberg betreten , tragen wir unser Leben in unseren Händen; sobald sie unser Spiel verstehen , werden sie uns wie Hunde erschießen Sie halten es für notwendig, und ich kann Ihnen versichern, dass sie es für notwendig halten werden, es sei denn, wir kriegen sie mit erhobenen Händen."

„Ich mag keine tödlichen Waffen", sagte der Chief Constable.

„Ich mag sie auch nicht", sagte Fitz, „aber wenn wir dieses Geschäft durchstehen wollen, werden wir gezwungen sein, sie zu tragen." Plötzlich sank seine Stimme. „Die Wahrheit ist, dass dieses Spiel so gefährlich ist, dass ich niemanden auffordere, daran teilzunehmen. Jeder Mann, der meint, die Sache sei gut genug, soll mir mit einem geladenen Revolver in der rechten Hosentasche folgen; und lass Jeder Mann, der sich nicht da raushält, und ich werde der Letzte sein, der ihm die Schuld gibt.

In der Sprache war es vielleicht nicht überzeugend, aber im Ton war schon einiges drin. Fitz' Verhalten war das eines Anführers anderer; von jemandem, der die Risiken, die er einging, vorhersah; der sie bewusst umarmte; der, nachdem er einmal seinen Plan formuliert hatte, daran festhielt, was auch immer er beinhalten mochte.

Coverdale war im Zululand, in Transvaal und in Ägypten im Einsatz ; Brasset und ich hatten einen bescheidenen Anteil an den jüngsten Transaktionen in Südafrika; Dennoch waren wir alle auf unbewusste Weise empfänglich für das Spiel eines starken Willens und einer magnetischen Persönlichkeit. Zyniker mögen sagen, dass es der Wein war, der den Ausschlag gegeben hat – der Saft der Traube ist die Quelle vieler zäher Entschlüsse –, aber ich glaube lieber, dass es an der Qualität von Fitz selbst lag. Ein Rückzug in der elften Stunde hätte man vielleicht als unehrenhaft auffassen können , aber Männer wie Coverdale hatten in puncto Ehre keinen Grund, besonders nett zu sein . Ich glaube, Fitz war überzeugt. Er hatte die unschätzbare Gabe, sich mit seinem Thema auseinanderzusetzen. Der Himmel wusste! Das Unterfangen war tollkühn, aber der Mann selbst war gut darin, ihm zu folgen.

Dennoch ging ich deprimiert nach Hause, als wir unser Treffen mit dem Vertrag vertagten, den wir morgen rechtzeitig am Bahnhof von Middleham zusammenstellen sollten, um den Zug um 15.30 Uhr nach London zu erreichen. Wenn ich beim Hahnenschrei gehängt worden wäre, hätte ich mein Bett nicht unsympathischer finden können. Die meiste Nacht lag ich wach in einem Zustand höchst unwürdiger Besorgnis. Gerade die Ungreifbarkeit des Geschäfts von morgen schien es zu einem Albtraum zu machen. Wäre es ein Duell oder ein eindeutiges Aufeinandertreffen einer bekannten Macht gegen eine andere gewesen, wäre es weniger unangenehm und weniger unheimlich gewesen. Ohnehin wussten wir nicht genau, wozu wir uns verpflichtet fühlten. Die Sache könnte sich als bloße Farce erweisen. Im Gegenteil, es könnte Kampf, Mord und plötzlichen Tod beinhalten.

Ein Dutzend Mal wurde in der düsteren Dunkelheit die Frage gestellt, durch welche Ereigniskette ein leicht egoistischer Hedonist, der Ehemann einer bezaubernden Dame, der Vater einer fröhlichen blauäugigen Tochter, mit einer angemessenen Kompetenz und dem Ehrgeiz, sich hervorzutun, entstanden sei Golf, all diese köstlichen Dinge gefährden? Nur auf Geheiß eines wild lebenden, verschwenderischen Menschen, der das Gefühl hatte, ihm sei Unrecht getan worden.

So unverblümt vor dem Obersten Gericht der Vernunft ausgedrückt, schien die ganze Sache absurd. Es gab so viel zu verlieren und so wenig zu gewinnen. Der Plan war absurd. Nevil Fitzwaren könnte sicherlich das Opfer einer Ungerechtigkeit sein, aber was ist mit Miss Lucinda und ihrer Mama? Zwar war auch Coverdale an dem Plan beteiligt; Aber er war von Natur aus abenteuerlustig und auf der Suche nach etwas Neuem. Zwar setzte er sein Quartier aufs Spiel, aber man ging davon aus, dass er über private Mittel verfügte.

„Odo Arbuthnot", sagte die dünne Stimme der Vernunft um drei Uhr morgens, „Sie müssen sich von diesem unglaublich dummen und verwerflichen Vorgehen zurückziehen."

Die Stimme der Vernunft kann uns jedoch nie völlig beeinflussen. Dementsprechend bereitete ich ein besonders dürftiges Frühstück zu, schrieb einen Brief an meine Großmutter in der Bolton Street, machte mich mit der überaus fröhlichen und einnehmenden Frau auf den Weg zu ihren liebevollen Eltern in Doughty Bridge, Yorks, und las die unsterbliche Geschichte von „Die drei Bären" vor „zum tausendsten und ersten Mal an Fräulein Lucinda, überholte sorgfältig die Waffe mit sechs Kammern, die ein Berufsverbrecher noch nicht auf die Probe gestellt hatte, und setzte sich in elender Stimmung zum Mittagessen in Gesellschaft meiner angeheirateten Verwandten.

Es kann sein, dass der heilige Stand der Ehe uns alle zu Feiglingen macht. Joseph Jocelyn De Vere Vane-Anstruther waren solche Bedenken sicherlich nicht peinlich. Er wirkte noch gelassener und prächtiger als sonst in einem aggressiv karierten grauen Tweedanzug und einer Weste, die einen heftigen Streit mit einer Zingari-Krawatte lieferte; während sein Ausdruck hoffnungsvoller Freude am Leben, wie es war und wie es sein würde, einige ziemlich bedeutungsvolle Überlegungen über das Verbrechen des Mordes hervorrief.

„ O'Mulligan ist verrückt. Wahnsinnig scharf. Ein ganz normaler Spinner."

Die Quelle des unbefleckten Englisch wird mit der Zeit immer umfangreicher. Durch welche geheimnisvolle Alchemie die Eigenschaft des wahnsinnigen Eifers ihren Besitzer in einen „normalen Verrückten" verwandelt, war ich zu deprimiert, um es zu erklären.

„Fitz ist ein Wildvogel, nicht wahr?" Der extravagante Jugendliche schüttete herzhaft eine halbe Flasche Worcestershire-Sauce über sein Schnitzel. „Ich hätte nicht gedacht, dass er es drauf hat. Zeigt nur, wie man getäuscht werden kann."

Ich stöhnte innerlich, nahm aber den Mut zusammen, kläglich an einem Stück Toast zu knabbern.

„Dieser Coverdale ist ein ziemlicher Idiot . Er hat sich ziemlich zum Arsch gemacht, was diese Schusswaffen angeht."

Ich stimmte schwach zu.

„Ich wette, sie wollen unsere Fotos für den *Morning Mirror* ."

Ich stand vom Tisch auf und schlenderte durch den Küchengarten. Wenn Ihr Herz aufrichtig ist, hat die Gesellschaft Ihrer Altersgenossen ihre Nachteile.

Um halb drei, pünktlich auf die Minute, hörte man an der Flurtür das Tuckern des Wagens. Miss Lucinda erhielt einen Abschiedsgruß und eine illegale Schachtel Pralinen, was sie über den vorübergehenden – vielleicht dauerhaften – Verlust ihrer beiden Eltern sehr tröstete.

Ich gestehe, dass ich zu den schwachen Sterblichen gehöre, die auf einer Reise stets von dem Bewusstsein begleitet werden, dass sie etwas unterlassen haben oder es versäumt haben, etwas Unvergessenes, aber durchaus Unverzichtbares einzupacken. Drei Viertel des Weges zum Bahnhof verfolgte mich dieses Gefühl in einer stärkeren Form als sonst, und dann kam mir ganz plötzlich mit einem Anfall perverser Freude der Gedanke, dass ich den Feind des Einbrechers in seinem geheimen Behältnis zurückgelassen hatte .

„Gott sei Dank dafür!" war die fromme Übertreibung, die zum Himmel aufstieg.

Am Bahnhof waren wir nicht die ersten, die am Unfallort eintrafen, obwohl noch eine ganze Viertelstunde vergangen war. Fitz in einem Pelzmantel von einigermaßen prätentiöser Haltung wirkte gefasst und wichtig, was durchaus zu der *Rolle passte* , die er auszufüllen hatte.

„Die Fahrkarten sind genommen", sagte er, „und der Wagen ist für fünf Personen reserviert."

Vor dem Bücherstand zeigte ein gelber Zeitungszettel den Inhalt einer Londoner Abendzeitung, die mittags herauskam. „Der Anschlag auf das Leben des Königs von Illyrien. Neueste Details."

„Ungeschickte Narren", sagte der Schwiegersohn von Ferdinand dem Zwölften düster. „Sie scheinen das Geschäft schwer verpfuscht zu haben, aber in Illyrien verpfuschen sie alles."

„Seine Exzellenz, der Botschafter, scheint eine Ausnahme von der allgemeinen Regel zu sein."

Fitz warf mir einen mörderischen Blick zu.

Brasset kam volle fünf Minuten vor dem London Express an. Rosa und engelhaft, seine jüngste Verwirrung war einem allgegenwärtigen Ausdruck des Friedens gewichen. Sein gepflegtes Auftreten deutete darauf hin, dass ihm das Leben einfach Freude bereitete.

Die Frage für die vier auf dem Middleham-Podium versammelten Verschwörer lautete jedoch: Was war mit dem Chief Constable passiert? War es denkbar, dass der edle Brutus uns im Stich gelassen hatte? Als ich mich an meine eigene seelische Mühsal erinnerte, die immer noch andauerte, erschien es mir ganz natürlich und angemessen, dass jemand, der so weise war, in der elften Stunde seine Torheit bereut hatte.

Allerdings waren meine Lippen auf diese unerlaubten Gedanken fixiert. Fitz selbst vermutete keinen Verrat. Er führte uns mit großer Würde in das reservierte Abteil und reservierte den linken Ecksitz mit der Rückseite zum Motor für den vermissten Krieger.

„Coverdale schneidet gut ab", wagte ich die Bemerkung.

„Es ist noch eine Minute", sagte Fitz mit einer Unbekümmertheit, die, um einen oft missbrauchten Ausdruck zu verwenden, napoleonisch war.

Ein Träger, der an Rachitis litt, steckte sich in den Kopf.

„Ganz London, meine Herren?“

„Ja“, sagte Fitz und steckte einen Schilling in eine schmutzige, aber willige Handfläche. „Und sorgen Sie dafür, dass der Bahnhofsvorsteher den Zug noch ein paar Minuten für Colonel Coverdale bereithält.“

„Agen die Vorschriften, wissen Sie, Sir“, sagte der Portier mit höflicher Besorgnis.

„Gegen welche Vorschriften?“ sagte der ungeschlagene Fitz.

"Die Firmen."

„Gegen die Vorschriften des Unternehmens! Wer zum Teufel ist das Unternehmen, das *Vorschriften* haben sollte?“

Dies war ein Vorwurf für den Portier, der sich für eine solche Annahme seitens der Firma recht wirkungslos entschuldigte. Aber die Glocke des Bahnhofsvorstehers läutete, und ich spähte wild durch das Fenster, in der vergeblichen Hoffnung, dass mein Mentor, meine Hoffnung, mein Bereitschaftsdienst doch noch erscheinen würde, konnte jedoch nie ein Zeichen von Oberstleutnant John Chalmers Coverdale entdecken , CMG, verstorbener Karabiner seiner Majestät.

KAPITEL X

ALARUME UND AUSFLÜGE

Aber was ist das? Auf dem Bahnsteig, unter der Uhr, herrscht Aufruhr. Ja, er ist es, der Gläubige und der Tapfere! Zumindest ist er es nicht, sondern ein gewisser Baguley, ein pensionierter Polizeisergeant, der kein Auge mehr für den öffentlichen Frieden hat. Er taumelt unter der bedrückenden Last einer Ausrüstungstasche von unheilvollen Ausmaßen dahin, und zwanzig Schritte hinter ihm schlendert er mit der gemächlichsten Lässigkeit der Welt über den Bahnsteig, milde gleichgültig gegenüber der Tatsache, dass der London Express abfahren muss, ist das beeindruckende und leicht pompöse Masse des fünften Verschwörers, des großen Chief Constable.

Entlang des Bahnsteigs kommt es zu einem gewaltigen Aufeinandertreffen von Hüten. Sogar dieser wahre Olympier, der Wachmann des London Express, schafft es, seine berechtigte Ungeduld zu verbergen, während Coverdale und seine Ausrüstungstasche an Bord des reservierten Abteils kommen.

„Das ist ganz gut für dich, nicht wahr?" sagte ich mit einem Zittern der Erleichterung in meiner Stimme.

„Zeit genug", sagte der Chief Constable und verschwand mit einem Knurren und einem finsteren Blick in der linken Ecke.

Ein schriller Ton von der Wache, ein Pfiff und ein Schnauben von der Lokomotive, und wir wurden unwiderruflich den unbarmherzigen Händen des Schicksals übergeben.

Wir waren eine recht schlecht sortierte Gruppe. Fitz verkörpert meisterhafte Entschlossenheit, seine schwarzen Augen strahlen in ihrem inneren Feuer; Brasset und Jodey so fröhlich und fast so *gleichgültig* wie zwei Studenten auf dem Weg zu einem Punkt-zu-Punkt-Renntreffen; Coverdale und die bescheidene Person, die für diese Erzählung verantwortlich ist, still, düster und zutiefst unangenehm.

Es ist wahr, dass ich mit einem Fragment der Rede des Chief Constable begünstigt wurde. Es wurde mit prägnanter Kürze zehn Meilen von Bedford entfernt übermittelt.

„ Du alter Idiot!" war sein Kontext.

„Es war Fitz, der den Zug für dich gehalten hat", entgegnete ich schwach.

Wer auch immer schuld war, wir waren jetzt mit ziemlicher Sicherheit davon betroffen; und zu klagen war vergeblich.

„Ich freue mich über deinen Freund O'What's- his-name“, sagte Fitz zu Jodey. „Ein Mann mit Talent, hey? Ich glaube übrigens, dass du einen Revolver erwähnt hast.“

Mein angeheirateter Verwandter grinste fast ekelhaft überschwänglich zustimmend.

„Ich nehme an, ihr habt alle daran gedacht, einen mitzubringen?“

Irgendwie hat mich mein Aussehen verraten.

„Du hast einen mitgebracht, Arbuthnot?“

Ich begann zu schwitzen.

„Tatsache ist“, sagte ich, „ich hatte eine große .38 Webley, aber sie schien verlegt zu sein.“

„Das lässt sich leicht beheben. Ich habe für den Notfall drei mitgebracht.“

„Was für ein Glück“, sagte ich unaufrichtig.

Viel zu schnell näherten wir uns der Metropole.

„Ich habe sechs Zimmer im Long's Hotel gebucht“, sagte Fitz.

„Nur fünf werden nötig sein“, sagte ich, „da O'Mulligan in der Jermyn Street wohnt.“

„Du hast Sonia vergessen.“

Es ist wahr, dass ich für einen Moment die Ursache all unseres Leids vergessen hatte. Fitz hatte dies jedoch nicht getan; tatsächlich hatte er nichts vergessen. Er schien nicht nur alles arrangiert zu haben, sondern er schien auch das kleinste Detail zur Kenntnis genommen zu haben.

„Ich habe bei Ward's ein recht anständiges kleines Abendessen bestellt“, sagte er. „Sie können sich immer auf gute, einfache, solide, altmodische englische Küche verlassen. Sie bieten Ihnen das beste Mulligatawny in London. Ich muss selbst sagen, wenn ich die Arbeit eines Mannes erledigen muss, esse ich gerne ein Männeressen. Und Ich denke, wir können uns auf ein sehr gutes Madeira verlassen.“

„Es ist sehr befriedigend, das zu wissen“, sagte Coverdale mit seinem tiefsten Knurren.

„Meiner Meinung nach gibt es nichts Besseres als Madeira“, sagte Fitz, „wenn man beschäftigt ist und einen kühlen Kopf bewahren möchte.“

„Das muss man wissen“, sagte der Chief Constable ohne Begeisterung.

„Das glaube ich“, sagte Fitz. „Wissen Sie, wer mir den Tipp gegeben hat?“

Der Chief Constable gab ein verneinendes Knurren von sich.

„Ferdinand selbst. Und was diese alten Schweine von den meisten Dingen nicht wissen, ist nicht viel Wissen. Er erzählte mir einmal, dass er während des gesamten österreichischen Feldzugs praktisch auf Madeira gelebt habe; und in der Nacht vor Rodova habe er sechs Flaschen getrunken. Er Sagt, nichts hält dich so cool und scharf wie Madeira.

„Umph“, grunzte der Chief Constable.

Brasset und Jodey, zwei äußerst eifrige Subalterne in der Middleshire Yeomanry, waren jedoch sehr beeindruckt.

In drei Taxis fuhren wir zum Long's Hotel; Brasset und Jodey im ersten Teil; der Chief Constable und seine Ausrüstungstasche im zweiten; Fitz und ich im dritten. Ein sehr respektabler Schneesturm tobte; Die Straßen der Metropole waren in einem wirklich schrecklichen Zustand und für Mensch und Tier völlig ungeeignet. und die Atmosphäre hatte die eigentümliche raue Kälte einer durch und durch unangenehmen Winternacht in London. Aber mit jedem Meter, den wir gefährlich durch den halb geschmolzenen Matsch der Straßen stapften, schien Fitz immer napoleonischer zu werden. Er war in keiner Weise aggressiv; es gab keine Spur einer unangemessenen geistigen oder moralischen Erhebung, dennoch besaß er eine subtile Eigenschaft, die ihn jeder Gelegenheit gewachsen zu machen schien.

„Es gibt nur eine Sache, die uns zerstören könnte“, gestand er mir.

"Schicksal?"

„Nein, meiner Meinung nach ist das Schicksal nie dein Herr, wenn du es wirklich beherrschen willst. Aber vielleicht gibt es einen Spion. Von Arlenberg ist so schlau wie ein Fuchs. Und wenn er denkt, dass ich vielleicht etwas zu sagen habe Egal, er wird dafür sorgen, dass nichts ohne sein Wissen geschieht. Wahrscheinlich werden wir verfolgt.

Um diesen Verdacht zu prüfen, befahl Fitz dem Fahrer plötzlich anzuhalten. Er steckte seinen Kopf aus dem Fenster und forderte unseren Jehu einen Augenblick später auf, weiterzufahren.

„Genau wie ich dachte“, sagte er. „Dahinter steht noch ein Taxi.“

Mein Begleiter verstummte.

„Es muss etwas getan werden“, sagte er. „Es reicht nicht aus, wenn von Arlenberg zu viel weiß.“

Während der restlichen Fahrt fand Fitz kein Wort mehr, das er sagen konnte.

Als wir in dem ruhigen Familienhotel in der Bond Street ankamen, schien unser Anführer immer noch beschäftigt zu sein. Sicherlich hatte er Grund zu seiner Vorahnung. Ein viertes Taxi hielt hinter den drei von uns gecharterten Fahrzeugen; und ich bemerkte, dass ein Mann ausstieg, sein Taxi ausstieg und das Hotel betrat. Als er an mir vorbeiging , achtete ich sorgfältig auf sein Aussehen. Er war ein kleiner, blasser, fremdländisch aussehender Mensch mit hochgeschlagenem Mantelkragen; ein gewöhnliches Geschöpf genug, das in den meisten Fällen ohne Bemerkung vorbeiging.

Während wir uns nach unseren Zimmern erkundigten, saß er unauffällig in der Lounge. Ohne Fitz' eigene Überzeugung in diesem Punkt wäre ich nie auf die Idee gekommen, dass wir uns in einem Spionageprozess befanden.

Kaum hatte Fitz sein Zimmer gesichert, sagte er in einem deutlich lauteren Ton als sonst, dass er etwas Geschäftliches zu erledigen habe und dass er in einer Stunde zurück sein würde.

Der Mann, der in der Lounge saß, konnte diese Ankündigung nicht überhören. Und tatsächlich, kaum hatte Fitz das Hotel verlassen, als der Kerl aufstand und sich ebenfalls verabschiedete.

„Was ist Fitzwarens Spiel jetzt?" fragte Coverdale.

Ich habe es unterlassen, irgendeine Theorie über die Natur von Fitz' Spiel aufzustellen. Im Übrigen hatte ich keine Theorie, die ich vorantreiben konnte. Es war klar genug, dass der Anführer unseres Unternehmens in seinem Verdacht völlig berechtigt war, aber welchen Nutzen sein Scharfsinn ihm bringen würde, konnte ich überhaupt nicht ahnen. Ich war überzeugt, dass das Geschäft, das ihn so plötzlich in die schneebedeckte Dunkelheit der Straßen gerufen hatte, mit dem Mann zu tun hatte, der auf seinen Fersen das Hotel verlassen hatte; Doch was genau dieses Geschäft war, ließ sich nicht vermuten.

Bevor wir zu Ward's aufbrachen, lastete die Zeit ziemlich schwer auf unseren Händen. Brasset und Jodey nutzten einen Teil davon, um ihrem Aussehen noch mehr Schmerzen als sonst zu verleihen. Heutzutage ist es nicht notwendig, Puder, Rüschen und eine Brokatweste anzuziehen, um bei Ward's zu speisen, aber es gibt ein ungeschriebenes Gesetz, das von Ihnen verlangt, zumindest zu Ihrer Abendgarderobe eine weiße Weste zu tragen. Sogar Coverdale und ich hielten es für gut, dieses Luxusgesetz einzuhalten. Wir hatten beide das Alter überschritten, in dem der Schneider allmächtig ist; aber wenn sie in Rom sind, achten diejenigen, die man als Weltmänner bezeichnen würde, darauf, es den Römern gleichzutun.

Vier sorgfältig gepflegte Exemplare britischer Männlichkeit begrüßten Fitz nach seiner Rückkehr im Foyer des Hotels. Es war dann fünf Minuten vor sieben, und unser Mentor trat völlig gelassen und gefasst ein. Er entschuldigte sich , vielleicht ein wenig ausführlich, für die Notwendigkeit, die uns seiner Gesellschaft beraubt hatte. Zwanzig Minuten später sah er genauso blitzblank aus wie der Rest von uns.

Während der Hotelportier die notwendigen Mittel für unsere Beförderung zur Saint James's Street herbeipfiff, fand ich Fitz an meiner Seite.

„Übrigens", sagte er mit beiläufigem Unterton, „haben Sie den anderen gegenüber von dem Kerl erzählt, der uns im Taxi gefolgt ist?"

Die Antwort war verneinend.

„Darüber bin ich froh. Ich denke, es wäre klug, wenn du es nicht tust. Es könnte sie beunruhigen, weißt du. Und es gibt keinen Grund, sich jetzt Sorgen um ihn zu machen."

„Hast du ihn aus der Spur gebracht?"

„Ja", sagte Fitz leise. „Dieser Sportler wird uns keine Probleme mehr bereiten."

Ich habe es unterlassen, meiner Neugier auf dieses Thema weiteren Lauf zu lassen. Hinter Fitz' kühlem und herzlichem Ton verbarg sich die Andeutung, dass er es mir danken würde, wenn ich es zurückweisen würde. Allerdings hatte ich keine Ahnung, was draußen auf der Straße passiert war, und ich wollte es unbedingt wissen.

Es war eine Minute nach halber Stunde, als wir bei Ward's ankamen, aber der pünktliche O'Mulligan war bereits da. Er freute sich im Namen Alexanders; Er hatte viele Sommersprossen und einen Schopf roter Haare. Seine Nase war von der Stupsnase; seine Ohren standen im rechten Winkel ab; seine Augen waren hellgrün; und sein Kiefer war eckig und massiv und der großartigste und aggressivste, den sich ein Mensch vorstellen kann. Rein ästhetisch betrachtet könnte Alexander O'Mulligan ein Diskussionsthema sein, doch er war so voller „Punkte" wie eine preisgekrönte Bulldogge. Er war nicht so groß wie Coverdale, aber jedes Gramm von ihm bestand aus kräftigen Muskeln; Seine Brust war tief und weit, seine Hände waren gefesselt und er hatte den Griff eines Strumpfbandes .

Alexander O'Mulligan schüttelte allen Anwesenden mit größter Offenheit die Hand. Dabei grinste er vor lauter Freude über die Bekanntschaft über beide Ohren. Fitz war sein erstes Opfer und ich sein letztes, aber jeder von uns schüttelte einem Gibbon genauso die Hand wie unserem Freund O'Mulligan . Der Kerl war so abscheulich herzlich. Er schüttelte die Hände, als wäre es das, was er am liebsten von allen anderen auf der Welt tun würde.

Das Abendessen war bewundernswert. Ob es an der Vorbildkraft oder der magnetischen Präsenz von Alexander O'Mulligan lag , kann ich nicht sagen, aber wir haben uns auf jeden Fall sehr gut geschlagen. Als ich das heilige

Viertel von Ward's zum ersten Mal betrat, war ich nicht in der Stimmung, „wirklich gute, altmodische englische Küche" zu schätzen. Man hätte meinen können, dass uns in unserem gegenwärtigen Gemütszustand nur das ausgefeilteste Abendessen in Versuchung führen würde . Aber irgendwie verbreitete unser neuer Freund O'Mulligan eine Atmosphäre gigantischer guter Laune .

Kaum hatten wir uns mit dem weithin berühmten Mulligatawny auseinandergesetzt, was den draußen vorherrschenden Verhältnissen durchaus angemessen war, als unser jüngster Rekrut darauf bestand, dass alle am nächsten Morgen mit ihm speisen und sich dann in den National Sporting Club begeben müssten. um „Burns' Umgang mit dem ‚Gunner'" mitzuerleben.

Wenn ich hundertzwanzig Jahre alt werde, werde ich unser kleines Abendessen bei Ward's nicht vergessen. Sechs alltägliche Exemplare von *Les hommes moyens Sensuels* mit tödlichen Waffen in der Tasche und allem von Pitch and Toss bis Totschlag im Herzen! Tatsächlich war es das Unpassende, das an den Rand des *Bizarren getrieben wurde* .

Fitz am Kopfende des Tisches war bis zu einem gewissen Grad zuvorkommend. Der Kerl offenbarte eine ganze Reihe unerwarteter Qualitäten. Seine Gelassenheit, seine halb fröhliche, halb finstere *Unbekümmertheit* , seine Wachsamkeit, sein Wissen, seine Handlungsfähigkeit, die im Verhältnis zu den Anforderungen zu wachsen schien, die an sie gestellt wurden – eine solche Reihe von Eigenschaften passte seltsamerweise nicht zu den Rücksichtslosen Die Welt hatte ihn immer für einen Verschwender gehalten.

Nachdem er sich nun mit dem Schicksal auseinandergesetzt hatte, trat der echte Nevil Fitzwaren mit beträchtlicher Kraft hervor . Soweit es „den verheirateten Mann, den Familienvater und das Kreismitglied" betraf, war die dämonische Macht des Kerls der Grund dafür, dass er einigermaßen gut speiste. Was Coverdale betrifft, so hörte sein Blick auf, mir Vorwürfe zu machen, nachdem er seinen Teller Mulligatawny hinuntergeschluckt hatte. Seine gewohnte Philosophie und die altmodische englische Küche begannen Hand in Hand zu gehen. Die Geschäfte des Abends würden ihn wahrscheinlich sein Quartier kosten, aber es würde zumindest mit Sicherheit ein großer Spaß werden. Außerdem war es seine Gewohnheit, wenn er einer Sache einigermaßen verpflichtet war, sie auch zu Ende zu bringen.

Das Abendessen wurde im Geiste gemächlicher Harmonie abgehalten, was auf die Traditionen zurückzuführen ist, die im Schatten von John Ward entstanden sind, der 1720 dieses Jammertal verließ. Fitz versicherte uns, dass es keine Eile gebe. Wenn wir gegen neun in Bewegung kommen, sollten wir genügend Zeit haben, unsere Geschäfte mit Seiner Exzellenz zu erledigen.

„Sie haben die Befehle für diesen Tag noch nicht ganz erklärt, mein Lieber“, sagte Coverdale und trank ehrfurchtsvoll einen Schluck des berühmten alten Brandys.

KAPITEL XI

DIE BESTELLUNGEN FÜR DEN TAG

„Die Befehle für diesen Tag bedürfen keiner großen Erklärung", sagte Fitz. „Sehen Sie nur, dass sich sechs Patronen in Ihrem Revolver befinden. Behalten Sie ihn mit der Hand darauf in Ihrer Hosentasche und folgen Sie dann dem Mann von Cook's."

„Wie alle Pläne der ersten Größenordnung", sagte ich, „scheint es die Einfachheit selbst zu sein."

„Es ist diese verdammte Revolvergeschichte", sagte Coverdale, „die ich gerne abgeschafft sehen würde. Sie könnte uns so leicht in ernsthafte Schwierigkeiten bringen."

„Es ist weitaus wahrscheinlicher, dass wir aus ernsthaften Schwierigkeiten herauskommen", sagte Fitz. „Aber eines kann ich versprechen: Sie werden nur in letzter Instanz produziert."

Es war klar, dass die Frage der Revolver Coverdale ebenso beunruhigt hatte wie mich; Aber das Einzige, was jetzt noch getan werden konnte, war, bedingungslosen Glauben an die Vernunft von Fitz' Urteil zu knüpfen. Sicherlich hatte er Respekt erweckt. Seine Methode, Alexander O'Mulligan die Natur der Sache und die Notwendigkeit des absoluten Gehorsams gegenüber dem Befehlswort zu vermitteln, schien beim Mittelgewichts-Champion des Vereinigten Königreichs gleichermaßen Ehrfurcht und Bewunderung zu entfachen.

„Tun Sie genau das, was Ihnen gesagt wird, O'Mulligan , und tun Sie nichts ohne Befehl, es sei denn, sie fangen an zu schießen, und dann fangen Sie auch an zu schießen. Übrigens, Arbuthnot, habe ich Sie verstanden, als Sie sagten, Sie hätten vergessen, eine mitzubringen? Revolver?"

Ich habe die Amtsenthebung zugelassen.

„Ich habe mehrere übrig in meinem Mantel" – der Ton des Tadels war zart. „Gibt es sonst noch jemanden , der vergessen hat, sich damit zu versorgen?"

„In meinem Zimmer um die Ecke gibt es auch ein Ersatzgerät", sagte Alexander O'Mulligan mit einer Miene bescheidenen Stolzes.

Fitz würdigte den neuen Rekruten mit einem knappen, anerkennenden Nicken. In jeder Versammlung von Gesetzesbrechern wäre dem Bayard aus der Jermyn Street ein herzlicher Empfang sicher. Sein Gesicht hatte sich zu mondähnlichen Proportionen ausgedehnt, was die Sommersprossen und die abstehenden Ohren fantastisch hervorhoben; und in den grünen Augen lag ein Ausdruck echter Ekstase, abgesehen davon war die Emotion in den von Brasset und Jodey bloße hoffnungsvolle Erwartung.

Fitz holte seine Uhr heraus und betrachtete sie mit der Miene des Mannes des Schicksals.

„Vierzehn Minuten vor neun", sagte er. „Um neun Uhr werde ich allein in einem Taxi zum Portland Place Nr. 300 fahren. Um vier Minuten nach neun werden Coverdale und Arbuthnot folgen. Sie werden nach dem Botschafter fragen, Coverdale nennt den Namen von General Drago und Arbuthnot den Name des Grafen Alexis Zbynska . Sie werden in ein Wartezimmer geführt, während Ihre Namen zu Seiner Exzellenz gebracht werden. Wenn er nicht da ist, wird er Sie oder einen der anderen Sekretäre empfangen Einer der Attachés wird mit Ihnen sprechen. Halten Sie Ihre Schals bis zu den Ohren und schlagen Sie die Kragen Ihrer Mäntel hoch. Wenn von Arlenberg nicht da ist, können Sie sagen, dass Sie auf ihn warten werden. oder gebrochenes Englisch. Natürlich wird es Ihr Ziel sein, Zeit zu gewinnen und im Haus zu bleiben, bis Sie weitere Anweisungen erhalten?

„Einigermaßen klar", sagte Coverdale. „Wenn wir Zugang zum Haus erhalten , dürfen wir es nicht verlassen, bis wir von Ihnen hören?"

"Das ist so."

„Und was ist mit Alec, Brasset und mir?" Der Ernst meiner ehelichen Beziehung war wehmütig.

„ O'Mulligan wird vier Minuten nach Coverdale und Arbuthnot abreisen. Er wird lediglich seinen Namen als Captain Forbes nennen, der mit von Arlenberg einen Termin in einer privaten Angelegenheit von Bedeutung vereinbaren möchte . Er wird es nicht schaffen, aber Sie werden einen Kerl schicken, um mit Ihnen zu reden, O'Mulligan . Sie müssen sehr langatmig sein und Ihr bestes Englisch verwenden, und Sie müssen so viel Zeit verschwenden, wie Sie können.

O'Mulligan strahlte wie ein Seraph.

„Und Brasset und ich?" sagte die flehende Stimme.

„Brasset wird vier Minuten nach O'Mulligan abreisen . Es wird Mr. Bonser sein, ein Bote des Auswärtigen Amtes, mit einem Brief für von Arlenberg . Hier sind Sie, Brasset, hier ist der Brief für von Arlenberg ."

Mit einer Sachlichkeit, die wirklich unnachahmlich war, warf Fitz das fragliche Schreiben, reichlich mit rotem Siegellack bestrichen, über die Tischdecke.

„Brasset", sagte Fitz, „Sie werden darauf achten, diesen äußerst wichtigen Brief niemandem außer seiner Exzellenz, Baron von Arlenberg , dem außerordentlichen Botschafter und Bevollmächtigten seiner Majestät, dem König von Illyrien, am Hofe zu überlassen." Heiliger Jakob."

„Ich hoffe, die Aufschrift ist korrekt", sagte ich fehlgeleitet.

Fitz musterte mich mit dem Auge eines Frederick. Die Sympathie des Tisches war ganz auf seiner Seite.

„Jemand wird es zum Botschafter bringen wollen", sagte Fitz. „Aber Brasset, Ihre Anweisung lautet, dass Sie dieses Dokument persönlich an Seine Exzellenz übergeben."

Mit einer Miene der Ehrfurcht steckte Brasset den Brief mit dem unheilvollen roten Siegel in sein Zigarrenetui. Der anspruchsvollste Minister hätte sich keinen vertrauenswürdigeren oder überaus diskreteren Verwalter für ein epochales Dokument wünschen können als den Master of the Crackanthorpe .

„Wie soll ich den alten von Thingamy erkennen, wenn ich ihn sehe?" erkundigte sich der Bote des Auswärtigen Amtes.

„Du wirst ihn nicht sehen", sagte Fitz. „Aber Sie müssen den Anschein erwecken, dass Sie ihn besonders sehen möchten."

„Aber wenn ich ihn zufällig sehen sollte?"

Der Kapitän der Crackanthorpe wurde durch eine napoleonische Geste zum Schweigen gebracht.

„Wo komme ich ins Spiel?" sagte die flehende Stimme aus der Wildnis.

„Sie kommen herein, Vane-Anstruther", sagte Fitz zu meinem angeheirateten Verwandten, „vier Minuten nach Brasset. Sie sind Leutnant von Wildengarth-Mergle aus Blaenau, mit einem Empfehlungsschreiben an den illyrischen Botschafter. Hier ist Ihre Karte und Du kannst es jedem geben, den du willst.

Der Empfänger war überaus erfreut über die Karte des Leutnants von Wildengarth-Mergle vom 9. Husarenregiment, als sie ihm überreicht wurde. Seine Art, darüber zu verfügen, war genau die gleiche, die Brasset im Fall des Briefes des Auswärtigen Amtes anwandte. Auch sein Verhalten war offensichtlich dem dieser Zierde hoher Diplomatie nachempfunden.

„Ich gehe davon aus", sagte ich, „dass wir uns alle durch einen Bluff in die illyrische Botschaft einschleichen werden; und sobald wir dort sind , müssen wir darauf achten, dort zu bleiben, bis wir weitere Informationen erhalten?"

"Das ist so."

„Aber nehmen wir einmal an, dass wir keinen Rat bekommen?"

„Wenn ich bis zehn Minuten vor zehn nicht zu Ihnen komme oder Sie bis dahin nicht abgeholt werden, müssen Sie alle den Vorraum verlassen, in dem Sie sich befinden, und aufmerksam die zentrale Treppe hinaufgehen von niemandem. Wenn sie versuchen, Sie aufzuhalten, sagen Sie einfach, dass Sie den Botschafter sehen möchten.

„Und wenn sie Gewalt anwenden?"

„Nützen Sie es selbst, mit so viel Lärm wie möglich. Und wenn Sie immer noch nichts von mir hören, ist es an der Zeit, über den Ruhestand nachzudenken. Versteht das jeder?"

Das haben offenbar alle getan.

„Es ist sieben Minuten vor neun. Zeit, dass wir anfangen, unsere Taxis abzuholen."

Fitz erhob sich vom Tisch, und gemeinsam machten wir uns auf die Suche nach unseren Mänteln und Hüten. Für meine Mitverschwörer kann ich nicht sprechen, aber mein Herz schlug auf die absurdeste Weise und meine Adern kribbelten. In ihnen herrschte jenes Hochgefühl, das man normalerweise nur für kurze zwanzig Minuten im Gras empfindet.

„Gib mir den Revolver", sagte ich.

Als Fitz mir die Waffe in die Hand schmuggelte, spürte ich, wie mein Puls unmoralisch hüpfte. Dieses Gefühl könnte darauf zurückzuführen sein, dass ich bei Ward zu Abend gegessen habe; obwohl es zweifellos wissenschaftlicher ist, es einem Urinstinkt zuzuschreiben, der den Verwüstungen der Zivilisation auf die menschliche Natur widerstanden hat.

Als ich die Waffe heimlich in meine Hosentasche steckte, warf ich einen verstohlenen Blick auf das ernste Gesicht des Chief Constable. Der große Mann lächelte gütig über seine Gedanken und rauchte eine große Zigarre mit einem Hauch homerischen Vergnügens.

Als Fitz, mit hohem Hut und Pelzmantel, behutsam die mit Matsch bedeckten Stufen hinunter zu seinem Taxi ging, drehte er sich um, um seinen Anhängern eine letzte Anweisung zu geben.

„Coverdale und Arbuthnot 9,4; O'Mulligan 9,8; Brasset 9,12; Vane-Anstruther 9,16. Wenn Sie in der Zwischenzeit nichts hören, gehen Sie um 9,50 nach oben."

„Righto", riefen wir im Chor , als Fitz mit einer Selbstbeherrschung, die sogar von Trägheit begleitet war, seinen Streitwagen bestieg.

Wir sahen zu, wie er in Piccadilly einbog, und machten uns dann feierlich daran, uns in Mäntel und Schals zu kleiden. Vier Minuten sind keine lange

Zeitspanne, dennoch kann es durchaus sein, dass sie wie eine Ewigkeit wirken. Bevor die Uhr im Saal 9.4 zeigte, hätte man vielleicht einen doppelten Backenzahn gezogen oder sich den Kopf durch die Guillotine abschlagen lassen.

„300 Portland Place", sagte der Chief Constable mit einer Stimme, die irgendwie erstaunlich laut wirkte, während ich mich so weit wie möglich in die hinterste Ecke des Fahrzeugs quetschte, um meinem treuen Begleiter eine bessere Unterbringung zu ermöglichen.

„Schmutzige Nacht", sagte der Chief Constable. „Für einen Hund ist es nicht geeignet, draußen zu sein. Haben Sie das Glas heruntergelassen?"

Es mag eine übertriebene Einbildung gewesen sein, aber ich glaubte ein leichtes, aber unverkennbares Zittern in der Stimme des Chefs der Middleshire Constabulary wahrzunehmen.

„Nicht für mich, danke", sagte ich. „Diese Dinger sind so muffig."

Der Chef der Middleshire Constabulary stimmte mir zu. Der Eindruck mag einer gestörten Fantasie entsprungen sein, aber ich glaubte, im Lachen des Chief Constable einen Anflug von Verlegenheit zu erkennen.

Von der Saint James's Street bis zum Portland Place ist es nicht weit, und heute Abend schienen wir die Reise in sehr kurzer Zeit geschafft zu haben. Nachdem wir unser Taxi an der Tür der imposanten Residenz des Botschafters abgesetzt hatten, sahen wir uns gegenseitig an, um an der Tür Seiner Exzellenz zu klingeln.

„General", sagte ich, „Sie sind mein Vorgesetzter, und ich habe das Gefühl, dass Ihr Illyrisch, Ihr Französisch, Ihr gebrochenes Englisch oder jede andere Sprache, der Sie sich hingeben möchten, mehr Gewicht haben werden als meine."

„Oh, das tust du! Übrigens; ich habe meinen Namen vergessen."

„General Drago."

"Und deins?"

„Graf Alexis Zbynska ."

„Nun, los geht's."

Der tapfere Krieger zog kräftig an der Glocke. Dies fand keine Beachtung; Doch beim zweiten Angriff auf die Türklingel des Botschafters wurde das massive Portal langsam und feierlich von einem prächtigen Diener zurückgeschwenkt. Im unmittelbaren Hintergrund gab es andere.

„Ich bin General Drago und möchte den Botschafter sehen.“ Die Präzision der Ausdrucksweise des Chief Constable war wirklich majestätisch.

Der tapfere Illyrier, der vom Scheitel seiner Perücke bis zu den Sohlen seiner Seidenstrümpfe fast zwei Meter groß zu sein schien, verneigte sich und ging voran.

Als wir die Schwelle Seiner Exzellenz überschritten hatten und sich unserem respektvollen Blick gerade ein prächtiges Inneres offenbarte, übernahm eine sehr weltmännisch aussehende Persönlichkeit in Abendkleidung und einem Paar weißer Glacéhandschuhe unsere Obhut. Er führte uns durch eine geräumige Halle mit Säulen aus weißem Marmor, von wo aus wir in ein Wartezimmer gelangten, direkt rechts von einer deutlich imposanten Alabastertreppe. In dieser Wohnung war das Licht schwach und religiös, und die Atmosphäre war von kühler Feierlichkeit. Unser Freund mit den weißen Samthandschuhen schenkte uns jeweils einen Zettel und deutete auf ein Tintenfass auf dem Tisch.

„Schreiben Sie unsere Namen auf Illyrisch“, flüsterte ich meinem Mitverschwörer zu. „Sie werden mehr Gewicht tragen.“

Der Chief Constable schrieb sehr mühsam seinen eigenen Namen in illyrischer Schrift auf den Zettel. Als er dieses Kunststück vollbracht hatte, ging ich, so gut ich konnte, und mit einer Entschlossenheit, die seiner eigenen ganz ähnlich war, daran, den Namen des Herrn Graf Alexis von Zbynska zu Papier zu bringen . Ich hatte große Bedenken hinsichtlich der korrekten Schreibweise und griff daher zu einer Reihe überflüssiger Schnörkel, um meine Unwissenheit so weit wie möglich zu verbergen.

Nachdem der Herr mit den weißen Samthandschuhen feierlich die Zettel weggetragen hatte, entfernte der Chief Constable eine ehrliche Schweißperle von seiner männlichen Stirn.

„Von all den verfluchten verrückten Plänen!“ er murmelte. „Was erwartet der Verrückte jetzt von uns?“

„Sagen Sie so wenig und verschwenden Sie so viel Zeit wie möglich“, sagte ich, „und um zehn vor zehn, wenn wir noch am Leben sind, müssen wir die Treppe hinaufgehen.“

Der Chef der Middleshire Constabulary verfiel in Inkohärenz, vermischt mit Obszönitäten.

Der Herr mit den weißen Samthandschuhen hatte die Tür hinter uns geschlossen. Die Düsternis und Stille des Raumes war furchtbar bedrückend. Voller Nervosität machte ich einen Blick auf den Inhalt. Die Möbel schienen aus einem großen Tisch mit massiven Beinen, einem halben Dutzend mit rotem Leder bezogenen Stühlen und einem Ganzkörperporträt in Öl von

Bruffenhauser seiner illyrischen Majestät Ferdinand dem Zwölften zu bestehen, in dem der Sieger von Rodova auftrat volles Ornat in vergoldetem Rahmen, ein wirklich prächtig aussehender alter Herr; während auf einem separaten Tisch am anderen Ende des Raumes der Almanach de Gotha lag.

Es schien, als würde unsere Spannung für immer anhalten . Von der geschlossenen Tür drang kein Laut zu uns. Schließlich holte Coverdale seine Uhr hervor.

„Ist es schon zehn Minuten vor zehn?" Ich erkundigte mich besorgt.

„Nein, es sind noch ein paar Minuten bis halb zehn."

Verdammt zu sein, diese Spannung weitere zwanzig Minuten lang auszuhalten, hieße, der Ewigkeit ein Ende zu bereiten.

„Müssen wir nicht besser die Tür öffnen", sagte ich, „damit wir hören können, ob etwas passiert?"

Mein Mitverschwörer stimmte zu.

Ich öffnete entsprechend die Tür und blickte in Richtung der Alabastertreppe. Ein Mann stieg ziemlich träge den Weg hinunter. Sein Aussehen hatte etwas seltsam Vertrautes. Sobald er mich am Fuß der Treppe stehen sah , beschleunigte er seinen Schritt. Es war klar, dass er mit mir sprechen wollte.

„Bleib cool", sagte er und zu meiner halbfreudigen Verwirrung erkannte ich die Stimme von Fitz. „Sie und Coverdale sollten Ihre Mäntel besser in diesem Raum lassen und nach oben gehen. Gehen Sie in den ersten Raum links im ersten Stock!"

Mit einer Kühle, die fast unglaublich war, schlenderte Fitz mit den Händen in den Taschen durch den breiten Vorraum davon, während ich mit diesem neuesten Befehl nach Coverdale zurückkehrte.

Wir gehorchten ihm mit einem Gefühl der Erleichterung. Alles war besser, als in diesem düsteren Wartezimmer zu sitzen und die Sekunden zu zählen. Nachdem wir unsere Mäntel ausgezogen hatten, gingen wir die Treppe hinauf und gaben uns alle Mühe, ganz entspannt zu wirken, als ob an der Situation nichts im Geringsten ungewöhnlich wäre.

Auf halber Höhe wurden wir mit zwei Männern konfrontiert, die herunterkamen. Sie sahen uns mit ruhiger Aufmerksamkeit an und schienen geneigt zu sein, etwas zu sagen. Coverdale ging mit festem Blick und steifen Gesichtsmuskeln vorüber, eine Kunst, in der er, wie so viele seiner Landsleute, große Meister ist. Sein „Sprich mit mir, wenn du dich traust"-Ausdruck kam uns hervorragend zugute. Die beiden Männer gingen die

Treppe hinunter, ohne den Mut zu wagen, uns anzusprechen, und wir gingen hinauf.

Das erste Zimmer links im ersten Stock war eine größere und freundlichere Wohnung als die, aus der wir gekommen waren. Es war besser beleuchtet; Es gab ein helles Feuer und es war geschmackvoll eingerichtet, nach der Art eines Salons. Es gab Bücher, Fotos und ein Klavier.

Der Raum war leer, aber wir waren kaum eine Minute darin, als ein Diener hereinkam, um uns Kaffee anzubieten. Wir haben die Botschafterprämie nicht verschmäht. Es war ein ausgezeichneter Kaffee.

Wir spielten gerade mit dieser Erfrischung, als uns ein verstohlenes Rascheln verriet, dass auch wir im Begriff waren, die Verwöhnung weiblicher Gesellschaft zu genießen. Eine junge Frau, groß und anmutig, schön anzusehen und bezaubernd gekleidet, betrat den Raum mit einem Notenblatt in der Hand. Die Anwesenheit zweier völlig Fremder brachte sie nicht in Verlegenheit.

„Magst du Schubert?“ sagte sie mit einem entzückenden ausländischen Tonfall.

„Ich finde Schubert charmant“, sagte ich herzlich und prompt.

Die Dame zeigte ein seltenes Lächeln mit den Zähnen und setzte sich ans Klavier. Ich habe ihre Musik mit einer ziemlich aufwändigen Sorgfalt arrangiert.

Allerdings begann sie nicht Schubert zu spielen, sondern ein eindringliches kleines „Impromptu“ Schumanns. Ihr Spiel war gut anzuhören, denn ihr Anschlag war sehr gebildet; Es war auch faszinierend, ihre Bewegungen zu beobachten, da sie ein äußerst anmutiges und lebendiges Naturwerk war.

Ganz fleißig drehte ich ihre Musik um. Die Beschäftigung an sich war angenehm; Außerdem schien es unserer rechtswidrigen Anwesenheit eine Art Sanktion zu geben. Coverdale schien, die Hände tief in den Taschen vergraben, dem Spiel der Dame äußerst kritisch zuzuhören; obwohl, wie ich ihn selbst sagen hörte, die einzige Musikform, die ihn anspricht, „eine wirklich gute Blaskapelle“ ist.

Im Laufe der Aufführung von Schumanns „Impromptu“ gewann das Publikum des Messepianisten an Zahl und Autorität. Wie der berühmte Rattenfänger von Hameln begann die aufregende Zartheit ihrer Berührung, urige Tiere aus ihrem Versteck zu locken. Ungefähr in der vierten Bar schlenderte Alexander O'Mulligan in den Salon. Er trug sein seraphischstes Grinsen und seine Ohren waren gespreizt, um die illusorischsten Akkorde der Melodie aufzufangen. Er nickte Coverdale fröhlich zu und zwinkerte mir zu. Es war klar, dass der Amateur-Mittelgewichtsmeister Großbritanniens großen Spaß hatte.

Kaum hatte Alexander O'Mulligan uns auf seine freundliche Anwesenheit aufmerksam gemacht, kamen Brasset und mein angeheirateter Verwandter auf Zehenspitzen herein. Der Anblick von uns allen mit einer unbekannten Dame, die zu unseren Gunsten über Schumann redete, war zweifellos ebenso beruhigend wie unerwartet. In der Emotion des Augenblicks gab Jodey dem Amateur-Mittelgewichts-Champion einen brüderlichen Stoß in die Rippen.

Allerdings könnte unsere Gruppe ohne die Anwesenheit des Hauptspielers nicht als vollständig betrachtet werden. Das „Impromptu" war zu Ende und die gnädige Dame am Klavier war überredet worden, etwas von Brahms zu spielen, als der Meistergeist, auf dessen Ankunft wir nervös warteten, erneut auf der Bühne erschien. Fitz kam in den Raum und sah durch und durch wie der Mann des Schicksals aus.

KAPITEL XII

DER MANN DES SCHICKSALS

Nicht nur im Aussehen ähnelte Fitz dem Mann des Schicksals. Die zwingende Entscheidung seines Verhaltens passte zu dieser Rolle. Die schöne Musikerin und ihre subtilen Kadenzen waren für ihn nur insofern von Bedeutung, als sie seinem Willen dienen konnten. Fitz trat inmitten einer göttlich gespielten Rhapsodie ein; und mit unbekümmerter Miene ging er direkt zum Klavier und legte mit napoleonischer Unverschämtheit seinen Ellbogen über die Noten.

„Tut mir leid, Sie zu unterbrechen, Gräfin, aber wir dürfen keine Zeit verlieren."

Die Gräfin nahm ihre Finger von den Tasten und ihre Zähne blitzten zu einem Lächeln auf, das eine gewisse Schärfe hatte.

Ein Schulterzucken des *Pianisten* ; und Fitz begann mit beträchtlicher Geschwätzigkeit in seinem fließenden Illyrisch zu sprechen. Meine Erziehung war teuer; Und nach dem bewundernswerten englischen Grundsatz, dass man sich umso weniger praktische Kenntnisse aneignet, je mehr man für seine Ausbildung bezahlt, ist es keine Überraschung, dass meine Kenntnis der illyrischen Sprache auf ein paar Schimpfwörter beschränkt ist. Daher war es mir nicht möglich, dem Verlauf des Gesprächs mit Fitz zu folgen.

Notgedrungen musste ich mich damit begnügen, seinem Gestenspiel zuzuschauen. Auch das war beachtlich. Die Trägheit, die er in den Krisen seines Schicksals gerne angenommen hatte, wurde zugunsten einer wunderbaren Begeisterung und Überzeugung beiseite gelegt. Er trommelte mit den Fingern auf die Oberseite des Klaviers und drängte mit einer Inbrunst auf seine Ansichten , die die Sphinx bewegt hätte.

Zunächst schien der schöne Musiker nicht bereit zu sein, Fitz ernst zu nehmen. Ihr Lächeln war schelmisch und neigte dazu, verspielt zu sein. Aber Fitz war in epischer Stimmung.

Er war nicht so weit gekommen, ein bedeutsames Unternehmen zu gründen, das durch die Leichtfertigkeit einer Frau widerlegt werden konnte. Der Mann begann gewaltig zu wachsen Er hielt seine Stimme leise, aber die Adern auf seiner Stirn schwollen an, und er schlug mit der Faust seiner linken auf die Handfläche seiner rechten Hand .

Angesichts einer solchen Naturgewalt konnte von keiner Frau erwartet werden, dass sie ihre negative Einstellung beibehält. Fitz' Illyrer wurde vulkanisch. Am Ende breitete die Dame am Klavier die Hände aus und sagte

„Hein!" und erhob sich vom Musikhocker. Einen Moment stand sie unentschlossen da, aber der Blick auf sie war der einer Schlange, die auf die Augen eines Vogels gerichtet war. Die Entschlossenheit des Mannes hatte gesiegt. Denn offensichtlich auf sein Geheiß hin verließ sie den Raum, und Fitz, weiß und angespannt, aber mit leuchtenden Augen, folgte ihr.

Im Moment schien es, als hätte er seine Mitverschwörer vergessen. Aber sobald er das Zimmer verlassen hatte, drehte er sich um.

„Bleib, wo du bist", sagte er. „Sie werden sofort gesucht."

Wir fünf blieben zurück und starrten ihm durch die offene Tür des Wohnzimmers nach. Es war der Chief Constable, der das Schweigen brach.

„Was ist sein Spiel jetzt?"

„Er scheint damit beschäftigt zu sein, eine Frau gegen ihren Willen zu überzeugen", sagte ich. „Konnten Sie dem Gespräch folgen?"

„Nicht ganz. Er scheint sich entschieden zu haben, dass Madame etwas tun soll, und Madame scheint sich entschieden zu haben, dass sie es nicht tun wird. Aber was genau es ist, kann ich nicht sagen. Es macht mir nichts aus, zu wetten." Ein Schilling, egal, dass der verdammte Kerl seinen Willen durchsetzen wird, auf mein Wort, ich habe noch nie seinesgleichen gesehen!"

Der Chief Constable lachte mit hohler Stimme und wischte sich einen weiteren Tropfen ehrlichen Schweißes von seinem Gesicht.

Fitz' Abreise mit der Gräfin ließ unsere Spannung wieder aufleben. Hier waren wir fünf auf unbestimmte Zeit gelandet und bissen uns auf die Daumen. Die Situation war ziemlich absurd. Fünf gesetzestreue Engländer versammelten sich mit eisernem Entschluss in einem Privathaus, wussten aber sehr wenig über die Angelegenheit, die sie zu erledigen hatten. Jeder hatte sich heimlich und unter Vorspiegelung falscher Tatsachen in das Herz des Ortes geschlichen. In diesem gemütlichen Salon hatten wir keinerlei *Klagebefugnis*. Für alle im Haus waren wir völlig Fremde, und für uns waren sie ebenso fremd. Würde Fitz nie zurückkehren? Würde der Aufruf zum Handeln nie erfolgen? Ein Mann mit hoher Stirn und dem Aussehen eines Beamten trat an die Schwelle des Zimmers, blickte nachdenklich zu uns hinein und ging dann wieder weg. Zwei Minuten später wiederholte ein zweiter Mann die Vorstellung. Zweifellos waren wir fünf seltsame und unerwartete Vögel – aber die ganze Angelegenheit begann lächerlich zu werden.

Ich habe auf meine Uhr geschaut. Es war fünfundzwanzig Minuten nach zehn. Dann setzte sich der ungeschlagene O'Mulligan ans Klavier und begann im Tivoli das neueste Meisterwerk zu spielen, das in Mode war. Die

Klänge seiner suchenden Melodie hatten den Effekt, dass ein weiterer Diener mit einem weiteren Vorrat Kaffee zu uns kam.

„Können Sie mir sagen, ob der Botschafter heute Abend auswärts isst?" Ich sagte zu dem Diener.

„Ja, Sir", sagte der Mann, der Engländer war. „Im Buckingham Palace, aber er wird vor elf zu Hause sein."

„Speisen dort auch die Kronprinzessin?"

„Nein, Sir, ich glaube nicht."

„Sie ist in der Suite im nächsten Stockwerk?" sagte ich nachlässig.

"Jawohl."

Als der Mann sich zurückgezogen hatte , wurde mir gratuliert.

"Das hast du gut gemacht!" sagte Coverdale. "Nützliche Informationen."

„Ich frage mich, ob Fitz so viel weiß", sagte ich.

„ Natürlich tut er das. Der höllische Kerl hat sich die Sache ziemlich gut ausgedacht. Er kennt das Spiel, das er spielt."

Das war beruhigend für jemanden, dessen Gewohnheit dem Optimismus abgeneigt war.

Inspiriert von der Erkenntnis, dass Seine Exzellenz im Buckingham Palace speiste, begann Alexander O'Mulligan kräftiger als je zuvor auf dem Flügel herumzuhämmern.

„Gib mir eine Imitation von Kirchenglocken und einer Drehorgel, Alec", sagte ein bescheidener Bewunderer und brachte damit etwas mehr Lockerheit in seine Haltung.

„Glaubst du, dass es ihnen etwas ausmacht, wenn wir hier rauchen?" sagte Brasset klagend. „Ich brenne für eine Zigarette."

Doch bevor der Meister der Crackanthorpe auf diese Hilfe für seine Existenz zurückgreifen konnte, kehrte Fitz zurück. Er war allein und er war gebieterisch.

„Was für einen höllischen Lärm macht ihr Jungs!" Er richtete seinen dämonischen Blick auf den Amateur Mittelgewichts-Champion. „Lass das Klavier und komm und lass dich meiner Frau vorstellen."

Endlich kamen wir zu den Pferden. Man konnte deutlich die Schultern spannen und Handschellen schießen, dann ging Fitz voran aus dem Raum, gefolgt von Coverdale und dem Rest von uns in der Reihenfolge der Überprüfungen. Wir wurden eine weitere Marmortreppe hinauf und einen langen Korridor entlang durch eine Reihe von Empfangsräumen geführt, bis wir uns schließlich in einer Wohnung befanden, die größer und prächtiger war als alle anderen. Sein düsterer Reichtum war wirklich imposant. Bilder, Wandteppiche, Kandelaber, Teppiche und Möbel verleihen ihm zusammen den Eindruck eines Staatsgemachs.

Am anderen Ende dieses prächtigen Raumes saßen drei Damen. Einer war der schöne Musiker, dem Fitz seinen Willen aufgezwungen hatte; eine andere war eine reife und stattliche Dame mit schneeweißem Haar und patrizischen Gesichtszügen; und der Dritte, der auf einem Stuhl mit hoher vergoldeter Rückenlehne lag, war der „Sturmvogel", die Kronprinzessin von Illyrien.

Sobald wir das Zimmer betraten, standen die beiden anderen Damen auf und ließen die Prinzessin feierlich sitzen. Fitz überreichte jedem von uns die Formalität, die sich selbst der sensibelste König nur wünschen konnte. Seine Art, uns Ihrer Königlichen Hoheit zu empfehlen, war würdevoll, gebieterisch und nicht ohne Anmut. Was uns betrifft, so hoffe ich, dass es unserer Haltung nicht an der nötigen Punctilio gefehlt hat.

Bisher war es für uns eine Ehre gewesen, Mrs. Fitz in ihrem berühmten scharlachroten Mantel auf der Jagd zu sehen, obwohl sie selbst im Mittelpunkt zahlreicher kritischer Beobachtungen stand. Aber in solchen Momenten verschmolz die Prinzessin mit der brillanten Reiterin; und es beweist, wie leicht „das Echte" als bloße Kühnheit der unerschrockenen Abenteurerin durchgehen kann, wenn man bedenkt, dass das Verhalten der „Zirkusreiterin aus Wien" keinen Verdacht hinsichtlich ihres Status erweckte.

Es wäre leicht, eine Seite lang über das Thema Mrs. Fitz nachzudenken. Ihr Stil war im Sattel genauso ausgeprägt wie im Salon, aber die Experten dieser schwer fassbaren Qualität hatten es, wie sie es gelegentlich tun, versäumt, ihre Authentizität zu würdigen. Zweifellos hätten sie es erneut nicht geschafft, der echten Sache ihre Bedeutung zu verleihen , wenn wir nicht die Versicherung von Fitz gehabt hätten, dass wir uns in der Gegenwart der Erbin der ältesten Monarchie Europas befanden.

Es ist an der Zeit, dass ich versuche, dieses edle Geschöpf zu beschreiben. Aber es ist vergeblich, ein großes Werk der Natur darstellen zu wollen. Vor allem aber denke ich, dass man sie als solche betrachten muss. Sie war verschwenderisch an Schönheit; herrisch in der Lebendigkeit ihrer Herausforderung; großartig in der fesselnden Offenheit ihrer dunklen und verächtlichen Augen. Es gab eine zwingende Macht, vor der die Welt der Menschen und Dinge leicht nachgeben wollte; aber es lag auch Pathos in dieser tapferen Selbstsicherheit, die so wenig wusste und doch so viel forderte; und über allem anderen lag die uralte Faszination eines glücklosen, überaus empfindungsfähigen Wesens, das in seiner eigenen Person der

Inbegriff eines ganzen Geschlechts zu Beginn des 20. Jahrhunderts zu sein schien.

Einer nach dem anderen erwiesen wir unsere Ehrerbietung, und diese wurde durch die Romantik der Umstände nicht gemindert.

„Ihr seid mutige Männer!" sagte sie mit wunderbar tiefer und klarer Stimme. „Wir Sveltkes haben es immer verstanden, mutige Männer zu schätzen."

Als Doyen der Partei übernahm Coverdale die Aufgabe, für uns zu sprechen. Er hielt sich aufrecht und verneigte sich viel zu steif, um als Höfling zu bestehen. Aber er hatte eine Art schlichte, fast raue Aufrichtigkeit, die seine entschiedene Abwesenheit von Anmut ein wenig wettmachte.

„Wenn wir das Privileg haben sollen, Madam", sagte der Chief Constable, „wir werden uns sicher alle sehr stolz und geehrt fühlen ."

Der Versuch eines einfachen Mannes, etwas Verziertes zu schaffen, hat oft etwas ganz Reizendes. Eine so ehrenhafte Unbeholfenheit ließ die Augen Ihrer Königlichen Hoheit vor Humor und Freundlichkeit strahlen.

„ *Mais oui* , *Mann Lieber* , ich kenne es gut, *Les Anglais sont des hommes honnêtes* ." Plötzlich lachte sie ganz bezaubernd und umhüllte uns sechs mit einem Blick höchster Güte, mit der zweifellos ihre Lieblingshunde und -pferde oft verwöhnt worden waren. „Wissen Sie, da ist etwas drin." *Les Anglais* , das mir sehr gefällt. Ruhige Kerle, äh, immer ein bisschen *böse* , aber so – so vertrauenswürdig. Ja, ich mag sie sehr."

Der Akzent Ihrer Königlichen Hoheit hatte etwas Sanftes, Uriges und völlig Fesselndes. Das Lächeln in ihren Augen war Offenheit selbst.

„Ich hoffe, Ma'am", sagte der Chief Constable, der immer noch tapfer seine Höflichkeit unter Beweis stellte, „dass wir Lob verdienen."

Die Prinzessin lächelte weiter. Es war ein sehr charakteristisches Lächeln. Von einem kleinen Mädchen, das ihre Puppensammlung bewundert, oder vom alten Friedrich von Preußen, der sein Riesenregiment begutachtet, hätte man erwarten können, dass er sich zu einer ganz ähnlichen Geste hingibt. Wir waren ehrliche Engländer, ruhige Kerle, ein bisschen *bête* , denen man immer vertrauen konnte; und ihre *Naivität* war so groß, dass sie uns zwangsläufig über diese Tatsachen informieren musste.

„Sie müssen meine Damen kennen. Sie werden Sie gerne kennenlernen, da bin ich mir sicher."

Der Ältere war die Markgräfin von Kleingrabia ; die schöne Verehrerin von Strauss, die Gräfin Etta von Zweidelheim . Die Verbeugungen waren tief; und keinen Moment lang wich der Ausdruck höchster Nachsicht vom Gesicht Ihrer Königlichen Hoheit.

„Die Markgräfin ist ein liebes, gutes Geschöpf, Colonel Coverdale. Sie hat mir oft geholfen , als ich nicht rechnen konnte. Ich konnte nie rechnen, weil ich sie immer für dumm hielt. Aber sie ist so eine freundliche, treue Seele, Mein lieber Oberst, und ganz und gar nicht dumm, wie die Summen, die sie mir früher gesetzt hat, sie ist ausgezeichnet. Wenn Sie nicht anderweitig verlobt sind, würde ich Ihnen empfehlen, sie zu heiraten.

Der jüngere Teil der Leibwache Ihrer Königlichen Hoheit, Brasset, Jodey und O'Mulligan , gab abrupt nach. Der britische Amateur-Mittelgewichtsmeister brachte uns alle beinahe in Ungnade, als er hörbar würgte. Aber in Wirklichkeit war der Ausdruck blanker Bestürzung auf dem wettergegerbten Gesicht des Chief Constable erstaunlich. Seine Geistesgegenwart und seine höfliche Höflichkeit ließen ihn jedoch keinen Moment im Stich.

„Ich bin sicher erfreut“, murmelte er.

„Ich bin sicher, ein so mutiger Mann wie Colonel Coverdale hat bereits eine gute Frau“, sagte die Dame mit den patrizischen Gesichtszügen und sprach ausgezeichnetes Englisch mit großer Liebenswürdigkeit.

Eine weitere Entwicklung dieses verlockenden Themas wurde durch den Eintritt einer vierten Dame in den Raum verhindert. Sie trug einen Opernumhang. Offensichtlich war dies für die Nutzung durch die Prinzessin gedacht.“

Ihre Königliche Hoheit zog es jedoch vor, zu verweilen. Fitz, der um ihren Stuhl herumstand, konnte seine Ungeduld kaum verbergen. Es war offensichtlich, dass die Verzögerung, die mutwillig und unnötig war, seine Nerven strapazierte. Seine Frau muss sich dessen bewusst gewesen sein, denn sie tätschelte seinen Ärmel mit einer Miene, die zugleich beruhigend und mütterlich zugleich war. Dennoch zeigte sie keine Eile, auf die Gemütlichkeit des Zimmers oder die Freude an der Gesellschaft, in der sie saß, zu verzichten.

Arlenbergs entkommen könnten .“

Das Lächeln der Prinzessin war von seltener Strahlkraft.

„Ah ja, der liebe Baron. Vielleicht ist es besser.“

Fitz nahm der Dame den Umhang aus den Händen, doch bevor er ihn um die Schultern seiner Frau legen konnte, waren am anderen Ende des langen Raumes Stimmen zu hören.

Drei Männer waren eingetreten.

Der erste von ihnen, der sich uns näherte, war ein großer, kräftiger und üppiger Mann in voller Hoftracht und so vielen Orden, dass er wie eine

Karikatur aussah. Sicherlich war er ein großartiger Mann, aber in diesem Moment mangelte es ihm ein wenig an Gelassenheit. Sein Gesicht zeigte Spuren einer Bestürzung, die fast komisch gewesen wäre, wenn es nicht ziemlich schmerzhaft gewesen wäre. Als er uns sechs sah, breitete er die Hände aus und gestikulierte denen, die mit ihm in den Raum gekommen waren.

Mit leiser Stimme sagte er etwas auf Illyrisch, was ich nicht verstand.

Im auffälligen Gegensatz zur Verärgerung des Botschafters war das Benehmen der Prinzessin so liebenswürdig und gelassen, als säße sie im Schloss von Blaenau.

„Ah, Baron, Sie haben gut gegessen?"

„Ausgezeichnet, meine Dame, ausgezeichnet!" sagte der Botschafter. Die Bestürzung in seinem Gesicht wurde langsam größer.

„ *Très bien* , es ist gut. Ich habe meinen Vater sagen hören, dass Kochen die einzige Kunst sei, in der die guten Englischkenntnisse nicht ganz perfekt sind. Und *le bon roi Edouard* , ich hoffe, er ist bei guter Gesundheit?"

„Bei bester Gesundheit, meine Dame, bei bester Gesundheit."

Die Bestürzung war in den Augen des Botschafters eher tragisch. Sein Blick wanderte ständig zu dem seiner beiden Gefährten, stämmigen Männern, denen es dennoch nicht gelang, ihr Unbehagen zu verbergen. Andererseits war die Ausstrahlung der Prinzessin bezaubernd kühl und *dégagé* .

„Baron", sagte sie, „kennen Sie meinen Mann?"

Während sie sprach, bekam ihr Lächeln eine Bosheit, die einen an ein Schwert denken ließ.

„Madam, ich habe dieses Privileg nicht", sagte der Botschafter kalt.

Irgendwie vermittelte die Art der Antwort einen erweiterten Eindruck vom Kaliber Seiner Exzellenz . Wenn es einem bescheidenen Zuschauer in einer solchen Situation erlaubt ist, von sich selbst zu sprechen, spürte ich, wie mir die Kehle zuschnürte und mein Herz zu schlagen begann.

„Nun, Baron", sagte die Prinzessin, „es ist ein Privileg, nach dem Sie sich sicher sehnen. Seine Exzellenz, der Herr Baron von Arlenberg , der Vertreter meines lieben Vaters in England, Mr. Nevil Fitzwaren , Gutsherr von Broadfields in der Grafschaft Mittelshire .

Der Botschafter verneigte sich ernst und streckte dann seine Hand aus.

Fitz erwiderte die Verbeugung des Vertreters von Ferdinand dem Zwölften leicht und knapp, ignorierte seine Hand jedoch völlig.

KAPITEL XIII

WEITERE PASSAGEN UNTER NR. 300 PORTLAND PLACE

Die Prinzessin war amüsiert.

„ Aha, Les Anglais ! Très bons enfants! "

Die königlichen Augenbrauen hoben sich vor schelmischem Vergnügen.

„Und das, lieber Baron", sagte Ihre Königliche Hoheit, „ist mein guter Freund Colonel Coverdale, der in den Kriegen seines Landes Pulver gerochen hat."

Fitz' offene Unhöflichkeit schien dem Botschafter zu helfen, seine Haltung zu bewahren. Er verneigte sich und reichte dem Chief Constable seine Hand auf eine Art und Weise, die genau der ähnelte, die er dem Ehemann der Prinzessin angetan hatte.

Der Chief Constable schüttelte dem Botschafter die Hand. Es war amüsant zu beobachten, wie jeder dieser großen Hunde einander ansah. Der Vertreter Ferdinands des Zwölften war ein Mann von größerem Kaliber , als sein erstes Erscheinen vermuten ließ.

„Es ist angenehm, meine Dame", sagte er, „Sie von Ihren englischen Freunden umgeben zu finden."

Die dunklen Augen waren voller Bedeutung.

„Gestehen Sie, Baron, dass Sie nicht gedacht haben, dass ich so viele habe."

„Eure Königliche Hoheit ist nicht freundlich zu meiner Intelligenz", sagte Seine Exzellenz.

„Gestehen Sie also, dass Sie nicht gedacht haben, dass ihr Mut so groß ist?"

„Ich werde einen Meineid leisten, wenn Ihre Königliche Hoheit es wünscht." Das Lachen des Botschafters war in der Tat nicht so fröhlich, wie es beabsichtigt war. „Aber könnte ich glauben, dass du jeden außer dem Mutigsten in deine Freundschaft aufnehmen würdest?"

„Dann erkennen Sie , Baron, dass meine Freunde mutig sind?"

„Zweifellos, meine Dame, sie sind mutig."

„Erklären Sie dann, Baron, warum Sie die Türen meines Gefängnisses nicht bewacht haben? Aus welchem Grund haben Sie, als Sie heute Abend zum Essen gingen, vergessen, sie abzuschließen und die Schlüssel in Ihre Tasche zu stecken?"

Angesichts des subtilen Lachens in den Augen seines Fragestellers senkte der Botschafter seinen Blick.

„Ich gehe davon aus, dass Ihre Königliche Hoheit nicht das Gefühl hat, dass einer der ältesten, wenn auch einer der bescheidensten Diener des guten Königs so wenig Rücksicht auf Ihre Königliche Hoheit hat, dass er versucht, sie von den einfachsten Vergnügungen abzuhalten?"

„Es ist Ihrer Exzellenz nicht in den Sinn gekommen, dass das, was Sie als das einfachste aller Vergnügen bezeichnen, sich für Sie als größtes Unglück erweisen könnte?"

An diesem Punkt war der Botschafter versucht, sich zu verstellen.

„Ich kann Ihre Gedanken nicht lesen, Madam."

"Lügner!" murmelte Fitz in mein Ohr.

„Eure Exzellenz scheint einen Sinn für natürliche Einfachheit zu haben", sagte die Prinzessin.

Der Botschafter verneigte sich.

„Ist das nicht eine tolle Sache, Madam, in diesen Tagen?"

„Ist Eurer Exzellenz nicht in den Sinn gekommen, dass es ein Luxus ist, auf den sich diejenigen, die ihrem Souverän dienen möchten, gelegentlich verzichten?"

„Wenn es Eurer Königlichen Hoheit gefällt, Ihren entzückenden Witz auf Kosten des bescheidensten Dieners des guten Königs auszuleben!"

„Es gefällt mir nicht, Exzellenz. Es betrübt mich zutiefst."

Mit einer bemerkenswerten Ansprache änderte die Prinzessin ihren Ton. Ganz plötzlich wurde die klare und sanfte Betonung des leichten Geplänkels durch die eines kalten Tadels ersetzt.

„Es tut mir leid, Madam", sagte der Botschafter schlicht und aufrichtig; „Es tut mir tausendmal leid. Ich kann es mir nie verzeihen, wenn ich die Empfindsamkeit Eurer Königlichen Hoheit verletzt habe. Ich hatte bereits gehofft, ich hätte deutlich gemacht, dass auch der geringste Ihrer Diener bei allem, was geschehen ist, kein freier Akteur war." fertig. Ich bin das bescheidene Instrument eines erhabenen Meisters.

„Ich stimme Ihnen zu, Herr Baron, dass der König in seiner Weisheit nichts falsch machen kann. Aber ich bin unglücklich, weil Sie die Dienste Ihres Herrn verraten haben."

Der Herr Baron senkte den Blick.

„Bitte Gott", sagte er demütig, „der geringste Diener des Königs wird niemals den Dienst dessen verraten, dem er alles zu verdanken hat."

Die Prinzessin lachte, ein wenig grausam.

„Reden, Baron", sagte sie.

„Wird Eure Königliche Hoheit sich dazu herablassen, zu erklären, auf welche Weise ich die Dienste meines Herrn verraten habe?"

„Wenn Sie die Frage stellen, werde ich sie beantworten. Auf Befehl des Königs nehmen Sie mich mit Gewalt gefangen und sperren mich in Ihrem Haus ein, bis zu der Stunde, in der ich zum Schloss in Blaenau gebracht werden kann. Und dann, in Ein unglücklicher Moment, du öffnest die Tür meines Käfigs und ich bin wieder ein freier Mensch in der Gesellschaft meiner Freunde.

Die Prinzessin erhob sich abrupt, und mit einer Verachtung, die einem Degen glich, gebot Fitz, ihr den Umhang um die Schultern zu legen.

Der Botschafter behielt seine Selbstbeherrschung. In seiner Haltung, im kalten Glanz seiner Augen, in der Steifheit seines Kiefers lagen die Beweise eines unbeugsamen Willens.

„Die Befehle des Königs, meines Herrn, sind eindeutig, Madam", sagte er mit leiser Stimme. „Es betrübt mich zutiefst, dass ich nicht zulassen kann, dass sie aufgehoben werden."

„So sei es, Herr Baron." Die großen dunklen Augen der Prinzessin fixierten den Botschafter wie ein Schwertpaar.

Inmitten dieser Passagen nahm Fitz seine *Rolle* als Generalissimus wieder auf.

„Arbuthnot", flüsterte er mir zu, „du und Brasset und Vane-Anstruther bewachen die am weitesten entfernte Tür. Lass niemanden eintreten oder ohnmächtig werden. Coverdale und O'Mulligan werden auf die andere aufpassen."

Schweigend und ohne Zurschaustellung haben wir uns entsprechend verhalten. Offensichtlich war es dem Botschafter nicht in den Sinn gekommen, damit zu rechnen, dass in seinem eigenen Haus ein halbes Dutzend gewöhnlicher Zivilisten in schwarzen Mänteln Zwang ausüben würden.

Wir hatten kaum unsere Plätze eingenommen, als Fitz, der an der Seite der Prinzessin stand, von ihr einen Blick erhielt, der gleichzeitig ein Befehl war. Daraufhin geruhte er zum ersten Mal, sich an den Botschafter zu wenden.

„Baron von Arlenberg ", sagte er, „die Freunde Ihrer Königlichen Hoheit haben nicht den Wunsch, *höhere Gewalt anzuwenden* , aber Ihre Königliche

Hoheit möchte, dass ich Ihnen mitteile, dass sie darüber verfügt. Dennoch hofft sie, dass Ihre." Natürlicher gesunder Menschenverstand wird ihr die Notwendigkeit ersparen, ihn anzuwenden."

Fitz' Worte waren gut gesprochen, aber sein Ton, so peinlich zurückhaltend er auch war, hatte einen bedrohlichen Unterton, den der Botschafter und seine beiden Sekretäre kaum übersehen konnten. Die kalten Augen Seiner Exzellenz schienen vor Wut zu glühen, aber er gab keine Antwort.

Die Prinzessin nahm den Arm ihres Mannes und ging einen Schritt in Richtung der gegenüberliegenden Tür. Im selben Moment machte der Botschafter eine Bewegung nach links, wo an der Wand ein Glockenseil hing.

„Baron von Arlenberg ", sagte Fitz in einem Tonfall, der ihn zwang, dort zu bleiben, wo er war, „wenn Sie dieses Seil berühren , blase ich Ihnen das Gehirn aus."

Fitz hatte den Revolver bereits in der Hand. Er deckte den Botschafter unbeirrt ab. Obwohl die Schnelligkeit der Tat sie verwirrte, gingen die beiden Sekretärinnen weiter.

„Halten Sie sich vom Glockenseil fern, meine Herren", sagte Fitz. „Ich werde nicht zögern."

Die Sekretäre blieben unentschlossen neben ihrem Chef stehen, und während sie das taten, verließ Coverdale seinen Posten an der näheren Tür und bewachte mit dem Revolver in der Hand feierlich das Glockenseil.

„Ich fürchte, meine Herren", sagte Fitz, „Sie haben keine andere Wahl, als die Wünsche der Prinzessin zu respektieren. Und sie möchte, dass Sie in diesem Raum bleiben, bis sie die Botschaft verlassen hat."

Doch trotz all seiner Coolness hatte Fitz zwei wichtige Fehleinschätzungen gemacht. Auf der rechten Seite befand sich ein weiteres Glockenseil, und dort befand sich auch die Dame mit den silbernen Haaren, die Markgräfin von Klein- Grabia . Ich sprang von meinem Pfosten auf und riss ihr buchstäblich das Seil aus den Fingern, aber nicht bevor sie so fest daran gezogen hatte, wie sie konnte.

In Begleitung von Fitz verließ die Prinzessin den Raum, während die Freunde Ihrer Königlichen Hoheit eine Haltung stiller, aber entschlossener Feindseligkeit annahmen, um den Botschafter, seine Sekretäre, die wütend dreinschauende Markgräfin und den fairen Spieler abzuhalten Schumann, der von Heiterkeit erfüllt zu sein schien, davon abhielt, ihr zu folgen.

Kaum war die Prinzessin durch die gegenüberliegende Tür gegangen, die Brasset und Jodey die Ehre hatten , ihr aufzuhalten, ließ sich die Gräfin Etta von Zweidelheim auf einem bequemen Sofa nieder.

„Es ist petter als Offenbach!" sagte sie und begann leise zu weinen.

Ob es tatsächlich besser war als Offenbach, kann ich nicht sagen, aber ich kann dafür antworten, dass es für alle außer dieser charmanten, aber lächerlichen Dame viel ernster war. Der Botschafter war ein mutiger Mann und hatte einen starken Willen, aber wie es zu seiner Berufung gehört , war er keineswegs ein Narr. Er hatte das in den Augen von Fitz gesehen, der ihm versichert hatte, dass eine allzu sorgfältige Rücksichtnahme auf den Willen seines Souveräns nicht nur zwecklos, sondern auch indiskret wäre. Und kaum waren Fitz und die königliche Dame aus seinem Blickfeld verschwunden, mussten wir uns schon mit Coverdale und dem Rest von uns auseinandersetzen.

Der Chief Constable, der mit dem Rücken zur Wand steht, auch ohne eine Schusswaffe in seiner festen Faust, ist eine sehr ansehnliche Gestalt eines Mannes, der von niemandem Unsinn duldet. Dann hatte Alexander O'Mulligan an der anderen Tür eine Persönlichkeit, der es keineswegs an Überzeugungskraft mangelte.

Kaum war die Prinzessin gegangen, wurde O'Mulligans Tür von außen versucht. Der Amateur-Mittelgewichtsmeister Großbritanniens wehrte sich mit großem Erfolg dagegen.

"Hilfe Hilfe!" rief die Markgräfin in einer tiefen Bucht, von der es unseren alarmierten Ohren schien, dass sie eine halbe Meile weit hörbar gewesen sein musste. „Rette die Prinzessin! Hilfe! Hilfe!"

Als Reaktion auf den Appell wurde ein immer größerer Druck auf die Tür ausgeübt. Die Scharniere ächzten und die Paneele zitterten; und schließlich zog Alexander O'Mulligan plötzlich sein Gewicht zurück, und mehrere Personen stürzten kopfüber, einer über dem anderen, durcheinander in den Raum.

„Ich denke, wir sollten besser gehen", sagte Coverdale inmitten dieses Chaos.

Die fünf verbleibenden Verfechter der Freiheit der Prinzessin versammelten sich und zogen sich, ihre Waffen immer noch in der Hand, in hervorragender Reihenfolge zurück. Aber eine prächtige Wohnung führte zu einer anderen, ebenso prächtigen, und inmitten des Labyrinths aus Türen und Korridoren konnten wir die Treppe nicht finden. Und direkt hinter uns gewannen der empörte Botschafter und sein Gefolge mit jedem Augenblick an Zahl und Moral.

Die Situation war lächerlich, aber nicht ungefährlich. Es war schwer vorherzusagen, was passieren würde, und es blieb nur sehr wenig Zeit, um eine Vermutung anzustellen. Außerdem war es sehr wichtig, dass wir unverzüglich den Weg nach unten fanden, da unsere Anwesenheit dort möglicherweise dringend erforderlich war.

Unser Dank galt übrigens dem Botschafter, dass wir die Treppe finden konnten. Denn er und eine Reihe aufgeregter Personen strömten an uns vorbei und zeigten den direkten Kurs dorthin. Sie stiegen zuerst aus, aber wir folgten ihnen dicht auf den Fersen.

Im Erdgeschoss herrschte Ruhe. Die Männer in Livree und verschiedene verstreute Beamte waren sich überhaupt nicht bewusst, was passiert war. Fitz hatte seinen Mantel angezogen und bereitete sich mit erstaunlicher Kühle auf den Aufbruch vor. Gerade als der Botschafter in Sicht kam, führte er die Prinzessin in den äußeren Vorraum.

sie jetzt nicht aufhalten ", sagte Coverdale. „Wir kümmern uns besser um unsere Mäntel und Hüte und machen uns dann auf den Weg zum Savoy."

Das stimmte durchaus, denn die Tür zur Straße war bereits offen.

Am Bordstein wartete ein elektrischer Brougham, den Fitz vorausschauend zur Verfügung gestellt hatte. Coverdale und ich holten unser Eigentum aus dem Wartezimmer am Fuß der Treppe, während die anderen sich auf die Suche nach ihrem Eigentum machten; Und dies geschah so schnell, dass wir Zeuge eines Vorfalls werden konnten, der von den vielen Ereignissen dieses erstaunlichen Abends nicht im geringsten in Erinnerung blieb.

Der Botschafter erkannte , dass das Spiel verloren war, als er die offene Tür und den bereitstehenden Brougham sah. Deshalb verzichtete er darauf, über den inneren Vorraum hinauszugehen. Von einem Botschafter wird erwartet, dass er seine Würde auch in den schwierigsten Situationen nicht verletzt.

Aber es gibt noch einen erstaunlichen Vorfall, der aufgezeichnet werden muss. Nachdem Fitz die Prinzessin im Brougham in Sicherheit gebracht hatte, kehrte er ins Haus zurück. Er ging direkt auf den Botschafter zu und sprach ihn mit maßvoller Beleidigung an.

„Du feiger Hund", sagte er. „Ich würde dich wie einen Köter erschießen, wenn es nicht die Gesetze des Landes gäbe. Du bist es nicht wert, hängen zu bleiben. Aber ich werde dich bei der ersten Gelegenheit in Paris treffen. Hier ist meine Karte."

daran gehindert werden konnte, versetzte er dem Botschafter mit der offenen Hand einen Schlag auf die Wange. Es war nicht schwer, aber es war vorsätzlich.

Die Mitglieder der Botschaft schlossen sich um Fitz an.

„Kommen Sie in den Ballsaal, Sir", sagte der Botschafter, der totenblass geworden war.

„Sobald ich die Prinzessin in Sicherheit gebracht habe, werde ich Ihnen den Gefallen tun“, sagte Fitz. „Aber es wäre bequemer, wenn wir ein Treffen in Paris vereinbaren würden.“

„Sie werden mich jetzt treffen, Sir“, sagte der Botschafter.

Coverdale trat in den Kreis vor, der sich gebildet hatte.

„Ich fürchte, das ist unmöglich“, sagte der Chief Constable. „Die Praxis des Duellierens hat in diesem Land keine Sanktion. Für alle Beteiligten wird es sicherlich bequemer sein, sich in Paris zu treffen.“

Coverdales Absicht war friedlich, und er ist ein Mann von Gewicht, aber die Hauptakteure in dieser Angelegenheit waren wahrscheinlich zu viel für ihn.

„Arbuthnot“, sagte Fitz, „seien Sie so freundlich, die Prinzessin zur Savoy zu begleiten. Wir werden gleich weiterkommen.“

Für einen Moment hing das Problem in der Schwebe. Der Botschafter hatte Genugtuung verlangt und Fitz war mehr als bereit, diese zu gewähren. Aber Coverdale war ebenso entschlossen. Soweit ich konnte, unterstützte ich seine Bemühungen, aber bei so eigensinnigen und unerbittlichen Männern war es fast unmöglich, irgendeine Autorität auszuüben.

„Wenn es Ihnen nichts ausmacht, mich zu unterstützen“, sagte Fitz zu Coverdale, „haben Sie vielleicht nichts dagegen, den Platz von Arbuthnot einzunehmen. Ich wage zu behaupten, dass die anderen Kerle mit in den Ballsaal kommen werden.“

Zu unserem Entsetzen wandte sich Fitz in napoleonischer Manier der Treppe zu.

"Was ist zu tun?" Ich erkundigte mich besorgt beim Chief Constable. „Ich bin selbst ein Mann des Friedens, aber einer von uns muss ihn durchstehen.“

„Ich stimme dir zu – der verfluchte Brandstifter! Aber einer von uns muss bleiben und der andere muss sich um die Prinzessin kümmern.“

Der Chief Constable verbarg nicht die Tatsache, dass er eine Vorliebe für die letztgenannte Aufgabe hatte.

„Ich weiß nicht viel über Ehrenangelegenheiten “ , sagte ich, „und es wäre mir sehr lieber, wenn ein Mann mit mehr Erfahrung so etwas in die Hand nehmen würde; aber ich kann durchaus glauben, dass Ihre offizielle Position –“

„Offizielle Position zum Teufel!“ sagte der Chief Constable. „Wenn du ehrlich glaubst, dass ich nützlicher sein werde als du, gibt es nichts mehr zu sagen. Wir sind hier, um uns nützlich zu machen, und wir müssen diese Sache zu Ende bringen.“

„Sehr gut, ich werde mich um die Prinzessin kümmern, und du gehst in den Ballsaal und tust, was du kannst, um die Situation zu retten.“

„Sehr gut, ich werde mich um die Prinzessin kümmern, und du gehst in den Ballsaal und tust, was du kannst, um die Situation zu retten.“

KAPITEL XIV

Ein beklagenswerter Vorfall

Mit einem Gefühl der Verzweiflung sah ich, wie Coverdale den anderen die Treppe hinauf folgte. Erstens war meine eigene Position beleidigend. Aber es gab nichts zu tun. Es stand außer Frage, dass Fitz einen erfahrenen Mann wie Coverdale an seiner Seite haben musste, und es war auch notwendig, dass eine Person mit einem gewissen Anspruch an Verantwortung die Leitung der Dame übernehmen sollte, die sich sicher draußen im elektrischen Brougham befand. Doch an erster Stelle meiner Gedanken stand eine eindringlichere Fürsorge. Die Angelegenheit hatte eine sehr hässliche Wendung genommen. Fitz hatte sich als ein Mann erwiesen, der sich nicht auf Kleinigkeiten einließ, während von Arlenberg , sofern sein Verhalten ihm nicht widersprach, in ein ähnliches Schema gegossen war . Deshalb ging ich mit einiger Unruhe hin, um Ihrer Königlichen Hoheit meine Dienste anzubieten. Diese vornehme Persönlichkeit saß sehr entspannt da, doch mit einem leichten Stirnrunzeln auf ihrem etwas herrischen Gesichtsausdruck.

„Wo ist Nefil ?“ sagte sie.

„Ich muss Ihnen sagen, Ma'am“, sagte ich, „dass Mr. Fitzwaren – ähm – bestimmte wichtige Angelegenheiten mit Seiner Exzellenz bespricht und dass er möchte, dass ich Sie zu Ihrem Hotel begleite, wenn Sie damit einverstanden sind .“ "

„Was ist los?“ Ihr Blick schien in seiner Direktheit direkt durch mich hindurchzugehen.

„Es gibt – äh – bestimmte Details, die angepasst werden müssen.“

„Nun, ich hoffe, Nefil wird in der Lage sein, direkt zu schießen.“

Ob mich der Zynismus dieser Bemerkung oder ihre Scharfsinnigkeit mehr verblüffte, wäre eine Frage vergeblich. Aber dieser frommen Hoffnung hatte ich nichts hinzuzufügen; und ich stand an der Autotür und fühlte mich ausgesprochen unwohl. Vorne neben dem Chauffeur war kein Platz, und ich hatte keine Einladung erhalten, drinnen Platz zu nehmen.

Die Pause war unangenehm, aber irgendwie schien es keine Hilfe dagegen zu geben.

"Also?" sagte die Dame, nicht ohne den Verdacht der Schärfe.

Selbst das konnte ich nicht als Einladung verstehen, hereinzukommen. Ich war mir sehr bewusst, dass meine Verlegenheit sich gegen mich aussprach.

„Aha, *Les Anglais* !“ Die Bosheit war nicht allzu freundlich. „Möchten Sie , dass ich die Tür öffne?“

Ich sagte dem Chauffeur, er solle zum Savoy fahren und nahm den angebotenen Platz neben der Kronprinzessin von Illyrien ein.

Die Entdeckung erhebt keinen Anspruch auf Originalität, aber um herauszufinden, was eine Frau wirklich ist, sollte man allein und *zu zweit mit ihr zusammensitzen* . Die Gelegenheit zur Offenheit dürfte von beiden Seiten nicht vernachlässigt werden, denn die Zurschaustellung dieser einnehmenden Qualität auf der einen Seite scheint sie automatisch auch auf der anderen Seite hervorzurufen.

Kaum saß ich neben Frau Fitz, fühlte ich mich wohler. Sie war so empfindungsfähig, so reaktionsschnell; ein Geschöpf, das trotz der bissigen Zurückhaltung seines Verhaltens mit allen Nerven lebendig war.

Sie klopfte mir mit ihrem Fächer auf die Knie.

„Aha, *Les Anglais* !“ Im Licht der Lampen kam es mir vor, als wären ihre Augen wie Sterne. „So mutig, so ehrlich und so *bête* – ich liebe sie alle!“

Der Zauber ihrer Anwesenheit schien mich zu überwältigen.

„Mein tapferer Nefil wird ihn töten, nicht wahr?“

„Ich fürchte“, sagte ich, „dass einer von ihnen es morgen nicht sehen wird.“

„In der Tat, ja; es kann nicht anders sein.“

Ihre Ruhe überraschte mich. Und doch war darin nichts Gefühlloses oder Unnatürliches. Vielleicht könnte man es als den äußeren Ausdruck einer imperialen Natur beschreiben. Zumindest war das der Eindruck, den ich gewonnen habe. Als ihre Diener ihre Schwerter für ihre Sache zogen, durften sie nicht darauf warten, dass ihnen ein Stachel in den Arm geschossen wurde. Mögen sie sich darauf vorbereiten, ihr Leben aufs Spiel zu setzen und es freudig hinzugeben. Ich zitterte leicht; Es war barbarisch, dass eine Frau den Göttern den Vater ihrer Kinder anbieten konnte, aber es war erhaben.

Viel zu schnell erreichten wir das Restaurant, in dem Fitz das Abendessen für sieben Personen bestellt hatte. Nach den Theateraufführungen füllte sich der Ort schnell. Wir saßen auf einem Sofa im Foyer und warteten auf unsere Party; Ich mit einer akuten Angst und einem Gefühl der Vorahnung, das mich sprachlos hielt; Mein Begleiter mit einer Distanziertheit, die unter den gegebenen Umständen fast unmenschlich schien. Um ihretwillen wurde ein Mann getötet; jemand, den sie liebte, oder jemand, den ihr Vater ehrte . Aber was auch immer das Schicksal beschließen mochte, ihre Natur war bis zur Unterwerfung geschult.

Sie saß an meiner Seite im Foyer und unterzog die Menge der wiederkehrenden Theaterbesucher einer ehrlich gesagt humorvollen und böswilligen Prüfung. Diese Engländer, die so *bête waren*, amüsierten sie ungemein. Die Kleidung, die sie trugen, die Miene, die sie gaben, die Dinge, die sie taten und die Dinge, die sie unterließen, kein Detail entging dieser kühnen Offenheit, dieser aufmerksam neugierigen Intelligenz.

„Eure Frauen sind nicht so wie ihr, ihr großen, guten englischen Hunde", sagte sie und klopfte mir noch einmal nachsichtig auf die Knie. „ *Les Anglaises* , wie prüde und gehässig sie sind, welche Kleider sie tragen und wie sie gehen! Aber ich liebe *Vos.* "*Jolis Hommes* : War jemals so eine Vornehmheit, so ein Charme, so eine Dummheit! *Mon père* soll ein englisches Regiment haben. Ich werde es selbst aufbauen und sein Oberst sein.

Ihr Lachen war tief und reich und voller Bosheit. Sogar ich, dumm und von Angst geplagt, wie ich war, war dennoch indiskret genug, um zu versuchen, die Gelegenheit zu nutzen.

„Es wird die einfachste Sache der Welt sein, Ma'am. Haben Sie es nicht schon angesprochen?"

Ein weiterer nachsichtiger Klaps war meine Belohnung.

„ *Très bon enfant* ! *Quel esprit* ! Du sollst an meiner Seite sitzen, wenn wir essen."

Ihr Spott hatte eine samtene Hülle, aber selbst ein Engländer, der sich ebenso jämmerlich wirkungslos fühlte wie ich, war für den Stoß empfänglich.

Für den durchschnittlichen Briten, der sich sehr bewusst ist, dass er die Schirmherrschaft eines Vorgesetzten erträgt, ist es schwierig, in seinem Auftreten locker, anmutig und natürlich zu sein; die richtigen Dinge auf die richtige Art und Weise sagen und die Situation leichtfertig angehen. Mit jedem Moment, in dem ich an der Seite Ihrer Königlichen Hoheit im Mittelpunkt der öffentlichen Aufmerksamkeit saß, spürte ich, dass meine Position immer gehässiger wurde. Die Haltung meines Begleiters schien olympischer zu werden; wenn ich hingegen eine halbherzige *Erwiderung* oder eine schüchterne Höflichkeit wagte, musste ich dafür leiden; oder wenn ich still und respektvoll blieb – und das ist schließlich der einzige Weg, den man in Gegenwart unserer Höheren einschlagen kann –, lieferte ich ein zusätzliches Beispiel für die Schwermut meiner Landsleute.

Ich kam zu dem Schluss, je weniger ich sagte, desto besser würde es meiner überempfindlichen Würde entgegenkommen, aber selbst der gelegentliche Ausspruch einer einsilbigen Bemerkung rettete mich nicht.

„Wenn ich die großen Hunde knurren höre, die englischen Masteefs , sage ich mir: ‚Ah, die lieben Kerle, wie hervorragend sie die Sprache sprechen!'"

Sofern man nicht der auserwählten Rasse entstammt, dauert es mehr als drei Generationen, um einen Höfling hervorzubringen. Ich hatte das Gefühl, dass mein Verhalten immer steifer und allgemein unglückseliger wurde . Und dann, als ob ich meinen Sturz vollenden wollte, betrat eine Abendessengesellschaft das Foyer, deren Erscheinen auf der Bühne ich nur mit Entsetzen betrachten konnte.

Wer hat nicht gespürt, dass es unter den Astralkörpern eine bösartige Macht gibt, eine Art Hofdramatiker, der für uns bescheidene Bewohner unten finstere Zufälle und böse Überraschungen arrangiert, um die privilegierten Zuschauer im Himmel abzulenken? Die Abendmahlsgesellschaft, die in unsere Mitte kam und den Anschein erweckte, als hätte sie sich „The Importance of Being Earnest" angeschaut und war von der verwerflichen Leichtfertigkeit schockiert, bestand aus Dumbarton, unserer berühmten Nachbarin , der „lieben Evelyn". Frisur und Robe aus rosa Satin, die erhabene Mrs. Catesby und der höchst respektable George, mit ein oder zwei anderen, die für diese Erzählung von untergeordneter Bedeutung sind, obwohl sie in anderen Bereichen nicht dazu neigen, irgendjemandem einen Ehrenplatz einzuräumen.

An der starren, langsamen und unbeirrbaren Art, mit der die herzogliche Gruppe an unserem Sofa vorbeiging, war klar, dass wir entdeckt wurden. Insbesondere Mrs. Catesby blickte mit wirklich schrecklicher Feierlichkeit auf ihre Nase herab; George, der höchst angesehene, trägt seinen Quarter-Sessions-Ausdruck; Dumbarton, der wie ein in Öl gemalter königlicher Herzog aussieht; und „liebe Evelyn", seine rosa gekleidete Ehefrau, ein wirklich bewundernswertes Bild davon, was man mit hochkarätigem Hauteur erreichen kann. Ich kann nur sagen, dass ich für mich selbst ein demütiges Gebet an den Himmel richtete, dass sich der Boden öffnen und mich durchlassen möge.

Ein Schauer der Besorgnis überkam mich. Ich saß ganz nah und wagte nicht, ein Augenlid zu bewegen.

Ach! Als die Prozession vorbeizog, erklang ein höhnischer Ton; ein klarer, resonanter, glockenartiger Ton.

„Ach, Pink! Pink in diesem Klima und diesem Teint!"

Sogar der *Chef de Reception* war gezwungen, dem Beispiel von Mrs. Catesby zu folgen und mit wirklich schrecklicher Feierlichkeit auf seine Nase herabzublicken.

Der Schweiß lief mir auf die elende Stirn. Ich habe jetzt keinen Albtraum mehr, ohne dass ich von rosa Satin träume. Die herzogliche Gruppe überschritt unsere Grenzen und ließ mich völlig erschüttert und mehr denn je der Gnade meines Gefährten ausgeliefert zurück. Zu meiner Erleichterung begann der „Sturmvogel" jedoch zu zeigen, dass er sich um ihren Mann kümmerte. Es schien, als ob das Ziel seines Gegners das geradlinigere gewesen sei.

Fitz war sicherlich ein verzweifelter Kerl, und mein Verkehr mit der Dame, die er dazu überredet hatte, seinen Namen zu nennen, machte diesen Aspekt seines Charakters noch deutlicher . Was für eine enorme Entschlossenheit muss der Mann aufbringen, eine solche Löwin zu entführen und zu versuchen, mit ihr auf der Grundlage der Gleichberechtigung zu wirtschaften. Aber hatte er endlich seinen Sturz erlebt? Hatte er das Schicksal einmal zu oft herausgefordert? Die Zeiger der Uhr bewegten sich langsam auf Mitternacht zu.

„ Nefil hat sein Ziel verfehlt." Die Stimme der Prinzessin zitterte.

Es stellte sich jedoch fast sofort heraus, dass dies nicht der Fall war. Es gab weitere Ankünfte im Foyer; Fünf Männer traten gleichzeitig ein, und der erste von ihnen war Fitz.

Vielleicht lag es an meiner überreizten Fantasie, aber es schien mir, dass jeder der fünf aufgeregt und blass aussah. Mein Begleiter erhob sich, um sie zu empfangen. „Es ist gut", sagte sie. "Es ist gut." Sie drehte sich zu Fitz um, der gespenstisch aussah, und streckte ihre Hand mit einer Geste aus, die ich nur mit der von Medusa vergleichen kann. Fitz führte die Hand an seine Lippen.

"Was ist passiert?" sagte ich mit heiserem Flüstern zu Coverdale.

„Frag nicht!" sagte er und wandte sich halb ab.

„Meinst du –" sagte ich; aber der Satz blieb mir im Hals stecken.

Die Invasion des Speisesaals war eine ziemlich schwere Tortur. Der Stress dieses Tages, der aus dem Gewebe der Aufregung gewoben war, hatte es mir angemerkt; und wieder wurde ich von einer namenlosen Angst erfasst. Anstatt dem Gefolge von Mrs. Fitz in den Glanz einer allzu berüchtigten Öffentlichkeit zu folgen, wollte ich weglaufen und mich verstecken.

Der Raum war voller Menschen, die sehen und gesehen werden wollten. Wir mussten an mehreren Tischen vorbei zu einem für uns reservierten Tisch am anderen Ende des Raumes gehen. Mitten in unserem Vormarsch spielte, wie ein Löwe im Tor, die herzogliche Gesellschaft elegant mit Wachteln und Champagner.

Jedes Mitglied der Leibwache Ihrer Königlichen Hoheit, einschließlich des unbezwingbaren O'Mulligan , wirkte niedergeschlagen und unglücklich und weit davon entfernt, in Bestform zu sein. Aber die Dame selbst machte in ihrer Haltung und ihrem Auftreten keinen Hehl aus ihrem Status. Sie war die Erbin der ältesten Monarchie Europas, die sich herabließ, inmitten von Barbaren zu essen.

Es war klar, dass die herzogliche Partei fest entschlossen war, einen extremen Kurs einzuschlagen. Durch die Lebhaftigkeit seiner Unterhaltung und seine eifrige Wertschätzung für Wachteln und Champagner hoffte er offensichtlich, die Tatsache klar zum Ausdruck zu bringen, dass unsere Privatsphäre respektiert würde, wenn wir nur den Anstand hätten, ihnen eine ähnliche Nachsicht zu gewähren.

Ach! In bestimmten Arten der Kriegsführung gibt es keine Heiligkeit.

„Ach, Pink!" sagte Mrs. Fitz mit dieser Stimme, die so schrecklich durchdringend war. "Kann jemand Sag mir , *warum* rosa———?"

Die nervöse Fantasie eines verheirateten Mannes, eines Familienvaters und eines Mitglieds des Landkreises schien ein Kichern an den Nebentischen zu entdecken. Coverdale drängte düster vorwärts . Ihre Königliche Hoheit, instinktiv von rücksichtsloser und humorvoller Verachtung, ging ebenfalls vor. Fitz verweilte jedoch einen Moment und berührte seinen angesehenen Nachbarn mit unglaublicher napoleonischer Herzlichkeit auf der Schulter.

„Hallo, Herzog!" er sagte.

„Wie geht es dir, Fitzwaren ?" sagte der große Mann mit einer Stimme, die aus seinen Schuhen zu kommen schien.

„Kümmern Sie sich nicht um die Frau!" sagte der Mann des Schicksals und blickte komisch mit dem linken Auge auf den patrizischen Aspekt ihrer Gnade. „Es ist nur ihr Spaß."

Die Unverschämtheit, der Zynismus und die Geschmackslosigkeit des Mannes waren atemberaubend. Aber was für einen erhabenen Mut hatte dieser Kerl. Er schlenderte weiter, die Hände in den Taschen vergraben, hinter Coverdale und Ihrer Königlichen Hoheit her. Brasset und ich drängten uns im behutsamen Gang auf seine Fersen, als uns etwas, das man nur als gebieterisches und beharrliches Zischen bezeichnen kann, in die Gefahrenzone rief.

„Reggie! Odo Arbuthnot!"

Wir zollten der Erhabensten ihres Geschlechts einen verzweifelten Gruß.

„Bitte entschuldigen Sie, Mrs. Catesby, ich habe Sie nicht gesehen, wissen Sie ."

Brassets entschuldigende Schwäche stand in einzigartigem und schmerzhaftem Kontrast zur epischen Weite des unvorstellbaren Fitz.

„Wage es nicht, mir ein Wort zu sagen, keiner von euch", sagte die Große Dame mit einem Flüstern homerischer Aufsässigkeit. „Sie begehen den Akt des sozialen Selbstmords. Wenn ich an Ihre Mutter Reggie und an Ihre Frau und Tochter Odo Arbuthnot denke, werde ich – aber ich werde nichts sagen. Aber es ist sozialer Selbstmord für Sie alle, auch das alberner Polizist .“

Das Fleisch kann nicht mehr als eine bestimmte Menge an Leiden ertragen, obwohl das Ausmaß seiner Fähigkeit so schrecklich ist. Aber was auch immer es war, ich hatte es bereits hinter mir.

„Rosa ist auf jeden Fall eine herausfordernde Farbe “, flüsterte ich.

„Die liebe Evelyn wird es nie verzeihen. Hat keiner von euch einen Sinn für Anstand? Es ist Wahnsinn!“

Ich stimmte dem zu und zog mich schlaff zum übernächsten Tisch zurück.

Unsere Abendessenparty hätte eine düstere Veranstaltung sein sollen, aber irgendwie war sie es nicht. Man konnte nur vernünftigerweise annehmen, dass in der Botschaft irgendein schlimmes Ereignis stattgefunden hatte, aber was immer es auch gewesen sein mochte, die Zeugen begannen sich unter dem magnetischen Einfluss von Mrs. Fitz zusammenzureißen. Ihre herrische Fröhlichkeit hat zwar Coverdales abgründige Trübsinnigkeit nicht ganz vertrieben, aber viel dazu beigetragen, sie zu mildern. Was die anderen Mitglieder der Partei betrifft, so sehr sie von Gewissensbissen und einem unruhigen Herzen betroffen waren, war es unmöglich, nicht auf ihre Macht zu reagieren.

Sogar der Kapitän der Crackanthorpe , dessen Sinn für Humor ausgesprochen primitiv ist, lachte laut über eine ihrer scharfen Bemerkungen.

„Halten Sie sich zurück, mein Lieber, um Himmels willen!“ Ich habe ihn ermahnt. „Dumbarton sieht bereits nach Verhängnis aus. Ihre Anwesenheit hier hat den Geflügelfonds bereits fünfzig Pfund gekostet, sehen Sie nach, ob das nicht der Fall ist. Wenn er Sie so lachen hört, wird er seine Decke schließen und den Draht durchstecken.“

„Ist egal, was er tut!“ sagte der Meister der Crackanthorpe mit einem unnatürlichen Glanz in seinen Augen.

Die Sirene hatte tatsächlich eine schreckliche Kraft. Der herrische Blick, das geweitete Nasenloch, die beweglichen Lippen, die Haut aus schimmerndem Olivgrün, die ganze Figur voller betörender Reize des Sex und der Romantik vergangener Zeiten – wer waren wir, *los hommes moyens? sensuels* , dass wir die Kraft der Seele haben sollten, allem zu widerstehen? Die Natur hatte eine Zauberin geschaffen; und wenn sie sich die Mühe macht, dies zu tun, verleiht sie ihrem gewählten Instrument in der Regel ein Bewusstsein der Macht und die Entschlossenheit, es rücksichtslos einzusetzen. Wir leerten unsere Gläser und genossen ihr Lächeln.

Unser Lachen wurde lauter; Unsere Freude in ihrer Gegenwart ist umso unbewachter. Ich behielt genug Diskretion, um mir bewusst zu sein, dass bei der erhabenen Party zwei Tische weiter kein Detail unseres Verhaltens verloren ging. Jedes Gelächter, dessen wir uns schuldig gemacht hatten, wurde gegen uns verwendet. Was war aus der tadellosen Tradition der Zurückhaltung und des richtigen Denkens geworden, dass Männer von bekannter Redlichkeit mit dieser Publizität den Schmeicheleien einer Königin des Sägemehls nachgeben sollten?

Es war eine äußerst unglückliche Lage; aber wir haben uns unwiderruflich dazu verpflichtet. Nichts mehr könnte unseren guten Namen bei unseren Nachbarn retten . Doch diese halbe Stunde nach Mitternacht war überfüllt und herrlich. Wer waren wir, willensschwache Mittelmäßigkeiten, dass wir dem Moment widerstehen sollten? Konnten wir nach den Pässen, die wir im Dienst eines so großartigen und so unglückseligen Menschen gemeistert hatten, nach der langen Spannung, die wir erduldet hatten, unempfindlich gegenüber der fröhlichen, halb liebevollen, halb unverschämten Musik unserer Namen sein? ihre Lippen?

Coverdale saß zur Rechten der Zauberin, ich zur Linken — verantwortungsbewusste Männer –, doch selbst mit dem Auge der Gorgone der Großen Dame auf uns waren wir bereit, der Welt zu verkünden, dass wir weder weniger noch mehr als die Sklaven waren des Zirkusreiters aus Wien.

Kapitel XV

EIN INTERNATIONALES THEMA

Durch eine gnädige Anordnung zog sich die herzogliche Gruppe um fünfundzwanzig Minuten nach zwölf zurück, zweifellos um die Schmach des Zwanges zur halben Stunde abzuwenden. Auf diese Weise blieben uns zumindest alle weiteren Strapazen erspart, die uns in diesem Viertel bevorstehen könnten. Und wäre es doch eine Tortur gewesen? Dieser Konflikt, der vor einiger Zeit noch so demoralisierend auf die überreizten Nerven gewirkt hatte, wurde jetzt nur allzu wahrscheinlich als die Erhabenheit der Schlacht gefeiert.

Wir wollten dem unerbittlichen Erlass des Lizenzgesetzes nur ungern gehorchen, aber wir hatten keine andere Wahl. Glücklicherweise hatten unsere Freunde und Nachbarn nach dem fünfminütigen Start ein freies Feld, und ohne weitere Zwischenfälle wurde die „Stormy Petrel" zu ihrem Streitwagen eskortiert. Sie fuhr mit Fitz zu ihrem Hotel, während der Rest von uns, keine Lust auf Ruhe, dem Vorschlag von Alexander O'Mulligan nachgab , „wir sollten zur Jermyn Street schlendern und ihn auf einen Drink einladen".

Es hatte begonnen zu frieren. Obwohl die Gehwege wie Glas waren, waren die Sterne am Himmel wunderbar. Die kluge Luft war wie ein Balsam für die Dämpfe des Weins und den Geist der Gesetzlosigkeit, der uns in eine geradezu gefährliche Höhenlage versetzt hatte. Wir beschlossen, zu Fuß zu gehen, und sei es nur, um die Anspannung auf unseren Nerven zu lindern. Die drei jüngeren Mitglieder der Verschwörung gingen voraus, ein wenig ausgelassen , Arm in Arm, unsicher im Gang – der Zustand der Straßen ließ freilich keine Entschuldigung zu – und ihre Hüte schief. In respektvollem Abstand und auf eine Art höflicher folgten ihnen der Chief Constable und ich.

„Und jetzt, Coverdale", sagte ich, „haben Sie die Güte zu erklären, was Sie meinten, als Sie mir sagten, ich solle nicht fragen, was mit dem Botschafter passiert ist?"

Ich habe keine Antwort erhalten.

„Mein lieber Freund", drängte ich, „ich glaube, ich habe ein Recht darauf, es zu erfahren."

„Du solltest es erraten können!"

„Das verstehe ich nicht. Fitz ist auf jeden Fall gesund und munter. Wie haben Sie es geschafft, sie zur Vernunft zu bringen?"

„Sie wurden nicht zur Vernunft gebracht."

Der grimmige Ton beunruhigte mich.

"Wie meinst du das?"

Ich blieb unter einer Straßenlaterne stehen, um meinem Begleiter ins Gesicht zu schauen.

„Das meine ich einfach so“, sagte er. „Der Verrückte hat ihn erschossen!“

Unwillkürlich taumelte ich gegen den Laternenpfahl.

„Das kannst du nicht so meinen“, sagte ich schwach.

„Wenn wir uns nur etwas vormachen könnten!“ sagte Coverdale mit heiserer Stimme. „Die ganze Zeit, als ich mit dieser Frau beim Abendessen saß, versuchte ich mir einzureden, dass die Sache nicht passiert war. Die ganze Sache sollte ein fantastischer Traum sein, aber mein Gott, das ist es nicht!“

„Nun, es war sein Leben oder das von Fitz, nehme ich an?“

„Ja, daran kann es keinen Zweifel geben. Die Leute von der Botschaft geben es zu. Und diese Leute wissen, wie man das Spiel spielt.“

„Jedenfalls ein ziemlich niederträchtiges Spiel. Wenn sie einem Mann die Frau stehlen , müssen sie die Konsequenzen tragen.“

„Ich stimme zu, aber die Umstände waren außergewöhnlich. Und geben Sie diesen Kerlen ihr Recht, sobald wir im Ballsaal ankamen , spielten sie das Spiel direkt.“

"Was wird passieren?"

„Niemand kann es sagen; aber man kann sich darauf verlassen, dass man ihnen nichts verrät.“

„Aber die ganze Sache muss doch doch rauskommen?“

„Gut möglich, aber man hofft lieber, dass dem nicht so ist. Es ist eine sehr hässliche Angelegenheit, die internationale Fragen betrifft; aber der Erste Sekretär – ich habe seinen Namen vergessen – schien eine sehr sachliche und vernünftige Sichtweise zu vertreten.“ Schließlich hat Fitzwaren lediglich seine Rechte verteidigt.

Bedauerlicherweise folgten wir den anderen. Den ganzen Tag schwankten wir zwischen Tragödie und Farce, ohne genau zu wissen, was das Ergebnis der Spektakel sein würde, an der wir beteiligt waren. Aber jetzt hatten wir die Antwort ohne Unsicherheit.

„Die ganze Zeit über war eine solche Fortsetzung zu befürchten“, sagte ich, „und doch sehe ich nicht, dass wir dafür wirklich verantwortlich gemacht werden könnten.“

Wenn Sie mich nach meiner Meinung fragen, haben wir uns alle einer unverzeihlichen Torheit schuldig gemacht, als wir diesen Fitzwaren-Kollegen unterstützt haben . Wirklich, ich kann mir nicht vorstellen, worum es uns ging. Bevor das Letzte von diesem Geschäft gehört wurde, fällt es mir auf dass es überall den Teufel geben wird, der dafür bezahlen muss.

In meinem Herzen spürte ich nur zu deutlich, dass dies die Wahrheit war.

In O'Mulligans Räumen tranken wir aus langen Gläsern und hatten das Privileg, seine „Töpfe" zu inspizieren. Die Trophäen des britischen Amateurmeisters im Mittelgewicht, der Dublin als seine Geburtsstadt beanspruchte, waren eine äußerst mutige Serie. Aber weder sie noch die Erfrischung, die uns angeboten wurde, konnten die Düsterkeit vertreiben, die über alle hereingebrochen war.

Fitzwaren gibt es etwas zu sagen ", sagte Alexander O'Mulligan in einem Ton, der nicht ohne Ehrfurcht war. „Er ist durch und durch mutig!"

Vielleicht war in dieser Überlegung etwas Wahres dran, aber es gab wenig Trost. Traurig verabschiedeten wir uns von Alexander O'Mulligan und gingen in unser Hotel, um zu Bett zu gehen, aber nicht zu schlafen. Für mich selbst kann ich antworten, dass ich die ganze Nacht über dunkle Vorahnungen und verzerrte Bilder für meine Bettgenossen hatte; und erst als es fast Zeit zum Aufstehen war, gelang es mir endlich, kurz einzuschlafen.

Man konnte davon ausgehen, dass der Schlaf der anderen ebenso unsicher gewesen war, denn um zehn Uhr saß ich als Erster unserer Gruppe am Frühstückstisch. Ein paar Minuten später gesellte sich Coverdale zu mir, der die Morgenzeitung in der Hand hielt.

Er lenkte meine Aufmerksamkeit auf die Todesanzeige von SE, dem illyrischen Botschafter, der offenbar am Abend zuvor um 11.30 Uhr in der illyrischen Botschaft in Portland Place unter besonders tragischen und bedrückenden Umständen ums Leben gekommen war. Es schien, dass Seine Exzellenz, ein bekannter Schütze, der sich sehr für Schusswaffen aller Art interessierte, damit beschäftigt war, verschiedenen Mitgliedern der Botschaft bestimmte Vorzüge des Mechanismus eines neuen Revolvertyps zu demonstrieren, von dem Seine Exzellenz behauptete, dass er der Mechanismus eines neuen Revolvertyps sei Erfinder, als die Waffe losging und den unglücklichen Adligen sofort tötete. Der kurzen Darstellung des tragischen Ereignisses folgte eine Laudatio, in der ausführlich auf die kriegerischen, politischen und sozialen Erfolge des verstorbenen Botschafters und den unwiederbringlichen Verlust nicht nur für seinen Souverän, sondern auch für das Gemeinwesen der Nationen eingegangen wurde.

„Diese Kerle haben es gut gemacht", sagte Coverdale. „Aber ich würde mich freuen, wenn ich daran denke, dass das letzte Mal davon gehört wurde."

Diese Überzeugung teilte ich mit dem Chief Constable, aber es war gut festzustellen, dass sich die illyrische Diplomatie bisher als gewachsen erwiesen hatte. Das hatte zur Folge, dass ich mehr Appetit auf das Frühstück bekam, und als Konsequenz bestellte ich zwei gekochte Eier statt einem.

In den Morgennachrichten gab es noch einen weiteren Punkt von unheimlichem Interesse. Beim Durchblättern wurde meine Aufmerksamkeit auf den kurzen Bericht über eine mysteriöse Tragödie gelenkt, die sich am Abend zuvor zwischen sechs und sieben Uhr im Hyde Park in der Nähe des Broad Walk abgespielt hatte. Ein Mann, der den in seinem Besitz gefundenen Papieren zufolge den Namen Ludovic Bolland trug und illyrischer Abstammung war, war mit einer Schusswunde im Gehirn tot aufgefunden worden. Es war unklar, ob es sich um Mord oder Selbstmord handelte. Die Polizei stimmte der ersteren Meinung zu, verfügte jedoch derzeit über keine Informationen, die Aufschluss über die Angelegenheit geben könnten.

Ich habe Coverdale den bösen Verdacht nicht offenbart, den ich nicht aus meinen Gedanken verbannen konnte. Der Zwischenfall mit dem Taxi, das uns folgte, der ausländisch aussehende Mann, der das Hotel betreten hatte, und Fitz' Worte und sein anschließendes Verhalten bildeten allesamt eine Verschwörung zu einer Theorie, die ich sehr ungern annahm und der ich dennoch nicht entkommen konnte. Es hatte auf jeden Fall zur Folge, dass ich mich zutiefst unwohl fühlte und das zweite Ei, das ich bestellt hatte, doch überflüssig wurde.

Vor allem sehnte ich mich jetzt danach, ohne Verzögerung in mein Landheim zurückzukehren. Die letzten vierundzwanzig Stunden bildeten eine Seite meiner Erfahrung, die ich, wenn auch unmöglich zu löschen, unbedingt vergessen wollte.

Kapitel XVI

PFERD UND HUND

Obwohl Fitz Alexander O'Mulligans Einladung angenommen hatte, an diesem Abend im National Sporting Club Zeuge von „Burns' Auseinandersetzung mit dem ‚Gunner'" zu werden, holte er seinen Motor aus der Garage in der Regent Street, wo die illyrische Diplomatie ihn abgestellt hatte , und machte sich sofort nach dem Mittagessen mit dem anderen Gegenstand seines wiedererlangten Eigentums auf den Weg aufs Land. Er wurde von Coverdale begleitet. Der Chief Constable schien das Gefühl zu haben, dass der Frieden in unserem Landkreis nicht anhalten könnte, wenn er noch eine Nacht in der Metropole verbringen würde. Er konnte sicherlich in dem einfachen Bewusstsein zurückkehren, seine Pflicht getan zu haben. Wie ein Mann und ein Bruder hatte er einem englischen Landsmann in der Stunde seiner Not zur Seite gestanden.

Für jemanden mit primitivem Landinstinkt wie mich ist London selbst unter den günstigsten Bedingungen leicht zu verblassen. Die Reaktion, die auf die Aufregung der vergangenen Nacht folgte, erfüllte mich mit Abscheu. Aber ich verdankte es einer tief verwurzelten Liebe zur Wahrhaftigkeit, dass ich zur Bolton Street fuhr, um meiner Großmutter in der Stunde ihres Kummers Trost zu spenden. Sie ist eine charmante alte Dame und kennt die Welt. Sie freute sich ungekünstelt, mich zu sehen, und befahl sofort, im Gästezimmer ein Feuer anzuzünden, obwohl „sie eigentlich nicht wusste, dass ich Geld brauchte". Meine Erklärung, dass es eine spontane natürliche Zuneigung war, die mich dazu veranlasst hatte, Informationen aus erster Hand über das Dauerthema ihrer Bronchitis einzuholen, löste lediglich einen Ausdruck der einnehmenden Skepsis aus , die in den Herzen alter Damen mit beträchtlichen privaten Mitteln zu gedeihen scheint.

Im ersten ehrenvollen Moment — genauer gesagt am darauffolgenden Montagmittag — befand ich mich auf dem Bahnsteig Nr. 2 des Grand Central. Die Schuldgefühle meines Gewissens wurden angenehm durch die Erleichterung in meinem Herzen ausgeglichen. Ich ging zurück zu Madam und Miss Lucinda. Noch vor weniger als drei Tagen hatte eine überreizte Einbildung die Wahrscheinlichkeit erhöht, dass ich sie nie wieder sehen würde. Allerdings hatte das Schicksal in seiner grenzenlosen Milde angeordnet, dass ich zurückkehren sollte, um die Geschichte zu erzählen.

Und doch, wenn ich die Wahrheit gestehen muss, war im empfindlichen Nervensystem eines „verheirateten Mannes, Familienvaters und Kreisangehörigen" so viel Chaos angerichtet worden, dass es mich selbst jetzt nicht im Geringsten überrascht hätte Ich hatte mein Ticket nach Middleham genommen, um die Hand eines gut gekleideten Detektivs auf meiner Schulter zu finden oder um auf Veranlassung eines düsteren Außerirdischen einen Revolver neben meiner Schläfe zu finden. Dennoch waren diese Befürchtungen weder der Öffentlichkeit noch der Auszeichnung meiner Eskorte würdig. Nicht nur, dass meine angeheiratete Verwandtschaft mit mir zurückgekehrt war, sondern er hatte auch den Amateur-Mittelgewichtsmeister Großbritanniens dazu überredet, Brassets herzliche Einladung anzunehmen, er solle sich davon überzeugen, dass er die sanfte Kunst, den Fuchs zu jagen, ebenso gut beherrschte Crackanthorpe Hounds wie bei den Galway Blazers.

epischen Breite des Auftretens von Alexander O'Mulligan war es für einen Mann unmöglich, pessimistische Ansichten über sein Schicksal zu vertreten. Wenn ich die Fähigkeiten eines Dickens oder eines Thackeray vermuten würde, würde ich versuchen, diesen „Touch of the Brogue" zu verleihen, der die Unterhaltung dieses Paladins wie eine subtile Würze würzte . In einer losen Kiste an unserem Express befestigt, befand sich in der Obhut eines gebürtigen Kerrys „ein versierter Leprakranker" mit einem Gewicht von bis zu fünfzehn Steinen, um den uns nicht nur die Blazers, sondern jeder Mann, jede Frau und jedes Kind im Königreich beneidete Irland. Wenn sein Preis nicht dreihundert der gelben Jungs betrug, lud sein Besitzer jeden herzlich ein – *jeden* , ihm heftig zu widersprechen.

Neben Alexander O'Mulligans Pferd und seinem großzügigen Auftreten verdient seine Kleidung Erwähnung. Schnitt und Stil sind als „sportlich" zu bezeichnen. Insbesondere seine Weste war eine Augenweide. Sie war ein Kanarienvogel in reinster Farbe und bildete einen wirklich pikanten, ja ästhetischen Kontrast zu dem zarten Grün seiner Augen. Manche meinen, die Anwesenheit dieses freundlichen Farbtons in diesem Organ lade die Weltgewandtheit ein; doch laut Joseph Jocelyn De Vere Vane-Anstruther, dessen bescheidene Hingabe an seinen Helden fast mitleiderregend war, war schon ein sehr kräftiger Kerl nötig, um es mit dem Amateur-Mittelgewichtsmeister von Großbritannien „anzuprobieren".

O'Mulligan , wie jeder Paladin der großen Rasse, ebenso sanft wie mutig. Kaum hatte er Dympsfield House betreten , was er am Tag seiner Ankunft in unserer Gemeinde zur Teezeit irgendwo tat, eroberte er auch schon das Herz von Miss Lucinda. Er schlüpfte sofort in die *Rolle* eines Bären mit äußerst realistischer und spannender Vollständigkeit. Sein Knurren klang nicht nur wie entfernter Donner in den Bergen, sondern er hatte auch die Fähigkeit, in wilder Raserei die Augen zu verdrehen, und vor allem die Tendenz, einem bei wenig oder gar keinem Anlass in die Beine zu beißen. Erst als er ihr die Heirat versprochen hatte, konnte sie dazu bewegt werden, sich von ihm zu trennen.

Die Herrscherin von Dympsfield House kehrte von Doughty Bridge, Yorks, zurück, gleichermaßen glücklich in ihrer Gesundheit und in ihrem Temperament. Wir aßen angenehm *zu zweit* mit Hilfe von Heidsieck Cuvée 1889. Ich berichtete, dass die ehrwürdige Bewohnerin von Bolton Street, Mayfair, ihr Leid mit ihrer gewohnten Anmut und Resignation ertragen würde; und erhielt gebührend den Segen meiner Schwiegereltern, die sich nach Meinung ihrer jüngsten Tochter noch nie in einem besseren Gesundheitszustand befunden hatten – was nicht mehr ist, als man von denen erwartet, die ihr Leben der Tugend widmen.

Ich war gerade dabei, einen Apfel zu schälen, als Mrs. Arbuthnot mit einer Distanziertheit sagte, die Vane-Anstruther von sehr guter Qualität zeugte: „Übrigens, hat man schon einmal etwas von dieser Kreatur gehört?“

„Kreatur, mein Engel?“ sagte ich. Wenn mein Ton etwas ausdrückte, dann, dass es auf der Welt nur ein Lebewesen gab, und sie balancierte in diesem Moment ein Stück eingelegten Ingwer auf ihrem Obstmesser.

„Die Zirkusfrau.“

„Zirkusfrau?“ sagte ich milde. Unsere Gläser waren halb leer und ich füllte sie auf. „Irgendwie“, sagte ich, „scheint dieses Zeug dem Bellinger, den dein Vater uns zu Weihnachten schickt, nicht gewachsen zu sein.“ Streng genommen war dies nicht ganz der Fall, aber die Wahrheit hat viele Aspekte, wie die heidnischen Philosophen feststellen konnten.

„Mrs. Fitz, Sie Gans!“

„Sie ist nach Hause gekommen, glaube ich“, sagte ich mit einer beiläufigen Miene, die allerdings in den Bereich der abgeschlossenen Diplomatie gehörte.

"Komm nach Hause!" Die Quelle meiner Glückseligkeit schwelgte in einem finsteren Blick, den man nur als aufsässig bezeichnen kann, aber ihre flötenähnlichen Töne hatten ein wenig pfeifendes Prickeln, das die Wirkung erheblich abschwächte. „Komm nach Hause! Willst du damit sagen, dass Fitz sie wieder zurückgeholt hat?“

„Es gibt Grund zu der Annahme, dass er dies getan hat.“

„Was für erstaunliche Wesen Männer sind!“

„Ja, *mein Kind*, wir haben die Autorität von Haeckel, dass die Sache eine sehr bemerkenswerte Gestalt angenommen hat, als sich der Mensch aus Schlamm und Wasser entwickelt hat.“

„Sei nicht trivial, Odo. Zu glauben, dass sie es gewagt hat, nach Hause zu kommen. Wenn ich ein Mann wäre und meine Frau mit dem Chauffeur durchgebrannt wäre, frage ich mich, ob sie es noch einmal wagen würde, nach Hause zu kommen?"

„Die Hypothese ist undenkbar. Freiheit, Poesie und Romantik, übersetzt in diesen überforderten, unterdrückten Sklaven, den registrierten und verstrickten Parlamentswähler!"

Am nächsten Morgen trafen sich die Crackanthorpe bei den Marl Pits. Die ganze Welt und seine Frau waren da. Der gesetzlose Mob, der der Fluch der modernen Fuchsjagd ist, ist in unserem Land nicht ganz so weit verbreitet wie in mehr als einem unserer Nachbarn . Warum uns diese barmherzige Befreiung gewährt wurde, kann kein Mensch erklären. Es kann sein, dass wir uns nicht ausreichend um die „Blasenreputation" kümmern. Aber wie unser ehrwürdiger Pfarrer sagt, ist unsere Immunität ein weiterer Beweis dafür, dass die Vorsehung, die über die niedrigsten Geschöpfe Gottes wacht, im Wesentlichen wohltätig ist, wenn sie nötig wäre: sicherlich eine sehr passende Geisteshaltung für einen demütigen Pfarrer in Christus, der Er hält zehn Pferde in seinen Ställen und geht sechs Tage die Woche auf die Jagd.

Der Messingbügel mit Samtkappe, der das Horn seiner Väter aufwickelt, ist ein Zeichen des Respekts. Sogar die Nimrods der alten Schule, die der Meinung sind, dass seine Höflichkeit und seine Fürsorge für die Gefühle anderer unter der Würde des Verfolgers liegen, gewähren seinem Amt eine Anerkennung, die sie als letzte seinen rein menschlichen Qualitäten gewähren würden. Heute Morgen wurde der edle Meister von seinem angesehenen Gast empfangen. Der O'Mulligan von Castle Mulligan, der Stolz der Blazers und Besitzer der geradesten Linken der westlichen Hemisphäre, wurde sofort der Herrin von Dympsfield House vorgestellt.

Diese Dame, die so teuer beritten war, dass ihr schwächlicher Ehemann verdientermaßen dazu verdammt war, einen Vierbeiner zu reiten, den Joseph Jocelyn De Vere Vane-Anstruther öffentlich als „Beleidigung des ‚Unten ‘" brandmarkte , war sofort von ihr besessen, genau wie ihre Tochter , zugunsten des Amateur-Mittelgewichts-Champions. Sicherlich gab es viele Schmeicheleien. Er grinste von einem Ohr zum anderen und zeigte dabei zwei regelmäßige und glänzende Reihen weißer Zähne. Seine Haltung strahlte sowohl Anmut als auch Herzlichkeit aus. Sein Lächeln allein reichte aus, um den Knochen aus dem Boden zu reißen, und er besaß die ganze charmante Redseligkeit seiner Nation. Auch sein Adjutant verdient Erwähnung. Nachdem ich am Vortag beim „Snooker" sehr gut abgeschnitten hatte, sah meine angeheiratete Verwandtschaft in dem perfekt sitzenden Mantel, der jemals die menschliche Gestalt verschönerte, sehr angenehm und glücklich aus. Er war auf Hamlet, Prinz von Dänemark, dem *Glanzstück* seines Stalls, *beritten* .

Wir nahmen gerade die Gastfreundschaft des Reverend an, eine angenehme Veranstaltung, die durch die Tatsache notwendig wurde, dass sein Pfarrhaus nur eine Meile von der Rendezvous entfernt liegt, als unheilvolles Tuup, begleitet von gewaltigem Grunzen , unsere Ohren bedrängte.

„Ich sage, Jo", sagte Alexander O'Mulligan nebenbei zu seinem bewundernden Lageranhänger, „hier kommt ould. " Fizzamagig .

Dieses elegante Pseudonym verschleierte die Identität der Erhabensten ihres Geschlechts. Der berühmte Pelzmantel und der glockenförmige Topper kamen auf dem Kies des Pfarrhauses zusammen, auf Befehl eines abgenutzten Staubverteilers, dessen vielfältiges Grunzen und Keuchen nur allzu deutlich verriet, dass es sich um eine frühe Phase der Industrie handelte.

Es war heller Tag, ich war inmitten von Freunden und Sportlerbrüdern, aber wieder einmal lief mir ein Schauer der Besorgnis über den Rücken. Für einen Moment hatte ich eine Vision von rosa Satin. Mrs. Catesby nahm das Glas braunen Sherry und das Stück Kuchen entgegen, die ihr von der Kirche respektvoll angeboten wurden. Aber während sie mit ihrer durchdringenden Stimme über provinzielle Gemeinplätze sprach, war deutlich zu erkennen, dass ihr erhabenes Oberhaupt mit Staatsangelegenheiten beschäftigt war. Ihr ernster grauer Blick wanderte zur Mitte des Rasens, wo der edle Meister gerade ein Schinkensandwich mit Halcyon und Harmony teilte; von dort zum unzureichend berittenen Mitglied der Uppingdon- Division von Middleshire ; von dort zum Magnificent Youth und dem heldenhaften O'Mulligan . Schließlich stützte es sich in kontemplativer Strenge auf die schlanken Umrisse der Dame, deren Kutte keinen Fehler aufwies, obwohl es Grund zu der Annahme gibt, dass sie in den Augen einer Person ein wenig auf der Seite der Mode geirrt hat , die mit Hilfe der Pfarrerin und … Laura Glendinning war damit beschäftigt, den Plan der Dinge in die festgelegte Ordnung zu bringen.

Wieder einmal war ich dabei, mich zutiefst unwohl zu fühlen, als uns ein Vorfall erzählte, der so dramatisch war, dass ein bloßes privates Gefühl weggefegt wurde. Eine herrische Vision in einem scharlachroten Mantel, auf einem edlen und großzügigen Pferd, betrat das Tor des Pfarrers. Sie wurde vom Schwiegersohn Ferdinands des Zwölften begleitet.

„Was für ein Mist, das Militär!" murmelte Alexander O'Mulligan .

Zum großen Erstaunen aller, bis auf drei seiner Gefolgsleute, war der Meister der Crackanthorpe der Erste, der Mrs. Fitz begrüßte. Ein kürzlicher Vorfall war allen noch frisch im Gedächtnis. Es war ziemlich klar, dass „die Zirkusreiterin aus Wien" und ihr Kavalier das Gelände des Pfarrhauses ohne Einladung betraten, denn die Fitzwaren- Aktien waren so niedrig wie nie zuvor auf dem Markt. Von unserem misshandelten und verunglimpften

Häuptling wurde erwartet, dass er diesen gesetzlosen Eindringlingen zumindest die offizielle Anerkennung verweigert. Von ihm wurde erwartet, dass er sein Amt rechtfertigte und den Rest seiner Würde wahrte, indem er eifrig in eine andere Richtung blickte. Aber er tat nichts dergleichen.

Auf die rücksichtsloseste und taktloseste Weise ging der edle Meister dazu über, die Sympathie, die Wertschätzung und das Vertrauen derer zu missbrauchen, die diese Waren bisher so großzügig ausgegeben hatten. Man kann sich kaum einen schmerzlicheren Affront gegen die weiblichen Anhänger der Crackanthorpe vorstellen , als der persönliche Empfang der Dame im scharlachroten Mantel durch den Meister. Die ernste, aber dennoch herzliche Demut seiner Haltung, die angesichts der noch jungen Geschichte bewundernswert christlich war, erhielt keine Interpretation im Sinne eines höheren Altruismus.

„Er wird zurücktreten müssen", hauchte die erhabene Mrs. Catesby der empörten Laura Glendinning ins Ohr.

Es war für alle eine Erleichterung, als der Wechsel zur oberen Abdeckung erfolgte. Ohne Zeitverlust wurde die Frage der Fragen gestellt. War der berühmte Zeckenfuchs zu Hause? War dieser fast mythische Kunde, dessen Legende in drei Ländern verehrt wurde, auf seiner Lieblingserde ?

Im Halbkreis warteten wir , jeder überlegte seine Gedanken und blickte verstohlen auf seinen Nachbarn .

Eine Reihe silberner Scheine aus der Packung verkündete schließlich die Antwort auf die Frage. Wie üblich hatte der Vater der List seine Maske Langley Dumbles zugewandt . Vor uns erstreckte sich einer der steifsten Landstriche des Auenlandes. Dem Feld wurden sofort zwei unterschiedliche und klar definierte Kurse präsentiert. Der eine war voller Kummer und doch duftend nach Ruhm. Der andere, wenn nicht der Weg der Ehre , war sicherlich besser für den verheirateten Mann, den Familienvater und das Mitglied des Kreises geeignet, insbesondere wenn die Frau des Mitglieds eine Schwäche für Dreihundert-Guinea-Jäger hat. Es gab auch einen Mittelweg für diejenigen, die zwar einen gewissen Anschein von Ehrgeiz bewahrt haben, aber gelernt haben, diesen mit Besonnenheit, Beobachtungsgabe und Scharfsinn zu zügeln. Die Natur hatte den alten Dobbin Gray und seinen Reiter zum Mittelweg verdammt.

Nichts für uns sind die maßlosen Freuden des Triebwerks. Alexander O'Mulligan , der Stolz der Blazers, stürzte durch einen Dompfaff . Fast in seiner Tasche folgte die Dame im scharlachroten Mantel. Mrs. Arbuthnot folgte fast in ihrem Zimmer. Laura Glendinning und die kleine Mrs. Josiah P. Perkins verhärteten offensichtlich ihre Herzen für erstaunliche Heldentaten. Es war schon klar wie die Mittagssonne, dass, wenn unser alter und sportlicher Freund, dessen Jacke das merkwürdige Ticken hatte, sich nur an die Linie hielt, der er im Allgemeinen folgte, ein sehr eifersüchtiges Reiten unter den weiblichen Anhängern von zu beobachten war die Crackanthorpe Hounds.

„Mein Gott, das nennen sie , untin '!" sagte Joseph Jocelyn De Vere Vane-Anstruther, der sich zu seinem Ekel im vorläufigen Handgemenge um die Plätze von der beispiellosen Begeisterung dieser Amazonen verblüffen ließ .

Eines war offensichtlich. Der alte Dobbin Gray und sein Reiter befanden sich etwas zu nahe in der Bildmitte . Wir schämen uns, es zu erzählen, aber auf die unterwürfigen Eingebungen der Erinnerung hin zogen wir die Hecke dieser breiten und schweren Weide hinunter, ja, sogar bis zu ihrer äußersten linken Ecke, wo bekanntermaßen ein Tor lauerte. Aber leider! Nemesis lauerte auch in dieser Ecke der Landschaft. Denn wir waren dazu verurteilt, zu entdecken, dass der ewige Schutz des Liebhabers des Mittelwegs, ja sogar sein unbestreitbares Symbol, das schöne Handtor , aus böser Absicht entfernt worden war und an seiner Stelle ein steifer und aufrechter Pfosten und ein neues Geländer errichtet worden waren neu bepflanzt und gestrichen!

Es war ein großer Schock für das alte Pferd. Es war auch eine Krise im Leben seines Reiters. Die Schienen sahen furchtbar hoch und massiv aus; Wir hatten bereits so viel Zeit verloren, dass jede Sekunde unbezahlbar war, wenn wir wieder Hunde sehen würden. Es war schwer für das alte Pferd, aber es schien wirklich, als gäbe es nur eines zu tun. Doch bevor die Entschlossenheit in die Tat umgesetzt werden konnte, drängten sich uns andere Liebhaber des Mittelweges auf; kein geringeres Paar als Mrs. Catesby bestieg Marian.

„Es war meine Absicht, nicht noch einmal mit Ihnen zu sprechen, Odo Arbuthnot", sagte der erhabene Reiter von Marian, „aber wenn Sie uns einen Vorsprung vor diesem Pfosten und den Schienen verschaffen, werden wir folgen."

„ *Place aux dames* ", sagte ich mit eingefleischter Galanterie. „Außerdem sind Sie genauso kompetent wie wir, die oberste Reling zu durchbrechen."

„Auf der Jagd", sagte der hochgesinnte Verehrer von Diana, „müssen Sie sich wie ein Gentleman benehmen, selbst wenn Sie im Savoy …"

Mit gebührender Ermutigung machte das alte Pferd wirklich sehr gute Fortschritte, traf zwar vorn und hinten auf die obere Reling, beschrieb bei seinem Abstieg eine geometrische Figur, die einer Parabel nicht unähnlich war, landete dann aber auf seinen Beinen und richtete sich in den angrenzenden Fünfzigern ziemlich respektabel auf Hektar Grat und Furche. Mit ein wenig verzeihlicher Herablassung drehte ich mich um, um zu sehen, wie Marian sich ihrer resoluten Herrin gegenüber verhalten würde. Es ist keine Herabwürdigung des Dobbin, zu sagen, dass Mrs. Catesbys Kastanie ein klügeres Tier ist als er es jemals war, außerdem hat sie die Jugend auf ihrer Seite; und sie ist um eine Hand größer. Sie streifte mit den Hinterbeinen die Reling, aber ihre Leistung war gut genug, um weiterzumachen.

Mrs. Catesby kann genauso geradlinig fahren wie jeder andere, aber jetzt ist sie „eine Mutter von sieben Kindern“, die an die *Times* über das Thema Bildungsreform schreibt, und sie hat es sich zur Aufgabe gemacht, in Ausschüssen zu sitzen – in mehr als einer Hinsicht – das spürt sie Sie ist es den Müttern der Nation schuldig, ihnen ein Vorbild zu sein, wenn es darum geht, ihren Wirbeln den gebührenden Respekt zu erweisen. Durch die Verhandlungen über Pfosten und Schienen hatten wir uns, wenn nicht sogar untereinander, mit uns selbst in ausgezeichnetem Zustand befunden, und Seite an Seite machten wir kurzen Prozess mit den fünfzig Acres Bergrücken und Furchen; durch eine Reihe von Handtoren und entlang einer Reihe von Gassen geknallt ; und nutzten das Handwerk, das wir uns im Laufe von mehr Jahreszeiten, als wir uns erinnern wollten, mühsam angeeignet hatten, so großzügig, dass es am Ende nur der Gnade Allahs zu verdanken war, dass wir den Fuchs nicht anführten!

Das Glück des Krieges hatte uns in den ersten Flug geschickt, aber der berühmte Kunde war immer noch so stark, dass wir Gründe zeigen mussten, wenn wir dort bleiben wollten.

Der edle Meister sah sehr besorgt aus. Ja, das könnte er, denn zwischen ihm und seinen Hunden stand die Dame im scharlachroten Mantel. Auf dem prächtigsten braunen Pferd, das ich je gesehen habe, schien sie voll und ganz darauf vorbereitet zu sein, das Rudel zu jagen. Und es schmerzt mich, erzählen zu müssen, dass Mrs. Arbuthnot auf ihrem Dreihundert-Guinea-Jäger ihrer Linie folgte, so nah, wie Pferdefleisch und -blut es nur hergeben konnten.

„Sehen Sie sich Mops an“, sagte eine angewiderte Stimme. „Reinigen Sie ihren Rocker. Hoffentlich gibt es keinen Scheck, das ist alles!“

Jodey flog an uns vorbei und überwand einen Zaun mit Leichtigkeit.

Im Gegenteil, der alte Dobbin Gray begann inständig zu hoffen, dass es einen Scheck geben würde. Doch so wild wie ein Kieselstein kämpfte sich der alte Krieger weiter. Es würde niemals genügen, wenn er von Marian ausgeschlossen würde, und in dieser Meinung stimmte sein Reiter zu. Zum Glück fanden wir eine einfache Stelle im Zaun, doch schon bald tauchte ein noch gewaltigeres Hindernis auf. Es war Langley Brook. Um eine nasse Jacke zu schonen, wären sehr mutige Sprünge erforderlich; und es ist ein offenes

Geheimnis, dass der Dobbin selbst in seiner Blütezeit immer der Ansicht war, dass der einzig mögliche Ort für Wasser ein stabiler Eimer sei.

Wir beschlossen, an der Brücke vorbeizugehen. Ein völlig legitimer Vorsatz für glühende Anhänger des Mittelkurses, und das kann ich gerne beibehalten. Nach dieser staatsmännischen Entscheidung war es Zeit, nach vorne zu blicken. Wir taten dies nicht ohne Bedenken. Vorne war eine Schar ehrgeiziger Erstflieger. Doch wie immer war es die Dame im scharlachroten Mantel, die die Aufmerksamkeit auf sich zog. Völlig rücksichtslos strebte sie nach dem Bach in seiner breitesten Form, die edle Bucht erhob sich wie ein Zentaur und landete sicher. Mrs. Arbuthnot blieb immer an ihr hängen, näher als eine Schwester. Ich schauderte und hatte die Vision eines gebrochenen Rückens für den Dreihundert-Guinea-Jäger und eines Duckens für seinen Reiter. Glücklicherweise sind Sie, wenn Sie Mitglied des Vane-Anstruther-Clans sind, umso cooler, je kritischer der Moment ist. Außerdem wird man mit der unschätzbaren Fähigkeit geboren, still zu sitzen und die Hände gesenkt zu halten. Der Dreihundert-Guinea-Jäger taumelte zum gegenüberliegenden Ufer, drohte in den Bach zurückzufallen, erholte sich mit einer Herkulesanstrengung wieder und kam auf *festem Boden wieder zum Vorschein*.

Mit tiefster Dankbarkeit wandte ich mich der Brücke zu. Zu meiner Überraschung fand ich mich direkt neben Jodey wieder, denn da meine ganze Aufmerksamkeit dem Bach galt und ich nichts übrig hatte für das Feld als Ganzes. Auf dem Jagdgebiet kenne ich keinen jungen Mann, den die Natur so glücklich beschenkt hat. Sein Ausdruck von Weltmüdigkeit ist ein Deckmantel für eine gerechte Wahrnehmung, die ihn scheinbar ohne den Aufwand der geringsten Anstrengung im Allgemeinen dort oder in der Nähe des Ziels landet.

„Diese dummen Mistkerle! – sehen sie nicht, dass sie ihren Fuchs verloren haben?"

Diese Kritik richtete sich nicht nur gegen die Amazonen, die das Wasser bereits bewältigt hatten, sondern auch gegen den edlen Meister und seine Begleiter, die gerade dabei waren, ihrem Beispiel zu folgen.

„Reggie hat ausnahmsweise mal ganz recht", sagte eine Stimme von der anderen Seite, streng und gebieterisch. „Es ist seine Pflicht, wenn er kann, zu verhindern, dass seine Hunde von diesen unaussprechlichen Frauen überwältigt werden. Wenn Irene zu mir gehörte, würde ich sie direkt nach Hause ins Bett schicken."

„Muss geklatscht werden", sagte der Sportler auf der Abseitsseite herzlich. „Jeder würde denken, sie hätte keine Erziehung gehabt!"

Da ich mich gewissermaßen für das Fehlverhalten meines rechtmäßigen Eigentums verantwortlich fühlte, „hielt ich mich zurück und sagte ‚Nuffin ‘." Tatsächlich gab es in Anwesenheit des gesamten Feldes kaum etwas zur Verteidigung eines solchen Verhaltens zu sagen.

Aufgrund von Jodeys Aussage überquerten wir die Brücke in aller Ruhe. Wie immer beeilte sich seine Weisheit, sich zu rechtfertigen. Reynard lag behaglich unter einem Heuhaufen, vermutlich mit dem Pad an der Nase. Er befand sich auf heiliger Erde, wo ihn der Crackanthorpe- Terrier, die Crackanthorpe- Hunde und der Crackanthorpe- Jäger nach einer gewaltigen Begegnung mit Peter widerwillig verließen.

Es wurde Halt gerufen; Es wurden Flaschen und Sandwiches hergestellt; und die ehrenhafte Gesellschaft der weniger Unternehmungslustigen oder weniger Glücklichen begann sich außerhalb des Geländes des Manor Farm- Schrottplatzes in großer Zahl zu versammeln. Die Unterhaltung wurde intensiver; und mindestens ein Fragment, das bis zu meinen Ohren drang, war scharf.

„Schau her, Mops", war der Kontext, „wann glaubst du, dass du mit dem Ziegenbock aufhören wirst? "

Die Reiterin des Dreihundert-Guinea-Jägers war bis zu ihrem grünen Kragen mit Schlamm bespritzt, ihr Haar fiel herunter, ihr Hut war sowieso, ihre Wangen waren flammenrot und die Seiten von Malvolio schluchzten.

„ *Mon enfant* ", wagte ich traurig zu bemerken, „es mag großartig sein, aber es ist nicht die Kunst, den Fuchs zu jagen, auch wenn sie in den fliegenden Ländern praktiziert wird."

Das Licht der Schlacht flammte in den Augen des Sterns meines Schicksals.

„Was für einen Unsinn du redest, Odo! Glaubst du, dass die Zirkusfrau –"

„ Sssh ! Sie wird dich hören."

„Ich hoffe, sie wird es tun!"

„Tatsache ist, Mops", sagte ihr oberster Mahner, „wie ich immer gesagt habe, du bist nur für ein *Provinzrudel geeignet* ."

Nachdem er sich auf diese Weise ausgeliefert hatte, reinigte Mrs. Arbuthnots Bruder diesen „schweren Fall" auf die vollständigste und wirkungsvollste Weise. Er drehte sich um und verbeugte sich vor der Zirkusreiterin aus Wien. Die Tat war sicherlich irrational. Das Verhalten der Dame im scharlachroten Mantel war ebenso der Kritik ausgesetzt. Gewiss, ihre Nationalität musste zu ihrer Verteidigung geltend gemacht werden , aber dann, wie mir der schwer geprüfte Meister mit einem erbärmlichen Nebeneffekt anvertraute, „war sie ziemlich oft draußen gewesen, um die Spielregeln zu lernen."

„Man kann von Kronprinzessinnen nicht erwarten, mein Lieber, dass sie sich um Regeln kümmern", sagte ich. „Sie machen sich ihre eigenen."

„Dann wünschte ich, sie würden ihre eigenen Hunde jagen und mir meine überlassen", sagte der Langmütige tragisch. „Mir wird jedes Mal schwindelig, wenn ich sie unter ihnen sehe . Wenn Fitz einen Sinn für Anstand hätte, würde er sich um sie kümmern."

„Fitz ist der Sklave der Umstände. Brasset, wenn Sie ein weiser Kerl sind und sich nicht scheut, den Rat eines Freundes zu befolgen, werden Sie niemals den nächsten Nachfolger einer alteingesessenen und despotischen Monarchie heiraten."

„Mein Gott – nein!" Die Stimme des edlen Meisters vibrierte vor tiefer Emotion.

Zu Ehren dieses Beschlusses tauschten wir Flaschen.

Kapitel XVII

EIN BLICK AM HIMMEL

Die Gesellschaft zur Aufrechterhaltung des öffentlichen Anstands blickt auf eine lange und bemerkenswerte Erfolgsbilanz zurück, aber noch nie in ihren Annalen wurde sie zu einer entschlosseneren Tätigkeit geführt als in der Woche, die auf diesen unglückseligen Lauf folgte. Die herrschenden Damen oder ehemaligen Großherrinnen – ich weiß nicht genau, wie ihr offizieller Titel lautet – dieser erhabenen Körperschaft trafen sich, berieten und tranken ununterbrochen Tee. Diejenigen, die mit den Methoden der Gesellschaft vertraut waren, machten düstere Prophezeiungen über eine öffentliche Aktion von beispielloser Strenge . Aber außer der Tatsache, dass Mrs. Arbuthnots porzellanblaue Augen ein undurchschaubares Glitzern hatten und dass Mrs. Catesbys Minerva-ähnliche Gesichtsausdruck so erhaben und bedrohlich war, wie es sich für die Tochter Jupiters gehörte, geschah in dieser kritischen Zeit nichts, was wirklich nach Würde strebt der Geschichte.

Dreimal führte der edle Meister innerhalb dieses schicksalhaften Raums seine Hunde vor; Dreimal flüsterte mir meine kleine Freundin Mrs. Josiah P. Perkins zuversichtlich ins Ohr, mit einer pikanten Andeutung ihres Akzents aus ihrem alten Zuhause in Kentucky, der sie in Momenten heftiger Emotionen manchmal sehr charmant überkommt: „Dass, wenn der Tenderfoot aus.“ Die Rotunde machte sich auf den Weg, Reg würde die Fuchshunde mit nach Hause nehmen“[1]; dreimal tat die Dame im scharlachroten Mantel ihr Bestes, um die betreffenden Fuchshunde zu übertölpeln; Dreimal passierte überhaupt nichts, wie der ehrliche Historiker gern bekennt. Es ist wahr, dass der edle Meister den Täter mehr als einmal ansah, „wie kein Herr eine Dame ansehen sollte“. Mehr als einmal verfluchte er sie bei all seinen Göttern, aber nie in ihrer Hörweite. Gerüchten zufolge sagte er zu Fitz auch, dass er die Anordnung für die Zwinger erteilen solle, wenn er sich nicht um seine Frau kümmere. Leider war Miss Laura Glendinning die alleinige Autorität für diese melodramatische Aussage.

Doch am Abend des siebten Tages sagten die Sterne in ihren Kursen ihr Wort in dieser Angelegenheit. Zweifellos war das Verhalten der Astralkörper das Ergebnis eines formell geäußerten Wunsches der Gesellschaft; Zumindest ist bekannt, dass einige seiner Mitglieder im Himmel Gewicht haben. Ob Mrs. Catesby und die Frau des Pfarrers eine Abordnung zu Jupiter anführten, kann ich nicht bestätigen. Wie dem auch sei, am Abend des siebten Tages erließ das Schicksal ein Dekret gegen „die Zirkusreiterin aus Wien“ und ihren gesamten Haushalt.

Lassen Sie dieses Sturzereignis detailliert protokollieren. Ich und mein Mitpartner in life's felicities hatten einen erträglichen, wenn auch etwas anstrengenden Tag mit den Crackanthorpe Hounds verbracht. Wir hatten bei der Vernichtung einiger pelzbedeckter Mitglieder der Gesellschaft mitgeholfen, die uns keinerlei Schaden zugefügt hatten; und nachdem er die durchnässten, schlammigen und im Allgemeinen unbequemen Gewänder der Jagd gegen das Gewand des Friedens eingetauscht hatte, hatte er *ein Tête-à-Tête erlebt* – Joseph Jocelyn De Vere Vane-Anstruther, der seine Freunde im Saal mit dem Glanz seines Gesichts und seines Postens bewirtete - prandiales Können beim Snooker – mit üppigem Anstand bei gebackenem Fleisch und dem guten Rotwein.

Wir befanden uns in der harmonischsten Phase von allem, was dieses wechselvolle Dasein zu bieten hat; Wir ließen es uns in unserer Herberge gemütlich gehen, während unsere Unterschenkel, deren Steifheit eine nicht unangenehme Erinnerung an den anstrengenden Tag war, den wir im Sattel verbracht hatten, vor einem guten Seekohlefeuer luxuriös rösteten; gemeinsam die Friedenspfeife rauchen, obwohl dies nur eine Redewendung ist, da Mrs. Arbuthnot eine milde türkische Zigarette rauchte; Wir vergleichen Notizen über unsere gemeinsamen Abenteuer bei Flut und Feld mit der natürlichen und unvermeidlichen herablassenden Note von De Vere Vane-Anstruther, die durch ein winziges Likörglas Brandy von 1820 angenehm gemildert wird – ein Zaubertrank, der den Prächtigen Jüngling zuvor selbst dazu veranlasst hat ein paar Federn seines Gefieders abschneiden. Wir führten eine umfassende Untersuchung der jeweiligen Vorzüge von Pixie und Daydream durch, und ich war mit einem unwiderstehlichen Charme zu der Überzeugung gelangt, dass beide jeden Penny des Preises wert waren, der für sie gezahlt worden war , obwohl ich noch nicht einmal ein Bein über einen dieser Vierbeiner höchster Abstammung geworfen hatte.

„Es ist ziemlich viel zu bezahlen, aber teuer kann man sie doch nicht nennen, denn sie *erzielen doch* heutzutage solche Preise, nicht wahr? Und Laura ist ganz grün vor Neid.“

„Darüber bin ich froh“, sagte ich mit ungebrochenem Optimismus. „Wenn ihr Grün ungefähr dem richtigen Farbton entspricht , passt es zum Hunt-Halsband. Wie grün ist sie?“

„Lustiges altes Ding!“ Mrs. Arbuthnots Strahl war von kindlicher Güte. „Eigentlich ist sie gar nicht so schlecht. Außerdem sind einfache Leute doch immer die nettesten, nicht wahr, die Armen? Ja, Parkins, was ist los?“

Parkins, der Unvergleichliche, hatte den Salon nach einem diskreten ersten Klopfen betreten, für das die Umstände eigentlich überhaupt kein Erfordernis erforderten. Er hatte sich an seine Geliebte herangeschlichen, und in seiner Miene vermischten sich natürliche Zurückhaltung und der Wunsch, Informationen weiterzugeben.

„Bitte entschuldigen Sie, Ma'am, aber haben Sie das grelle Licht am Himmel gesehen?“

„Was für ein Blick, Parkins?“ Eine träge Stimme erklang aus dem siebten Himmel des Hedonisten. „Meinst du, es ist ein Wie nennt man ihn? Ein *Planet*, den du wohl meinst, Parkins?“

„Es kann kaum ein *Komet sein* , Ma'am“, sagte Parkins mit seiner enzyklopädischsten Miene . „Es ist so hell und so fixiert, und es scheint, als würde es größer werden.“

„Solange es nicht das Ende der Welt ist“, sagte Mrs. Arbuthnot und streichelte mit einem kleinen Seufzer ihr goldenes Zigarettenetui.

„Für mich sieht es aus wie das Schloss, Ma'am. Es liegt in dieser Richtung. Ich erinnere mich, als der Westflügel vor zwölf Jahren niedergebrannt wurde.“

„Glaubst du, das Schloss brennt?“ sagte ich.

Ich war auch im siebten Himmel des Hedonisten. Aber ich sammelte meine Kräfte so entschlossen ich konnte, erhob mich von dem guten Seekohlenfeuer und half Parkins, die Vorhänge beiseite zu ziehen.

„Bei Gott, du hast recht. Irgendwo brennt es, aber ist es nicht ziemlich nah an der Burg?“

„Es könnte der Grange sein“, sagte Parkins.

Ich war der festen Überzeugung, dass es das Grange sein könnte. Irgendwie schien das ein idealer Ort für eine Katastrophe zu sein. Die Ankündigung, dass der Gutshof brennt, brachte Mrs. Arbuthnot ans Fenster. Der unter dem Mars geborene Star meines Schicksals ist nichts anderes als eine Frau der Tat. Trotz ihres derzeitigen eher lymphatischen Zustands befahl sie sofort, mit dem Auto vorbeizukommen. Innerhalb von fünf Minuten trotzten wir einer dunklen und stürmischen Dezembernacht.

Das Leuchtfeuer wurde immer heller, je weiter wir gingen, und es dauerte nicht lange, bis wir davon überzeugt waren, dass der Grange unser Ziel sein würde. Es steht zu befürchten, dass wir gegen das Gesetz verstoßen haben, denn in etwas weniger als einer halben Stunde waren wir beim Haus der Fitzwarens angekommen .

Es war eine herzzerreißende Szene. Das schöne, aber immer eher verlassene alte Haus aus der Zeit von John o' Gaunt schien bereits dem Untergang geweiht. Ein Teil davon lag bereits in Trümmern und von allen Seiten schlugen die Flammen heftig in den Himmel. Die Lokomotiven hatten noch keine Zeit, aus Middleham zu kommen, und die Ausbreitung des Feuers war erschreckend.

Eine Reihe von Bediensteten und Dorfbewohnern hatten sich der Aufgabe gewidmet, die Möbel zurückzuholen. Auf einer Wiese in einiger Entfernung vom Haus war eine unpassende Sammlung von Gegenständen ausgelegt: ein Bild von Rubens neben einem Hosenbügler; ein Stück Sèvres nebeneinander mit einem Küchentopf. In ihrer Mitte stand unter der Obhut einer Krankenschwester der kleine vierköpfige Elf. Ihre Augen funkelten, sie tanzte und klatschte voller Freude über das Schauspiel. Die Krankenschwester war in Tränen aufgelöst.

Mrs. Arbuthnot hatte die Kreatur noch nie zuvor gesehen. Aber ihre Instinkte sind schnell und sicher.

„Komm mit", sagte sie zur Krankenschwester. „Saunders wird dich mit dem Auto zum Dympsfield House bringen. Sie werden in der Kindertagesstätte ein Bett für dich herrichten und dafür sorgen, dass du warmes Essen bekommst."

Kaum hatte sich das kleine Mädchen von der Aussicht auf ein neues Abenteuer mitreißen lassen, kamen schon zwei Männer auf die Stelle zu, an der ich stand. Sie waren schmutzig und zerzaust , und der obere Teil ihres Körpers schien in Falten einer nassen Decke gehüllt zu sein. Sie schwankten unter einer sehr großen und unhandlichen Last, die in einen Stoff gehüllt war, der dem ähnelte, den sie selbst trugen.

Mit großer Sorgfalt wurde dieser Gegenstand auf einem Sheraton-Tisch abgelegt, und dann wurde ich von einer vertrauten Stimme begrüßt.

„Hallo, Arbuthnot! Ich habe nicht erwartet, dich hier zu sehen. Sehr schön, dass du gekommen bist."

Es war die Stimme von Fitz, der mit der fast unheimlichen *Unbekümmertheit* der wundervollen Nacht im Portland Place sprach. Er warf die merkwürdigen Bandagen ab, die seinen Kopf umhüllten, und sagte zu seinem Begleiter, der in ähnlicher Gestalt war: „Ich fürchte, es hat uns besiegt. Je früher wir aus diesem Paket herauskommen, desto besser."

Aus den Falten der nassen Decke ertönte ein zusammenhangloses Knurren.

„Warum, Coverdale!" sagte ich erstaunt.

„Ich denke, wir sollten diesem Holbein sportlich entgegentreten", sagte das Knurren und wurde verständlich. „Das heißt, wenn Sie ganz sicher sind, dass es sich nicht um eine Fälschung handelt."

„ Ich persönlich denke, dass es so ist", sagte Fitz mit seiner unnatürlich ruhigen Stimme. „Aber mein Vater hat immer geglaubt, dass es echt ist."

„Nimm lieber das Wort deines Vaters. Lass uns loslegen."

Es war die Arbeit eines Augenblicks, die Verpackung von dem zurückgeholten Meisterwerk auf dem Sheraton-Tisch abzustreifen.

"Kann ich helfen?" sagte ich.

„Wenn Sie von Nutzen sein wollen", sagte Fitz, „gehen Sie und helfen Sie der Frau bei den Pferden."

Ich überließ Fitz und Coverdale den erneuten Eintritt in etwas, das kaum weniger als ein Ofen aus lebendem Feuer zu sein schien, und machte mich auf den Weg zu den Ställen. Um sich ihnen zu nähern, musste man vorsichtig sein. Die Hitze war intensiv; Funken und brennende Splitter wurden von den Windböen über beträchtliche Entfernungen geschleudert, und das Mauerwerk stürzte ständig ab. Die Nebengebäude hatten es noch nicht geschafft, aber angesichts des Windes in der jetzigen Richtung würde es nur ein paar Augenblicke dauern, bis sie es schafften.

Ich erinnere mich an stürzende, sich aufbäumende und verängstigte Tiere und an eine gebieterische, alles durchdringende Präsenz in ihrer Mitte. Inmitten der Menge an Stallknechten, Dorfbewohnern, Feuerwehrmännern und Polizisten, die jetzt am Tatort erschienen waren, erhob es sich unübersehbar, lenkte ihre Energien und stützte sie mit jener herrschsüchtigen Anziehungskraft, die sie über jede Kreatur besaß, die ich je gesehen hatte. Ich hörte später sagen, dass sie allein die Macht hatte, die zwölf Pferde dazu zu bringen, ihre losen Boxen zu verlassen; dass sie sie einen nach dem anderen herausführte, sie beruhigte und streichelte; und dass sie, solange sie bei ihnen war , verhältnismäßig wenig Angst vor dem brüllenden Ofen zeigten, der ihnen so nahe war, aber kaum wurden sie anderen übergeben, wurden sie unkontrollierbar.

Sicherlich war es einer vollendeten Demonstration ihrer Macht zu verdanken, dass die Pferde aus ihren Ställen geholt wurden, ohne sich selbst oder anderen Schaden zuzufügen. Sie wurden der Obhut der befreundeten Bauern der Nachbarschaft anvertraut , die sich in Scharen versammelt hatten und heldenhaft daran arbeiteten, die Flammen zu bekämpfen. Die Bergungsarbeiten gingen die ganze Nacht über weiter, aber trotz allem, was getan werden konnte, selbst mit der Hilfe zahlreicher Feuerwehrfahrzeuge aus Middleham, konnte nichts das alte Haus retten. Es brannte wie Zunder. Um drei Uhr an diesem Dezembermorgen war es eine schwelende Ruine, von der nur noch ein paar Fragmente der Steinmauer übrig waren.

In der Nacht waren in regelmäßigen Abständen einige der Grange-Bediensteten mit so vielen persönlichen Gegenständen ihres Herrn und ihrer Geliebten, wie sie sammeln konnten, nach Dympsfield House geschickt worden. Unsere Einrichtung ist bescheiden, aber Frau Arbuthnot kam nicht einen Moment in den Sinn, dass sie nicht in der Lage sein würde, denen Zuflucht zu bieten, die sie so dringend brauchten.

Das Feuer hatte seinen Lauf genommen und alle waren mit dem Unvermeidlichen abgefunden, als Mrs. Arbuthnot, ohne sich dazu herabzulassen, das nominelle Oberhaupt unseres Haushalts zu konsultieren, Fitz und seiner Frau unsere Gastfreundschaft anbot. Auf eine Vorstellung der „Zirkusreiterin aus Wien" hatte sie zuvor auf eigenen Wunsch verzichtet; und jetzt, in diesen tragischen Dezemberstunden, hielt sie eine solche Formalität für unnötig. Wahrlich, das Unglück macht seltsame Bettgenossen!

Um ehrlich zu sein, überraschte es mich, als ich erfuhr, dass die Fitzwarens dazu überredet worden waren, die Gastfreundschaft von Dymspfield House anzunehmen . Es stimmt, sie waren obdachlos; Aber als ich den Fall unvoreingenommen betrachtete, schien es mir, dass sie von ihren Nachbarn nicht sehr großzügig behandelt worden waren . Die Schwächen des „Zirkusreiters aus Wien" hatten ein Maß an verdeckter Feindseligkeit geweckt, das selbst den stumpfsinnigsten Menschen nicht entgangen sein konnte. Wäre es bei Fitz und seiner Frau um ein durchschnittliches gewöhnliches Ehepaar gegangen, glaube ich nicht, dass sie Mrs. Arbuthnots impulsiver Großzügigkeit nachgegeben hätten.

Die Fitzwarens waren jedoch alles andere als gewöhnliche Durchschnittsmenschen. Deshalb hatten sie um Viertel vor fünf an diesem Morgen unsere Schwelle überschritten; und als Entschädigung für die Entbehrungen dieser tragischen Nacht wurden sie umgehend mit einer Selbstmahlzeit aus Kaffee und Sandwiches verwöhnt.

Eine weitere Person begleitete unsere Gäste auf eigenen Vorschlag zum Dympsfield House. Er war ein unheilvolles Omen, da er kein geringerer Mensch war als der Chief Constable des Kreises. Seine Anwesenheit am Feuer hatte für Überraschung gesorgt. Und als er gerade dabei war, die unglückliche Szene zu verlassen, kam er privat zu mir und sagte, wenn wir im Auto eine Ecke für ihn ergattern könnten , würde er gerne mit uns kommen, wurde diese Überraschung nicht geringer.

[1] Nach Ansicht von Frau Josiah P. Perkins garantiert diese Passage voll und ganz die völlige Unkenntnis des Autors über einen sehr großen Vorschlag.

Kapitel XVIII

FRAU. Arbuthn fängt nicht an, Notiz davon zu nehmen

Es war kurz vor sechs, als sich die Damen auf der Suche nach ihrer verlorenen Ruhe zurückzogen. Kaum hatten sie uns verlassen, zündeten wir unsere Pfeifen an und stellten unsere Stühle ans Feuer. Geduldig wartete ich darauf, dass mir das Rätsel um die Anwesenheit des Chief Constable vorgelesen wurde.

Fitzwaren und ich sind uns einig, dass es mehrere Dinge gibt, die Sie wissen sollten."

Fitz nickte knapp, aber eher unheimlich zustimmend.

„Ja, sag es ihm " , sagte er.

„Bevor Fitzwaren Ihre Gastfreundschaft annahm", sagte der große Mann, „hat er mich um Rat gefragt."

"Ach wirklich?" sagte ich.

„Und ich denke, es ist nur richtig zu erwähnen" – die Miene des großen Mannes erinnerte mich an meinen alten Lehrer, der einen Vorschlag in Euklid darlegte – „dass er ihn auf meinen Rat hin angenommen hat."

„Ich sollte mich geehrt fühlen ."

„Nun ja, vielleicht solltest du das tun." Der Chief Constable nahm seine Pfeife von den Lippen und klopfte damit auf einen extrem schmutzigen Stiefel. „Aber ob Sie sich geehrt fühlen werden , wenn Sie alles gehört haben, was wir Ihnen zu sagen haben, bin ich mir nicht so sicher."

„Ich auch nicht", sagte Fitz.

„Sehen Sie, Arbuthnot, wir haben ein ziemlich heikles Problem zu bewältigen. Es geht weder um mehr noch um weniger als um die persönliche Sicherheit der Prinzessin."

„Ich hoffe", sagte ich, „Ihre Königliche Hoheit wird hier mindestens so sicher sein wie anderswo."

„Das ist der Kern der ganzen Sache. Fitzwaren und ich sind zu dem Schluss gekommen, dass die Prinzessin vorerst in diesem Haus tatsächlich sicherer sein wird als in jedem anderen."

"Wirklich!"

„Unsere örtliche Polizei hofft in Zusammenarbeit mit Scotland Yard, ihre Sicherheit gewährleisten zu können, sofern sie und ihre Freunde angemessene Vorsicht walten lassen."

„Sie können sich darauf verlassen, Coverdale, dass wir, was meine Frau und mich betrifft, nichts unternehmen werden, was es gefährden könnte .“

„Das ist selbstverständlich. Aber ihre derzeitige Position ist viel kritischer, als Ihnen vielleicht bewusst ist.“

„Ich weiß natürlich, dass Ferdinand der Zwölfte entschlossen ist, sie zurück in Illyrien zu haben.“

„Ja, und darüber hinaus ist die Republikanische Partei ebenso entschlossen, niemals nach Illyrien zurückzukehren. Die Ereignisse der letzten Nacht haben einen weiteren Beweis für ihre Gefühle geliefert.“

"Ich verstehe nicht."

„Es gibt Grund zu der Annahme, dass die Zerstörung des Grange das Werk eines Brandstifters ist. Das heißt, eine Bombe wurde durch eines der Fenster geworfen, wie es kürzlich in Blaenau der Fall war. Es besteht kein Zweifel, dass das Ziel Das Verbrechen bestand darin, die Prinzessin zu töten, ebenso wie die Tötung des Königs, aber in jedem Fall wurde das Geschäft verpfuscht. In diesem Fall wurde wie durch ein Wunder keine Menschenseele verletzt, obwohl das Haus, wie Sie wissen, völlig zerstört wurde Eine Bombe wurde in den Speisesaal geworfen, aber da das Abendessen eine halbe Stunde später als gewöhnlich war, war niemand da.

Ich gestehe, diese grausige Erzählung hat mich tief erschüttert. Und ich muss meinen Geisteszustand verraten haben, denn der Chief Constable schenkte mir ein beruhigendes Lächeln.

„Vertrauen Sie der Polizei von Middleshire “, sagte er, „mit ein wenig Unterstützung vom Yard. Sie werden dieses Spiel nicht zweimal mit uns spielen, darauf können Sie sich verlassen. Wenn der Yard mit seinen Informationen nicht ziemlich spät gekommen wäre.“ Sie hätten es überhaupt nicht gespielt. Unsere Leute waren tatsächlich auf dem Weg zum Gutshof, als der Verbrechen begangen wurde.

Trotz aller professionellen Beruhigung war der verheiratete Mann, der Familienvater und das Mitglied des Landkreises zutiefst beunruhigt.

„Es ist alles schön und gut, Coverdale, aber welche Garantie gibt es, dass sie selbst in diesem Moment keine Bomben in unsere Schlafzimmer werfen?“

„Vier Männer in Zivil patrouillieren in Ihrem Park und werden dies auch weiterhin tun, solange die Prinzessin unter Ihrem Dach bleibt.“

Es wäre undankbar gewesen, diese offizielle Wachsamkeit nicht zu entlasten. Aber dass es in nennenswertem Umfang spürbar war, kann ich nicht bestätigen.

„Selbstverständlich, mein lieber Freund", sagte Fitz, „jetzt, da Sie im Besitz aller Fakten des Falles sind, haben Sie ein vollkommenes Recht, das Angebot Ihrer Gastfreundschaft zurückzuziehen. Coverdale und ich sind uns einig, dass es viel bewirken wird." um die Sicherheit meiner Frau vorerst zu gewährleisten, denn dieses Haus wird ständig überwacht, aber sobald ich andere Vorkehrungen treffen kann, werde ich dies natürlich tun. Und wenn Sie wirklich glauben, dass die Sicherheit Ihres Hauses und Ihrer Familie gewährleistet ist ist, wird uns keine andere Wahl bleiben, als sofort zu gehen."

Wie weit sollten wir unseren Altruismus treiben? Hier lag ein ernstes Problem für den verheirateten Mann, den Familienvater und das Kreismitglied vor. Trotz der Meinung des kühlen und klugen Coverdale konnte ich das Gefühl nicht unterdrücken, dass die Unterbringung des „Sturmvogels" ein großes Risiko bedeutete. Aber gleichzeitig war es mir nicht möglich, sie in die Straßen und Hecken treiben zu lassen .

„Nachdem wir rechtzeitig gewarnt wurden, was uns erwartet", sagte Coverdale, „wird es diesen Adligen in diesem Land nicht ganz so leicht fallen, Bomben zu werfen wie in Illyrien. Und wenn ich auch nur einen Moment lang gedacht hätte, wären Sie nicht berechtigt." Wenn Sie der Prinzessin Ihre Gastfreundschaft entgegenbringen, sollte ich das auf jeden Fall sagen.

Die Ereignisse sind im Allgemeinen zu stark für die bescheidenen Sterblichen, die sich damit begnügen, den Weg der Mittelmäßigkeit zu beschreiten. Wir hatten der Kronprinzessin von Illyrien bereits Zuflucht geboten. Eine kleine schmerzhafte Überlegung schien zu zeigen, dass es ziemlich unmenschlich und ziemlich feige wäre, es jetzt zu widerrufen. Trotzdem war es unmöglich, die Aussicht auf vier Männer in Zivil, die ständig im Park patrouillierten, mit Begeisterung zu betrachten.

„Übrigens", sagte der Chief Constable, „Sie werden diese Angelegenheit mit den Bomben hoffentlich streng vertraulich behandeln. Es wird der Sache überhaupt nicht helfen, sie in den Morgenzeitungen zu finden."

„Das weiß ich zu schätzen. Aber werden die Diener nicht ziemlich neugierig auf diese vier Sportler in Zivil sein?"

„Angeblich sind sie da, um sich um eine Einbrecherbande zu kümmern, die in der Nachbarschaft erwartet wird ."

„Ich fürchte, nicht gerade eine plausible Geschichte!"

„Die Geschichte spielt keine Rolle, solange sie die Wahrheit nicht vermuten. Und wie bei Mrs. Fitzwaren *incognito* wurde so gut aufbewahrt, dass es keinen Grund gibt, warum sie das tun sollten.

So viel zur neuesten Entwicklung dieser erstaunlichen Situation. Von dem Moment an, als sich der Vorhang vor dem ersten Akt der Tragikomödie der

Fitzwarens öffnete , schien es mir, als wäre ich für die unbequeme *Rolle* der schwachen Seele in den Strapazen des Schicksals prädestiniert. Von Anfang an widersprach es den Eingebungen der inneren Stimme, dass ich Anteil an ihrem Schicksal hatte. Und hier wurden sie unter meinem Dach errichtet, eine Bedrohung für meinen Haushalt und die Feinde allen Seelenfriedens.

Es blieb uns nur noch, das Beste daraus zu machen und inständig zu hoffen, dass Fitz es bald schaffen würde, uns von der Anwesenheit des „Sturmvogels" zu befreien. Aber trotz all des dunklen Wissens, das man im Herzen bewahren musste, gab es einen Aspekt der Sache, der ziemlich bezaubernd war. Den Löwen und das Lamm zusammen liegen zu sehen, ein wahrer De Vere Vane-Anstruther, der die Gastgeberin der schönen *Reiterin* aus einem kontinentalen Zirkus spielte, war sicherlich angenehm.

Ich denke, es liegt an mir, zuzugeben, dass Mrs. Arbuthnot im Grunde genommen absolut gesund ist. Ihr Verhalten gegenüber ihren Gästen war auf jeden Fall tadellos. Tatsächlich machte es mich ziemlich stolz auf sie, darüber nachzudenken, dass sie, wenn sie den wahren Status unseres Besuchers wirklich gekannt hätte, nichts mehr für ihr Wohlergehen und das ihres *Gefolges hätte tun können* . Ihre Schwächen wurden geduldet und „ihren kleinen fremden Manieren" wurde auf die gnädigste Weise nachgegeben; Und nach dem Abendessen an diesem Abend war es ein großartiger Moment, als sich unser angesehener Gast freiwillig bereit erklärte, die leichte Altstimme ihrer Gastgeberin am Klavier zu begleiten.

Für mich war dies ein Symbol für die völlige Harmonie, in der der Tag verbracht wurde. Die Bestätigung dafür erfolgte eine Stunde später, als wir den Salon für uns alleine hatten.

„Wirklich, sie ist keineswegs so eine Herausforderung, wie ich befürchtet hatte", gestand Mrs. Arbuthnot.

„Wenn man den Leuten fair und direkt auf halbem Weg begegnet", sagte ich in meinem Favoriten *In der Rolle* des Kaminfeuer-Philosophen gibt es „überraschend wenige, mit denen man nicht etwas gemeinsam finden kann."

„Vielleicht gibt es so etwas wie zu anspruchsvoll."

„Manchmal neigen wir dazu, die Grenze etwas enger zu ziehen, nicht wahr?"

„Einige dieser Böhmen müssen auf ihre Art ziemlich interessant sein", sagte Frau Arbuthnot.

„Zweifellos haben sie eine Art Maßstab, dem sie sich anzupassen versuchen", sagte ich mit ausgezeichnetem Ernst.

„ Natürlich ist sie nicht *gerade* eine Dame. Dennoch ist sie in mancher Hinsicht *ziemlich* nett. Sie sieht die Dinge natürlich nicht so, wie wir es tun. In manchen ihrer Vorstellungen schrecklich unkonventionell."

„Mit unkonventionell meinen Sie wohl kontinental, nehme ich an?"

„Nein, nicht gerade kontinental. Zumindest war ich in Dresden ,fertig', aber ich habe nichts dergleichen gelernt."

„Wären Sie in einem österreichischen Zirkus ,fertig' gewesen, hätten Sie es vielleicht geschafft."

„Das glaube ich kaum. Es scheinen keine Ideen zu sein, die man aufgreifen könnte. Ich denke, man müsste mit ihnen geboren werden. Sie scheinen irgendwie zu deiner Vergangenheit zu gehören – zu deinen Vorfahren."

„Mir ist nicht in den Sinn gekommen, dass Zirkusreiter Probleme mit ihren Vorfahren hatten."

„Vielleicht kaum in dem Sinne, wie wir meinen. Aber ihre Art, die Dinge zu betrachten, hat etwas recht Schönes."

„Eine gute Art Bohemien, würden Sie sagen?"

„Überraschenderweise in mancher Hinsicht. Sie scheint sich kein bisschen um Geld zu scheren, und sie ist Fitz vollkommen ergeben. Auch Juwelen scheinen ihr überhaupt nichts auszumachen. Sie hat ein paar absolut wunderschöne Dinge, und wenn Es gibt alles, was ich haben möchte, sie hofft, dass ich es annehme. Natürlich werde ich nichts dergleichen tun, aber ich würde sie einfach gerne alle haben.

„Sie scheint offenbar ihre Bewunderer in Wien gehabt zu haben."

„Das kann man nicht erkennen. Sie hat drei Diademe, und die müssen unbezahlbar sein."

„Unsinn, *mein Kind*. Selbst der Glanz des tausendfach reflektierten Sägemehls kann Paste nicht in die Realität umwandeln."

„Aber das Seltsame daran ist, dass sie echt *sind* . Ich bin davon überzeugt; und Adèle, meine Zofe, die zwei Jahre mit der lieben Evelyn zusammen war, ist sich absolut sicher."

„Ist es vorstellbar, dass der Besitzer von drei Diamant-Diademen sich dafür entscheidet, in rosa Strumpfhosen durch einen Reifen zu springen, um seinen Lebensunterhalt zu verdienen?"

„Ja, ich weiß, es ist absurd. Aber nichts wird mich davon überzeugen, dass ihre Diamanten nicht echt sind."

„Und sie hat dir die Auswahl angeboten?"

„Die Auswahl von allem außer der kleinsten der drei Tiaras, von der sie dachte, dass ihr Vater es vielleicht nicht möchte, dass sie sich von ihr trennt."

„Man hätte meinen können, dass er seine Zuneigung zumindest dem Größten der drei zugewandt hätte."

„Wirklich, ich kann den Zirkus kaum schlucken."

„Du hast ihr nicht zufällig die Frage gestellt?"

„Aber nein! Eine solche Frage möchte man nicht stellen, wenn man sie nicht recht gut kennt. Ich glaube nicht, dass sie jemals in einem Zirkus war. Oder wenn ja, dann war sie vielleicht eine Art Findelkind ."

Zigeunern aus der Burg ihrer Vorfahren gestohlen . Schließlich spricht nichts dagegen, dass ihr Vater ein Herzog ist."

„Ich glaube nicht, dass es mich überraschen würde, obwohl sie natürlich ziemlich seltsam ist. Aber andererseits ist sie in jeder Hinsicht so anders als wir."

„Haben Sie beobachtet, ob sie mit dem Messer aß und aus den Fingerschalen trank?"

„Ihre Manieren sind genau wie die aller anderen. Ich bitte Mary, am Freitag hier zu speisen, damit sie sich selbst davon überzeugen kann. Es sind ihre Ideen, die unenglisch sind; doch gemessen an ihrem eigenen Maßstab könnte sie in Betracht gezogen werden." Recht nett."

„Frau Arbuthnot, sicherlich ein sehr großzügiges Eingeständnis!"

„Seien wir fair zu allen. Ich bin mir nicht sicher, ob man sie nicht annähernd mögen könnte. Sie hat etwas an sich, das einen direkt zu fesseln scheint. Persönliche Anziehungskraft, nehme ich an."

„Oder irgendein unbequemes böhmisches Attribut? Kann es sein, glauben Sie, dass der Standard, dem sich die ganze Welt der englischen Gentleman anpassen möchte, durch eine etwas breitere Basis nicht schlechter wäre?"

„Sei keine Gans! Eine Person ist entweder eine Dame oder sie ist es nicht, aber sie kann trotzdem furchtbar unterhaltsam und faszinierend sein."

„Ja, das trägt den Stempel der Wahrheit. Es gibt Fälle in der Geschichte. Miss Dolly Daydream zum Beispiel vom Frivolity Theatre."

Frau Arbuthnot tadelte mich für die Leichtfertigkeit, mit der ich eine ernste Angelegenheit behandelte. Als sie meine Entschuldigung erhielt, erzählte sie mir die erstaunliche Tatsache, dass Mrs. Fitz auf die Engländer herabblickte.

„Ist es denkbar?" sagte ich, das Bild der Ungläubigkeit.

„Das tut sie wirklich und wahrhaftig . Sie lacht uns ziemlich aus. Sie sagt, wir seien so dumm – so *bête* , das ist ihr Wort. Und sie sagt, wir seien so eingebildet. Sie scheint zu glauben, dass wir in den Dingen, die wirklich wichtig sind, sehr wenig Bildung haben."

„Ist sie altmodisch genug, um zu glauben, dass es etwas gibt, das wirklich wichtig ist?"

„In gewisser Weise tut sie es."

„Wie vorsintflutlich! Was ist ihrer Meinung nach wirklich wichtig?"

„Sie scheint zu glauben, dass es die Seele ist."

„Meine Güte! Ich hoffe, Sie haben ihr klar gemacht, dass dieser Teil der Anatomie des Engländers in der guten Gesellschaft nie erwähnt wird?"

„Sie weiß das, glaube ich. Sie sagt, warum sich die Römer dafür schämen, könne sie nicht begreifen."

„Sie macht uns das Kompliment, uns mit den Römern zu vergleichen?"

„Sie sagt, wir seien die Römer."

„In einer Reinkarnation, nehme ich an?"

„Ich nehme an, sie meint das so – sie ist so furchtbar seltsam. Und es wäre zu lächerlich, wenn die Römer sich aufspielen würden."

„Hat sie keine Meinung von den Cäsaren ?"

„Die Cæsars bedeuten ihrer Meinung nach nicht viel. Wir werden bald eine weitere Lektion bekommen, sagt sie, und es wird eine sehr gute Sache für die Welt sein."

„Wenn sie damit meint, dass der Materialismus in eine *Sackgasse führt* und dass es eines besseren Glaubensbekenntnisses bedarf, um ein Reptil aus dem Dreck zu erwecken, könnten wir vielleicht Schlimmeres tun, als ihr zuzustimmen."

„Sie hat sicherlich nie etwas über irgendwelche ‚Ismen‘ gesagt." Aber ich verstehe dich sowieso nicht.

„Es scheint mir, *mein Kind* , sie hat viel über die ‚Ismen‘ zu sagen gehabt." Aber wie Sie sagen, sie ist so fremdartig. Gab es sonst noch etwas an ihr, das Ihre Aufmerksamkeit erregte?

„Eine Menge Dinge. Sie ist furchtbar abergläubisch, ein großer Anhänger des Schicksals. Sie denkt, dass alles vorherbestimmt ist und dass die gleichen Dinge immer wieder passieren."

„Kommt Ihnen ihre Seltsamkeit nicht ziemlich veraltet vor?"

„Absurd. Aber es sind nicht so sehr ihre Ideen, sondern die Art und Weise, wie sie diese umsetzt, die sie so sehr von anderen Menschen unterscheidet. Es gab eine Sache, die sie mir erzählte und die mich wirklich zum Lachen brachte. Sie sagte, dass Nevil ihre Zwillingsseele sei. und dass sie vor etwa dreitausend Jahren zusammen in Babylon lebten.“

„Ich denke, das ist nicht unwahrscheinlich.“

„Sei ernst, Odo.“

„Es gibt mehr Dinge auf Erden und im Himmel, Horatia, als in deiner Philosophie geträumt wird. Geh zu Bett wie ein kluges Kind und träume davon, den Fuchs zu jagen, und sorge dafür, dass diese Wiener Reiterin dein Gehirn nicht zu sehr verwirrt.“ "

Frau Arbuthnot gestand nämlich, dass sie überhaupt keine Lust auf Schlaf hatte.

„Ich denke, ich werde noch eine Zigarette rauchen“, sagte sie.

„Langes Aufstehen und übermäßiges Rauchen wird diesen großartigen Nerv von De Vere Vane-Anstruther zerstören.“

„Gans! Aber ich bin mir nicht sicher, ob diese Zirkusfrau es nicht schon zerstört hat. Weißt du, ich hatte noch nie die geringste Angst vor irgendjemandem, aber ich glaube eher, dass ich ein bisschen Angst vor ihr habe. Sie ist wirklich wunderbar seltsam.

Ein leichtes Zittern schien in die Stimme von Mrs. Arbuthnot einzudringen. Ich war fest davon überzeugt, dass eine solche Zurschaustellung von Sensibilität für sie eine große Ehre darstellte. Denn selbst wenn man ihn nur als menschliches Wesen betrachtete, war unser Gast etwas ganz Besonderes, und es hätte ein gewisses Maß an Stumpfsinn bedeutet, diese Tatsache nicht zu erkennen .

Als ich eine Überlegung mit der anderen abwägte, fühlte ich, dass die Stunde reif war, Mrs. Arbuthnot in das Geheimnis einzuweihen. Da die Dinge so gut liefen, war es vielleicht nicht unbedingt notwendig; doch gleichzeitig hatte ich eine Vorahnung, dass man mir nicht verzeihen würde, wenn die Frau meines Herzens zu lange in Unschuld an der romantischen Abstammung unseres Besuchers blieb.

„Deine Zigarette“, sagte ich, „bedeutet für mich eine weitere Pfeife, obwohl du ganz genau weißt, dass sie mich morgens so schlecht gelaunt macht. Aber ich denke, ich sollte dir etwas sagen – wenn du schwören willst Bei all deinen Göttern, dass du keiner lebenden Seele ein Wort sagst, nicht einmal Mary Catesby.

Mrs. Arbuthnot spitzte ordentlich die Ohren.

„Warum natürlich. Du meinst, dass es etwas mit dieser Frau Fitz zu tun hat? Ich weiß es."

"Was weißt du?"

„Ich kann es nicht erklären, aber sobald ich mit ihr sprach, wurde mir klar, dass sie etwas ziemlich Tiefgründiges und Geheimnisvolles war."

„Nun, das ist der Zufall. Die Dinge sind nicht immer so, wie sie scheinen. Ich gebe Ihnen eine Vermutung."

„Sie hat etwas Großherzogliches an sich. Erinnern Sie sich an die Frau, die wir in Baden-Baden getroffen haben? In mancher Hinsicht ist sie ihr ziemlich ähnlich."

„Und erinnerst du dich an deinen alten Freund, den König von Illyrien? – ‚den alten Johnny mit den weißen Haaren', um Joseph Jocelyn De Vere zu zitieren."

„Der liebe alte Mann in der Jubiläumsprozession?"

„Der Sieger von Rodova ; der Vertreter der ältesten regierenden Monarchie Europas."

„Ja, ja. So ein alter Schatz."

„Nun, unsere Freundin Mrs. Fitz ist zufällig sein einziges Kind, die Thronfolgerin von Illyrien. Was sagen Sie dazu?"

Im Moment hatte Mrs. Arbuthnot überhaupt nichts zu sagen, aber sie sah aus, als hätte eine Feder sie umgeworfen.

„Es ist eine kleine Welt, nicht wahr, *mein Kind* ?"

„Das ist wirklich das Merkwürdigste!" Die weibliche Organisation von Frau Arbuthnot war ziemlich angespannt. „Es überrascht mich nicht, und doch ist es wirklich zu seltsam."

„Es ist lächerlich seltsam, dass eintönige Leute wie wir unversehens Lizenzgebühren bewirten."

„Bei weitem nicht so seltsam, dass sie Nevil Fitzwaren hätte heiraten sollen . Wie kam sie dazu, ihn zu heiraten?"

„Sie sind Zwillingsseelen, die vor dreitausend Jahren in Babylon lebten."

„Das ist einfach nur albern."

„Meine Autorität ist Ihre Königliche Hoheit."

„Stellen Sie sich die Kronprinzessin von Illyrien vor, die mit einem Mann wie Fitz durchbrennt!"

„Es gibt Grund zu der Annahme, dass er sie glücklich macht."

„Na ja, eines Tages wird sie Königin von Illyrien sein!"

„Vielleicht ist sie es, vielleicht auch nicht."

„Na ja, ich kann es sowieso nicht glauben! Es gibt keinen Beweis."

„Es gibt keinen Beweis außer ihr selbst. Und ich gestehe, dass sie für mich eine Überzeugung ist."

Einen Moment lang runzelte Mrs. Arbuthnot beim Nachdenken die Stirn. Dann stimmte sie mit einem verwirrten kleinen Seufzer zu.

„Aber wie furchtbar unangenehm wird es für die arme, liebe Mary Catesby sein", sagte sie in einer Art Verzückung!

KAPITEL XIX

IHRE KÖNIGLICHE HOHEIT ERHÄLT EINEN BRIEF

Frau Arbuthnot war zur Verschwiegenheit verpflichtet und erntete viel Lob für ihr Verhalten in einer überfüllten und glorreichen Zeit. Wenn man die Kronprinzessin einer aktiven und mächtigen Monarchie empfängt, kann man davon ausgehen, dass etwas passieren wird.

Dympsfield House passierte einiges in Hülle und Fülle . Aufgrund des Verlaufs der Ereignisse, die ich gleich erzählen werde, verlängerte sich dieser Aufenthalt auf unbestimmte Zeit. Die Ressourcen unseres bescheidenen Establishments wurden bis zum Äußersten beansprucht, aber in dieser wirklich schwierigen Zeit ist es Frau Arbuthnot zu verdanken, dass sie ein Vorbild an Taktgefühl, Diskretion und natürlicher Güte war.

Sie wäre des Namens Frau unwürdig gewesen – ein Titel, der nicht ohne Anspruch auf Ehre ist, wie Soziologen uns mitteilen –, wenn sie nicht buchstäblich darauf gebrannt hätte, ihr Wissen über die wahre Identität der „Zirkusreiterin aus Wien" mitzuteilen. Ein gewisser Ausgleich wurde jedoch daraus gezogen, dass ihre Mitarbeiter in der Sache des öffentlichen Anstands immer höhere Ansichten vertraten. Selbst die Eingebungen einer gesunden menschlichen Neugier würden es Mrs. Catesby nicht erlauben, an unserer Tafel zu essen, um sich selbst ein Bild davon zu machen. Trauernd schüttelte diese Frau von makelloser Tugend den Kopf über uns.

„Es war nicht freundlich zu der lieben Evelyn. Es war natürlich richtig, Mitleid mit den Fitzwarens in ihrem Unglück zu haben. Aber das Haus war alt, und George wusste, dass es durch eine Versicherung gedeckt war. Und zum Glück alle Bilder, die irgendetwas wert waren ." – und einige, die es nicht waren – waren gerettet worden, aber sie unter ihre Fittiche zu nehmen, wie wir es getan hatten, war unentwegt und würde zwangsläufig Anstoß erregen. Außerdem wäre diese Art von Person im Dorfgasthaus ganz in ihrem Element Pferde."

Dennoch ertrug Mrs. Arbuthnot jeden Vorwurf mit stoischer Standhaftigkeit. Es wäre müßig abzuschätzen, was es sie gekostet hat, „die Show nicht zu verraten", um sich dem Ausspruch von Joseph Jocelyn De Vere hinzugeben. Aber sie blieb ihrem Eid treu, den sie in der Nacht der großen Offenbarung geschworen hatte. Sie gab ihr Geheimnis keiner lebenden Seele preis.

Für Jodey selbst war das, was er gerne „den königlichen Besuch" nannte, eine Angelegenheit ungetrübter Freude. Es ist wahr, dass er aus seinem Schlafzimmer vertrieben wurde, dem besten im Haus, das einen unvergleichlichen Blick auf Knollington Gorse bietet, und sich mit bescheideneren Unterkünften begnügen musste; Aber unser Bayard war so vollkommen *auf dem Laufenden* über alles, was geschehen war, bis hin zur Anwesenheit der vier Männer in Zivil im Gebüsch, dass die Situation ganz nach seinem Geschmack war.

Als die Prinzessin selbst nicht anwesend war, gefiel es ihm, die ganze Sache als etwas aufwendige Satire zu betrachten.

„ Hast du nicht ein Stück roten Teppich und eine Markise für die Vordertreppe, Mops? Und warum bringt Odo seine Bestellung nicht beim Abendessen zur Schau? Ich selbst sehe keinen Sinn darin, eine Bestellung zu haben, wenn du sie nicht hast." Du musst dein bestes Bein an die erste Stelle setzen, altes Mädchen, sonst wird ihre Königin denken , dass du es nicht gewohnt bist. Wie dem auch sei, du musst Parkins sagen, dass er verdammt vorsichtig sein soll dekantiert das '63.

In Gegenwart von Mrs. Fitz verhielt sich mein angeheirateter Verwandter jedoch nicht unähnlich dem eines Linienrichters, der an einem Feldtag stramm steht. Sein Benehmen war in allen Einzelheiten erschreckend korrekt; seine Kleidung war so außergewöhnlich hübsch – er verzichtete auf bunte Westen und glänzende Krawatten, da sie kaum „das Ding" waren – sein Haar war so wunderbar gepflegt und er war so überwältigend höflich, dass es ein Wunder war, wie der junge Mann es schaffte, diesen Standard aufrechtzuerhalten er hatte es sich selbst verschrieben.

Es war eine Zeit der Angst, aber sie war nicht ohne Interesse. In kürzester Zeit hatte Mrs. Arbuthnot die *Daseinsberechtigung* der vier Männer im Park erraten, aber das tat ihrem Sinn für Gastfreundschaft keinen Abbruch. Fitz beschenkte uns nur abends mit seiner Gesellschaft. Tagsüber beschäftigte er sich mit den Vorbereitungen für den Wiederaufbau des Gutshofs und, wie ich erfuhr, mit weiteren Vorkehrungen für die Sicherheit seiner Frau. Trotz der begrenzten Zeit, die ihm zur Verfügung stand, war es für uns eine Ehre, ihm dabei zuzusehen, wie er seinen häuslichen Charakter bewahrte.

So widersprüchlich ihre Schicksale auch sein mochten, es war klar, dass Fitz und seine Frau eine echte Hingabe füreinander hegten. Und trotz ihrer Abgeschiedenheit und der Idee, die sie vermittelten, ganz für sich zu leben, ohne Rücksicht auf das Leben bescheidenerer Sterblicher, schien jeder von ihnen eine Qualität zu besitzen, die es wert war, sie zu inspirieren. In gewisser Weise hatte ich das Privileg, ihr Vertrauen während der Zeit, die sie unter unserem Dach verbrachten, zu teilen; und es war charakteristisch für beide, dass sie im Herzen eine eher charmante und kindliche Offenheit hatten. Jeder von ihnen offenbarte unerwartete Qualitäten.

Ich denke, ich habe das Recht zu sagen, dass ich nie die Feindseligkeit geteilt habe, die sie bei anderen hervorzurufen schienen. Sein ganzes Leben lang war Fitz, soweit ich ihn kannte, dazu verdammt, die Rolle des schwarzen Schafes zu spielen. Zum Teil mag es an seiner Gewohnheit gelegen haben, sich zu weigern, mit dem Strom zu schwimmen; seines erklärten Hasses auf jede Art von Mehrheit. Er war immer ein Gesetz für sich selbst gewesen und hatte seiner Persönlichkeit sehr freien Lauf gelassen. Für mich hatte er sich immer als jemand gezeigt, der zu allem fähig war; vom größten Guten oder vom größten Bösen; und ihn jetzt im häuslichen Kreis zu sehen, in enger Verbundenheit mit dem magnetischen Wesen, in dem sich sein ganzes Leben drehte , bedeutete, ihn mit einem Charme und einer Faszination ausgestattet zu finden , die in der Natur des Nevil Fitzwaren keinen Platz hatten wurde von den Augen der Welt gesehen.

Für mich war die Beziehung, die zwischen diesen beiden unterschiedlichen Seelen zu bestehen schien, etwas Schönes und auch ein wenig Mitleiderregendes. Ihr unbedingter Glaube an die Richtigkeit des anderen und ihr Gefühl der Angemessenheit waren etwas sehr Seltenes. Sie schienen so viele der unedlen Dinge des Lebens, Fragen der materiellen Zweckmäßigkeit, oberflächlicher Vorurteile, eines teilweisen Urteilsvermögens völlig ausgeschlossen zu haben. Und das hätte nicht anders sein können, wenn man darüber nachgedacht hätte, dass ein wahres Königreich dieser Welt der Preis war, der für diese wahre Gemeinschaft gezahlt wurde.

Meine früheren Begegnungen mit Frau Fitz waren etwas anstrengender Natur. Aber am heimischen Herd war sie viel weniger beeindruckend. Die ungestüme Arroganz, die alle so beunruhigt hatte, war nicht mehr so deutlich zu erkennen. Ihr Charme schien sich zu verfeinern, je menschlicher er wurde. Die kindliche Direktheit ihrer Sichtweise trat immer mehr hervor und steigerte ihre Faszination; Tatsächlich wurde ihre Art, die Dinge zu betrachten, zu einer immerwährenden Freude für solch anspruchsvolle Köpfe wie uns.

Ihre völlige Unfähigkeit, uns ernst zu nehmen, war ziemlich pikant. Unser England und alles, was darin war, amüsierte sie ungemein. Sie würde es mit einem verzauberten Land in einem von Perraults Märchen vergleichen. Aber unser Lebenskodex, unsere Manieren und Bräuche, unsere Ideale, unsere mechanischen Erfindungen und vor allem unsere Feierlichkeit gegenüber ihnen verfehlten es nie, ihren Sinn für Humor anzusprechen .

Es war mir eine besondere Freude, mich nach dem Abendessen mit ihr zu unterhalten. Ich sollte nicht sagen, dass die Kunst der Konversation ihre Stärke war, und erst nachdem sie eine Woche in unserer Mitte war, gelang es mir, mit ihr auch nur annähernd etwas zu erreichen. Aber es hat sich gelohnt, die Mühe zu machen, die Barriere zu überwinden, die unbewusst durch ihre Desillusionierung, ihre geduldige, klagende Toleranz errichtet wurde.

Ihre Ideen hatten eine seltsame Bestimmtheit. Als sie alle Fragen berührte, die wirkliche Bedeutung hatten, schien ihr Denken schon vor Generationen für sie erledigt worden zu sein. Alles, was außerhalb des Gefühlslebens lag, war für sie die mühsame Wiederholung einer Verfassungspraxis, ein notwendiger, aber etwas schmerzhafter Teil der Ordnung der Dinge.

Das Überraschendste an ihr war vielleicht ihre Bescheidenheit. Der Prunk des Königtums war für sie die hohleste aller Chimären. Es löste sich lediglich in die Obhut eines zutiefst unwissenden, unentwickelten und äußerst undankbaren Proletariats auf. „ *Hélas!* Arme Seelen, sie wissen nicht, was gut ist", sagte sie mit einem mütterlichen Seufzer. Das göttliche Recht der Könige war ein wesentlicher Bestandteil der kosmischen Ordnung; eine Tatsache, die so bedeutsam und unantastbar ist wie die Anwesenheit der Sonne und der Planeten am Firmament. In den Stand des Königtums berufen zu werden, sei eine äußerst ehrenvolle Bedingung, „aber man musste immer beten." Es war auch ehrenhaft und nicht so lästig, eine unbeachtete Einheit des Proletariats zu sein .

Ich bin nicht sicher, aber ich neige zu der Überzeugung, dass die Tatsache, dass ich einen Sitz im Repräsentantenhaus hatte, es ihr ermöglichte, meine Neugier mit mehr Toleranz zu unterstützen, als sie es vielleicht getan hätte, wenn ich keine offizielle Genehmigung erhalten hätte. Sie betrachtete mich als einen auserwählten Diener von *le bon roi Edouard* ; entweder meine persönliche Gnade oder die meiner Verwandtschaft hatte sich dem Hüter des Staates anvertraut.

„Sind die Mitglieder des illyrischen Parlaments nicht vom Volk gewählt?", sagte ich.

„Ja, mein Vater hat dem Volk im Jahr 1890 das Wahlrecht verliehen, und die Adligen haben ihm nie vergeben. Nun wählt das Volk seine sechzig Stellvertreter aus einer Liste, die er zu seiner Orientierung erstellt; die Herren des Landes wählen weitere sechzig aus ihrer Mitte." und wenn sich die beiden Kammern dann nicht einigen können, gibt der König, wie so oft, einen Rat."

„Der König von Illyrien hat schwere Pflichten!"

„Mein Vater liebt harte Arbeit."

„Beunruhigt Sie, Ma'am, die demokratische Bewegung in Illyrien, wie es derzeit im übrigen Europa zu sein scheint?"

Die Geste Ihrer Königlichen Hoheit war eine Geste des Mitleids.

„ *Hélas* , arme Seelen!"

Es war ein empfindlicher Boden, den man betreten musste. Aber die Faszination einer solchen Untersuchung lockte mich dorthin, wo ich nach den Grundsätzen des guten Geschmacks zweifellos geblieben wäre.

„Würden Sie nicht sagen, Ma'am, Ihre Republikanische Partei sei eine Bedrohung für den Staat?"

„Sie wissen nicht, was gut ist, arme Seelen." Ihre Stimme war sanft. „Sie werden lernen müssen."

„Wird der König das Mittel sein, sie zu lehren?"

„ *Hélas!* Er ist zu alt. Das muss dem Schicksal überlassen werden. Arme Seelen, arme Seelen!"

Während des Aufenthalts Ihrer Königlichen Hoheit im Dympsfield House trafen wir häufig den Chief Constable unseres Landkreises. In gewisser Weise hatte er sich für die Sicherheit von uns allen verantwortlich gemacht. Seine Wachsamkeit war groß und seine Unaufdringlichkeit war Teil des Mannes. Es wurde keine Vorsichtsmaßnahme vernachlässigt, die unserer Sicherheit dienen könnte; und er widmete seine persönliche Aufmerksamkeit Detailfragen , die weniger gründliche Personen möglicherweise für unwichtig gehalten hätten.

Er bestand besonders darauf, dass die Prinzessin ihre Jagd aufgeben und den Umfang ihrer Aktivitäten so weit wie möglich auf das Grundstück des Hauses beschränken sollte. Dem war sie überhaupt nicht zugänglich. Als überzeugte Anhängerin des Schicksals und Anhängerin der Doktrin dessen, was sein muss, waren die Kugeln der Anarchistin für sie kein Schrecken. Zu Coverdales Ärger jagte sie trotz seiner ernsten und wiederholten Warnungen weiter. Und als er sich dazu bewegte, bei Fitz Vorwürfe zu diesem Thema zu machen, erhielt er die Antwort: „Sie befriedigt sich vollkommen."

„Aber, mein Lieber", sagte der Chief Constable, „Sie müssen doch sicher wissen, dass sie sich großen Risiken aussetzt."

„Wenn ihr etwas gut erscheint, dann tut sie es", war Fitz' unnütze Erwiderung.

Der große Mann war ehrlich gesagt verärgert.

„Das ist meiner Meinung nach völlig falsch", sagte er mit einiger Hitze. „Es ist unfair gegenüber denen, die sich für ihre Sicherheit verantwortlich gemacht haben."

„Es ist eine Frage des freien Willens", sagte Fitz, „und darüber weiß sie viel mehr als die meisten Menschen. Und wenn es darum geht, das Richtige zu wählen, verfügt sie über eine besondere Fähigkeit."

Eine so ergebnislose Antwort löste nur den Zorn des Chief Constable aus, der sich unter vier Augen bitterlich bei mir beschwerte.

„Ich wünschte vom Himmel, sie würden das Land verlassen“, sagte er. „Sie sind eine Quelle endloser Sorgen und Kosten. Wir tun alles, was wir können, um ihnen zu helfen, und ich muss sagen, der Yard ist wunderbar, aber sie können nicht dazu gebracht werden, die elementarsten Vorsichtsmaßnahmen zu treffen. Das bereue ich jetzt, Arbuthnot Ich habe Sie dringend gebeten, sie zu beherbergen. Ich hatte gehofft, dass sie vernünftige und vernünftige Menschen wären, aber jetzt stelle ich fest, dass sie es nicht sind.

„Glauben Sie, Coverdale, die Gefahr ist so real wie eh und je?“

„Ehrlich gesagt, das tue ich. Ferdinand der Zwölfte hat es in Illyrien so übertrieben, dass die Republikaner entschlossen sind, der Monarchie ein Ende zu bereiten.“

„Aber hat sie nicht auf ihr Recht auf den Thron verzichtet, als sie Fitz heiratete?“

„Tatsächlich hat sie das vielleicht getan, aber das illyrische Erbrecht sieht einen solchen Akt nicht vor. Ferdinand macht offenbar keinen Hehl daraus, dass er sie zwingen wird, den Erzherzog Joseph zu heiraten, und dass sie die Nachfolge antreten muss Thron."

„Wie ist es ihm möglich, seinen Willen umzusetzen?“

„Er ist ein starker Mann, und wenn er sich auf eine bestimmte Vorgehensweise festlegt, konnten ihm nur wenige widerstehen.“

„Dann glauben Sie, dass ihre Ehe mit Fitz nur eine Episode einer wahrscheinlich brillanten, aber stürmischen Karriere ist?“

„Vorausgesetzt, es wird nicht von einer dieser Kugeln getroffen, ist es unsere Pflicht, vorherzusehen. Ich kann Ihnen nur sagen, dass das Auswärtige Amt jetzt sehr darauf bedacht ist, sie aus dem Land zu bringen, und dass sie sie abschieben würden, wenn sie es wagen würden ."

„Ho, ho!“

Als akademischer Bewunderer unserer Verfassungspraxis ließ ich mir gern einen Pfiff gefallen.

„Und ganz unter uns“, sagte der Chief Constable, „wenn nur die richtige Regierung da wäre, würde sie abgeschoben.“

„Ein gutes Verfahren, das muss ich sagen, für ein Land mit unseren liberalen Ansprüchen!“

„Unter der Rose natürlich." Der Chief Constable gestattete sich ein mürrisches Lächeln. „Ich wage zu behaupten, dass es einen Präzedenzfall schaffen würde, und doch ist man sich da nicht so sicher. Aber eines bin ich mir sicher, und zwar, dass einige von uns in hohen Positionen teuflisch unbeliebt sind. Sie wären nicht abgeneigt, lieber Dinge zu machen." Warm für bestimmte Personen, die namenlos bleiben sollen. Sie sind sich ziemlich einig, dass wir die Finger vom Spiel nehmen sollten. Wie die alte L. gestern zu mir sagte, muss sie das Land verlassen, und je früher sie geht es wird für alle Beteiligten besser sein."

All dies brachte dem verheirateten Mann, dem Familienvater und dem Kreismitglied keinen Trost. Wenn überhaupt, verstärkte es seine Angst.

Es genügt jedoch, festzustellen, dass Frau Arbuthnot dieses Gefühl nicht teilte. Allerdings war ihr nicht alles bekannt, was passierte. Aber für sie war das Element der Gefahr in dem Fall eine wesentliche und recht reizvolle Begleiterscheinung der Romantik.

Die Vane-Anstruther-Überempfindlichkeit gegenüber diesem mysteriösen Ideal der „guten Form" machte es notwendig, dass Frau Arbuthnot eine Kehrtwende vollzog. Dies tat sie mit wirklich erstaunlicher Vollständigkeit und Effizienz. Kaum war die wahre Identität unseres Besuchers geklärt, gab es für die Herrscherin von Dympsfield House bereits ein Ende mit der Zirkusreiterin aus Wien und all ihren Werken. Die tief verwurzelte Vane-Anstruther-Ehrfurcht vor dem Königshaus, die ich, wie ich jemals glauben gemacht habe, einem Onkel verdanke, der eine Anstellung im Haushalt innehatte, kam voll zur Geltung. Die leichteste Laune der Prinzessin – außer vor den Dienern war es immer die Prinzessin – war Gesetz.

Frau Arbuthnot blieb nicht ohne Belohnung. Sie unternahm einen solchen Eingriff in die königliche Familie, dass sie in überraschend kurzer Zeit mit Irene angesprochen wurde, und gegen Ende der ersten Woche des Besuchs wurde mir mitgeteilt, dass die Prinzessin darum gebeten hatte, Sonia genannt zu werden. Ohne Zweifel lebten wir in einer überfüllten und glorreichen Zeit. Und ich glaube nicht, dass sein Glanz durch die Zwänge der Welt in irgendeiner Weise beeinträchtigt wurde.

Es ist nicht übertrieben zu sagen, dass die Damen von Crackanthorpe über den offenen und eklatanten Verrat von Mrs. Arbuthnot empört waren. Sie hatte die Königin des Sägemehls in den Schoß ihrer Familie aufgenommen. Gemeinsam jagten sie den Fuchs; Gemeinsam besiegten sie die Crackanthorpe Hounds. Laut und bitter waren die Wehklagen von Mrs. Catesby. Der ganze Landkreis schüttelte den Kopf.

Frau Arbuthnot trug die Krone des Märtyrertums mit außergewöhnlicher Anmut und Mut. Ihr Verhalten in der Öffentlichkeit war von einer zynischen

Unangemessenheit geprägt, einer eklatanten Dreistigkeit, über die sich die Welt die Augen rieb und sich wunderte.

„Ich glaube wirklich", sagte Mrs. Catesby eines Tages, als wir uns gemeinsam in der Januardämmerung auf den Heimweg machten, „dass ich sie züchtigen sollte, wenn Irene zu mir gehörte . Ist Ihnen nicht bewusst, dass sie es dem Geschöpf erlaubt, sie bei sich zu rufen? " Vorname? Und Laura Glendinning versichert mir, dass sie mit eigenen Ohren hörte, wie sie sie als Matilda anredete, oder wie auch immer sie bei der Taufe genannt wurde.

„Ja, es ist eine verzweifelte Situation", stimmte ich mit einem Seufzer zu, der vielleicht aufrichtiger war, als ihm zugetraut wurde.

„Ich mache Sie voll und ganz verantwortlich", sagte die Große Dame. „Und das gilt auch für alle, die die wahren Fakten des Falles kennen. Dieser beklagenswerte Abend im Savoy − und jetzt finden Sie tatsächlich ihr Zimmer, damit sie Ihre Frau demoralisieren kann ! Was für eine Barmherzigkeit ist es, dass Sie, meine Liebe, gut sind „Ihre hingebungsvolle Mutter, die kultivierteste aller Frauen, ist nicht mehr unter uns! Übrigens, Odo, ich nehme an, Sie haben gehört, dass die Rede davon ist, Sie aufzufordern, von Ihrem Amt zurückzutreten?"

„Das ist mir neu, meine liebe Mary, das versichere ich Ihnen."

dies aus eigener Initiative tun werden, wenn Sie ein christliches Gefühl haben ."

„Es ähnelt der Kirche von England so sehr, wenn sie nicht erkennt , dass ein Mann, wenn er das Alter von vierzig erreicht, zu Buddha übergegangen ist."

„Ich weiß nicht im Geringsten, was Sie meinen, aber ich hoffe, es ist nichts Unrechtes. Aber ich kann Ihnen versichern, dass die Meinung des Pfarrers von anderen geteilt wird. Das Schloss ist schrecklich verwundet. Die arme, liebe Evelyn wird es niemals verzeihen − niemals ! Kein Angeln mehr in Schottland und kein Schießen mehr. Auf jeden Fall wird es reine Zeit- und Geldverschwendung sein, wieder zu stehen.

Es blieb mir nur noch, Mrs. Catesby sehr herzlich zuzustimmen und zu meiner Überraschung zu gestehen, dass meine Wähler die Entdeckung nicht früher gemacht hatten.

„Aber", sagte ich fröhlich, „hier sind wir bei diesem schönen Beispiel spätjakobinischer Kunst, bekannt als Dympsfield House. Ich wünschte, ich könnte dich überreden, Mary, unseren Gast zu ehren , indem du in ihrer Gegenwart eine Tasse Tee trinkst." . Es wäre eine würdevolle Tat, die wir sicher alle zu schätzen wissen würden.

„Ich habe ein Gewissen, Odo Arbuthnot", sagte die Große Dame mit einem strengen Gesichtsausdruck, der die Ankündigung überflüssig machte. „Außerdem habe ich gewisse Maßstäbe an Moral, Manieren und allgemeinem Verhalten, denen ich gerecht werden möchte."

Am Tor sagte ich „ *A Revoir* " zu der empörten Oberin. Nachdem ich mein Pferd entsorgt hatte, machte ich mich auf den Weg ins Haus. Die Damen waren mit dem Auto nach Hause gekommen und saßen bereits am Teetisch. Neben einer Reihe anderer Schwächen, die mit einer starken Einprägung des weiblichen Temperaments einhergehen, gestehe ich eine ausgeprägte Vorliebe für den Kelch, der zwar erheitert, aber nicht berauscht.

Mrs. Arbuthnot schenkte den Tee ein und Ihre Königliche Hoheit stand vor dem Feuer. Sie las gerade einen Brief, und ihrem ausdrucksstarken Gesichtsausdruck nach zu urteilen, bot der Inhalt ihr eine Menge Übung für ihre Gefühle.

„Ich wünschte, Sonia, ich könnte dich zu Sahne und Zucker bekehren", sagte Mrs. Arbuthnot und lehnte es ab, mir den Becher anzuvertrauen, erhob sich aber wichtig und persönlich und reichte ihn dem Besitzer des Kaminvorlegers.

„Oh nein, danke . Zitrone *à la Russe* . Was für ein Volk, das Sahne und Zucker in seinen Tee nimmt!"

Sie untermauerte ihre Vorstellung von der Absurdität, indem sie Mrs. Arbuthnot spielerisch und liebevoll ins Ohr kniff.

„Ich habe eine Neuigkeit für dich, mein Kind. Jetzt darfst du nicht lachen."

„Oh nein, Sonia, ich werde nicht lachen."

Der etwas übertriebene Ton von Mrs. Arbuthnots Gehorsam war dem des vorbildlichen Mädchens der Klasse, das von der Schulleiterin untersucht wurde, nicht unähnlich.

„Nun, Irene, sei ganz brav. Nicht einmal ein Lächeln." Die Prinzessin hob einen Finger gespielter Herrschsucht. „Das ist sehr ernst. Soll ich es dir jetzt sagen, oder soll ich es dir morgen sagen?"

„Oh, bitte, bitte", piepste Mrs. Arbuthnot, „bitte sagen Sie es mir sofort. Sind es diese absurden Republikaner?"

„Oh nein, mein Kind, es ist etwas viel Interessanteres. Mein Vater ist auf dem Weg nach England."

Voller Freude machte Mrs. Arbuthnot einen kleinen Sprung in die Luft.

"Oh!" sie schnappte nach Luft.

„Denk daran, mein Kind! Der Königliche und Erhabene kommt auf diese lustige kleine Insel, wo alles nach Perrault ist. Er kommt mit dem alten Schalk."

"Oh!" keuchte Frau Arbuthnot.

„Du kennst Schalk nicht. Warte, bis du Schalk gesehen hast, und dann wirst du sterben. Er wird dich ganz schön umbringen . Er sieht aus wie dieser, und er geht so."

Ihre Königliche Hoheit machte ein wirklich komisches Gesicht und machte ein paar Schritte über den Teppich, um Schalks Weg zum Abgeordnetenhaus nachzuahmen.

„Kommen sie *wirklich* ?"

„Am Donnerstag kommen sie in Southampton an."

„Sie werden natürlich direkt nach Windsor gehen?"

„Oh nein, mein Kind, es ist kein Staatsbesuch. Es ist ein ziemliches Geheimnis, was du *Inkognito nennst* . Der König kommt, um seine böse Tochter zum Gehorsam zu zwingen. *Helas !* "

Mit tragischer Plötzlichkeit senkte die Prinzessin ihre Stimme und das Lachen erstarb in ihren Augen. Aber Mrs. Arbuthnot war zu sehr in ihre eigenen wilden und extravaganten Gedanken vertieft, um auf die Veränderung zu achten.

„Aber wenn der König nicht nach Windsor geht, wohin kann er dann sonst gehen?" sagte sie. „ Ein Hotel scheint irgendwie nicht das Richtige zu sein, obwohl es in London natürlich einige recht schöne gibt."

„Ich denke, mein Kind", sagte die Prinzessin, „es wäre das Beste, wenn mein Vater zu uns käme. In London gibt es Anarchisten. Außerdem bestehe ich darauf, dass du Schalk siehst. Er wird dich zum Lachen bringen, bis dir die Tränen vergießen."

Es war alles, was Mrs. Arbuthnot noch tun konnte, um sich unter Kontrolle zu halten.

„Oh, Sonia", rief sie, „glaubst du wirklich, dass der König zu uns kommen wird?"

„ *Mais oui* , *Gewissheit* , das ist seine Absicht. Aber es ist ein Geheimnis, ein großes Geheimnis, an das Sie sich unbedingt erinnern dürfen. *Le bon roi Edouard* darf nicht wissen, dass er in diesem Land ist. Sein Name wird Graf Zhygny sein ; und vielleicht Unser guter Odo hier wird ihn beim Schießen auf kleine Hasen und Rebhühner finden, und Sie dürfen nie vergessen, dass er der beste Spieler bei *Britch* in Illyria ist Pass auf, dass du nicht sehr hoch spielst, sonst wird er dich ruinieren. Und Schalk wird es auch tun.

„Ich danke Ihnen, Ma'am, für die Informationen", sagte ich ernst.

KAPITEL XX

EIN WENIG DIPLOMATIE

Dympsfield House käme, kann nur als Schlag für jemanden bezeichnet werden, der sich in der Gewohnheit der Mittelmäßigkeit bewährt hat. Hätte ich in dieser Angelegenheit nur mich selbst zu Rate gezogen, hätte ich mit aller Kraft , zu der meine Natur fähig ist, darauf hingewiesen, dass es für uns völlig unmöglich wäre, sie aufzustellen. Der Mangel an Unterkünften, die unser bescheidenes Etablissement bot; die Dunkelheit unseres sozialen Zustands; unsere radikale Untauglichkeit für die Ehre , die uns auferlegt werden sollte; All diese Behinderungen und viele andere gingen mir durch den Kopf, während ich meine müden Glieder wusch , mir ein „gekochtes" Hemd anzog und meine „weiße Krawatte für Könige" gemäß dem Luxusdekret von Joseph Jocelyn De Vere band. Die Überzeugung, dass etwas getan werden muss, um das Blatt der Ereignisse zu wenden, war in der Tat so stark, dass ich am liebsten neben Fitz gehen wollte. Dieser Würdige war gerade dabei, ihm die Haare zu bürsten.

„Sie haben die Nachrichten wohl gehört?" sagte ich, und während ich sprach, erhaschte ich einen flüchtigen Blick auf meine eigene düstere und hemdsärmelige Erscheinung in einem Spiegel.

„Was gibt es Neues, alter Sohn?" sagte der Mann des Schicksals und schüttelte nachlässig etwas aus einer Flasche auf seine Kopfhaut. „Sie haben nicht auf Sonia geschossen , oder? Die Polizei ist höllisch wachsam. Ich wäre gehängt, wenn wir nicht den ganzen Tag ein paar berittene Detectives bei uns gehabt hätten. Sie sind jedenfalls so geritten."

„Willst du damit sagen, dass du es nicht gehört hast?" sagte ich und hasste den Mann geradezu für seine Coolness. „Hat die Prinzessin dir nicht gesagt, dass ihr Vater auf dem Weg in dieses Land ist und dass er direkt zu uns kommt?"

Fitz legte seine Haarbürsten nieder und drehte sich zu mir um.

"Aussteigen!" er sagte. „Ferdinand kommt hierher!"

„Ja, sie hatte heute Abend einen entsprechenden Brief."

Fitz verriet Erstaunen. Und unter der Maske seiner gewohnten Gleichgültigkeit dachte ich, er hätte noch etwas anderes verraten.

„Dieses giftige alte Schwein kommt hierher!" er murmelte.

„Ja, er kommt mit Baron von Schalk."

„Sie jagen im Allgemeinen zu zweit. Er geht nie ohne seinen Vertrauten irgendwohin. Aber deine Neuigkeiten gefallen mir überhaupt nicht."

„Mir gefallen die Nachrichten genauso wenig wie Ihnen", sagte ich. „Eigentlich können wir sie hier kaum gebrauchen."

Fitz strich sich nachdenklich über das Kinn und schüttelte dann den Kopf.

„Es sieht so aus, als müssten wir uns mit ihnen abfinden, fürchte ich. Wenn sie wirklich unterwegs sind, weiß ich nicht ganz, wie wir ihnen ausweichen können. Ferdinand kommt als Privatperson, nehme ich an?" "

„ Das verstehe ich. Aber was glauben Sie, was sein Beweggrund ist, diese plötzliche Pilgerfahrt zu unternehmen, um seine Tochter zu sehen?"

Fitz beantwortete die Frage nicht sofort.

„Es gibt nur eine Erklärung", sagte er schließlich. „Da sein anderer Plan gescheitert ist, hat er die Kühnheit, die Sache selbst in die Hand zu nehmen ist ein sehr bemerkenswerter Mann. Aber ich wünschte bei Gott, er würde sich von England fernhalten!"

Der Schwiegersohn von Ferdinand dem Zwölften endete mit einem jähen Ausbruch. Offensichtlich war die Aussicht, sich mit seiner erhabenen Verwandtschaft auseinanderzusetzen, nicht auf die leichte Schulter zu nehmen.

„Aber es scheint kaum richtig zu sein", sagte er, „dass er beim Coach and Horses Pot Luck macht. Ich wäre Ihnen außerordentlich dankbar, Arbuthnot, wenn Sie ihn hierher aufnehmen würden, und natürlich ist es völlig verständlich, dass ich." halte den Schuss aus.

„Die Frage des Schusses, mein lieber Freund, spielt in diesem Fall überhaupt keine Rolle. Aber sehen Sie, wir sind nur einfache, gewöhnliche Leute, und wir sind solchen Dingen nicht ganz gewachsen; und andererseits: Unsere Unterbringungsmöglichkeiten sind begrenzt."

„Oh, das wird in Ordnung sein. Wenn du Ferdinand und den alten Schalk hier reinquetschen kannst, können ihre Leute im Dorf bleiben."

Mich beunruhigt nicht oft irgendetwas wie eine Eingebung, aber Verzweiflung ist dafür bekannt, die lethargischsten Gemüter zu beleben.

„Bei Gott", sagte ich, „da ist Brasset. Er ist weitaus besser beritten als wir. Derselbe Mann! Ich bin sicher, wenn ihm die Angelegenheit angesprochen würde, würde er sich hoch geehrt fühlen ."

„Ja", sagte Fitz, „es ist keine schlechte Idee. Ich werde es Sonia gegenüber erwähnen."

„Natürlich, mein Lieber", erklärte ich, „Sie verstehen, dass meine Frau und ich die Ehre , den König von Illyrien zu bewirten, sehr zu schätzen wissen, und wenn wir nur mehr Mittel hätten , wären wir für diese Chance nur zu dankbar. Das hoffe ich." Das wirst du der Prinzessin ganz deutlich machen."

Der Schwiegersohn von Ferdinand dem Zwölften versprach feierlich, dass dies geschehen sollte, und ich ging in gelassenerer Stimmung in den Salon hinab. Ich konnte mein Abendessen in dem glücklichen Glauben einnehmen, dass meine Inspiration ein akutes und bedrückendes Problem gelöst hatte. Ermutigt durch diese Überlegung und getragen von einem Gefühl der überwundenen Gefahr, unternahm ich sogar den Versuch, den Weg für die Annahme einer glücklichen Lösung zu ebnen.

„Übrigens", wagte ich es, Mrs. Arbuthnot am anderen Ende des Tisches zu verkünden, „Mr. Fitzwaren hat vorgeschlagen, dass es für Graf Zhygny und seinen Freund, den Baron , vielleicht bequemer wäre , wenn Lord Brasset sie im Restaurant bewirtete." Hall. Dies scheint ein äußerst erfreulicher Vorschlag zu sein, und ich bin mir ziemlich sicher, dass Lord Brasset ihn als eine große Ehre betrachten wird .

Bevor ich diese sorgfältig formulierte und, wie ich hoffte, überaus diplomatische Rede zu Ende gebracht hatte, wurde ein lautloses, aber wütendes Signal per drahtloser Telegrafie über die gesamte Länge des Tisches gesendet. Ein unheilvolles Stirnrunzeln trübte die Stirn von Mrs. Arbuthnot, als sie sich rücksichtslos dem Bild des amüsierten Zynismus zuwandte, das neben ihr saß.

„Wirklich, Mr. Fitzwaren ", sagte sie, „das ist Unsinn. Sein Maj – ich möchte sagen, Graf Thingamy hat den gnädigen Wunsch geäußert, hierher zu kommen, und natürlich, was ich nicht sagen muss, sollten wir das auch tun." die letzten Menschen auf der Welt, die es nicht respektieren. Wir werden uns nur zu *stolz* und *geehrt fühlen* , und je länger er bei uns bleibt, desto stolzer *und* geehrter *werden* wir uns fühlen.

„Ganz, ganz," sagte ich hastig. „Das sind genau meine Ansichten; das versteht sich natürlich von selbst. Aber gleichzeitig stimmt Herr Fitzwaren mit mir überein, dass die Unterbringung in der Halle weitaus besser ist als alles, was wir zu bieten haben."

„Das habe ich nicht genau gesagt, alter Sohn." Fitz blickte seine Gastgeberin amüsiert an. „Ich denke eher, dass das etwas zu den Dingen gehört, die man anders ausdrücken sollte. Eher anfällig für Fehlkonstruktionen, wie die alte Dame sagte, als mit dem Luftschiff etwas schief ging."

„Irene versteht vollkommen, was ich meine", sagte ich mit der Tapferkeit einer völlig Verzweifelten. „Die Halle ist, wissen Sie nicht, einer der Schauplätze des Landes – Decken von Verrio und so weiter. Dann ist Brasset natürlich ein Peer und sozusagen durch die Vorherbestimmung dazu bestimmt Ehrungen für Graf Zhygny .

Da erhob sich herrisch eine juwelenbesetzte Pfote, begleitet von einem Blick auf die Rosenschale in der Mitte des Tisches. Ich fühlte mich an die Dame in Meredith erinnert, deren Gesicht ausspuckte.

„Du redest reinen Unsinn, Odo. Dein Vater kommt hierher, nicht wahr, liebe Sonia? Es ist alles arrangiert und es wird jede Menge Platz geben. Lucinda wird nach Yorkshire gehen, um ihre Oma zu sehen; und Jodey kann gehen." an die Kutsche und die Pferde; und du, Odo, kannst über den Ställen schlafen, und ich bin sicher, dass es Herrn Fitzwaren nichts ausmachen wird, seinem Majestät das schönste Schlafzimmer zu überlassen – ich würde sagen, das wirst du nicht , werden Sie es jetzt tun, Herr Fitzwaren ?"

„Ich befehle Ihnen, Mrs. Arbuthnot", sagte Mr. Fitzwaren , das Kinn an die Vorderseite seines Hemdes gedrückt, und blickte mit seinem lächelnden, aber sardonischen Auge direkt vor sich hin. „Und wenn ich irgendetwas tun kann, um den Komfort des Grafen zu verbessern, muss ich kaum sagen, dass ich sehr glücklich sein werde."

"Dort!" sagte Frau Arbuthnot triumphierend. „Kein weiteres Wort, bitte, sonst wird Sonia denken, dass wir eine solche Ehre nicht verdienen ."

Ihre Königliche Hoheit beglückte uns alle mit einem wohlwollenden Blick auf ihre wundervollen Zähne.

Als jemand, der in den Fängen des Schicksals steckte, musste ich mich seinem Schicksal mit der bestmöglichen Gnade unterwerfen. So weit war die Teilhaberin meiner Freuden und die Teilhaberin meiner Sorgen davon abgekommen, die Aussicht, dass der König mit Ungnade kommen würde, zu sehen , dass man sagen könnte, sie schwelge darin. Da war ein Feuer in ihren Augen, eine Leichtigkeit in ihrem Schritt; Der bloße Gedanke an den Glanz, der so bald ihren Haushalt erfüllen sollte, hüllte sie in eine Atmosphäre geistiger und moralischer Erhebung, die man nur als lyrisch bezeichnen kann.

Später am Abend erhielt ich einen Vortrag von Caudle über meinen Mangel an Taktgefühl. „Was hat dich dazu gebracht, beim Abendessen so zu reden, Odo? Ich weiß nicht, was die liebe Sonia gefühlt haben muss, da bin ich mir sicher. Wenn man dich hört, würde man wirklich denken, dass wir uns wirklich nicht unterhalten wollten der König."

„Lassen Sie uns, *mon enfant* ", sagte das verzweifelte Ich, „im rein akademischen Sinne diese fast unvorstellbare Hypothese annehmen."

„Wirklich, Odo, es gibt Zeiten, da scheinst du stolz darauf zu sein, *bürgerlich zu sein* ."

„In diesem Fall, mein Kind, rechtfertigt sich die Anklage. Trotzdem sind wir, was wir sind; es ist kaum freundlich, einen Mann für seine Vorgeschichte verantwortlich zu machen."

„Glaube nicht einen Moment, dass ich dir die Schuld gebe, weil dein Großvater im Handel tätig war; obwohl der Handel damals natürlich nicht so respektabel war wie heute. Warum ich dir die Schuld gebe, Odo, liegt daran, dass du nicht immer etwas verdienst." Das Beste von dir. Das war fast das Einzige, was die liebste Mama gegen dich hatte. Um Himmels willen, lass uns nichts mehr davon hören, dass der König in die Halle gegangen ist, um bei Reggie Brasset zu übernachten!"

KAPITEL XXI

DER ERWARTETE GAST

Angesichts dieses Manifests der Mächtigen gab es nur einen Weg. Dieser Kurs war eine Einreichung. Fitz gab zwar vor, Verständnis für meine Verlegenheit zu haben, war aber zu zynisch, um mir viel zu helfen. Die Gastfreundschaft im Saal mag in ihrem Charakter eher majestätisch sein, aber wenn der erhabene Besucher zu uns käme, denken Sie darüber nach, was für eine gemütliche Familienfeier wir sein würden!

Der König sollte an diesem Tag der Woche in Southampton eintreffen, und sein pflichtbewusster Schwiegersohn schlug vor, ihn dort zu treffen. Trotz seines lockeren und lässigen Auftretens hatte er einen angeborenen Instinkt dafür, sich bei großen Anlässen gut zu benehmen. Nachdem Ferdinand der Zwölfte seine Entschlossenheit bekräftigt hatte, unsere Küsten zu besuchen, schien es Fitz, dass es an allen lag , das Beste aus einer schlechten Sache zu machen. Es war eine traurige Langeweile, dass er sich dazu entschlossen hatte, aber gleichzeitig könnte es eine amüsante und möglicherweise lehrreiche Erfahrung sein, den Sieger von Rodova unter uns in Middleshire zu haben .

Für Frau Arbuthnot waren das großartige Tage. Fast das erste, was sie tat, war, sich einen Diener aus Yorkshire auszuleihen. Sie provozierte auch einen Zustand der Anarchie in der Küche, indem sie kürzlich für zwei Wochen ein Cordon Bleu in den Dienst eines Adligen stellte. Unsere vielgeschmähte und gelegentlich betrunkene Hausgöttin war ziemlich gut für einfache Gerichte, aber sicherlich nicht für solche, die einem König präsentiert werden sollten. Auf die Frage seiner Tochter, welche Gerichte dem königlichen Gaumen am besten gefallen würden, erklärte die Prinzessin gern, dass der Sieger von Rodova eine Schwäche für irgendetwas Besonderes hätte, dann für Tomaten.

Es war mir eine Ehre, dabei zu sein, als Joseph Jocelyn De Vere eines Morgens beim Frühstück der Auftrag erteilt wurde, dass er vorerst ein anderes Quartier aufsuchen müsse.

„Es tut mir wirklich so leid", sagte seine Schwester mit vogelgleicher Stimme, „es tut mir wirklich so furchtbar leid. Aber was können wir tun? Zwei ziemlich wichtige Mitglieder des illyrischen Kabinetts kommen aus Blaenau, um die liebe Sonia zu sehen, und natürlich." Es ist nur richtig, dass wir sie aufstellen.

„Das ist es, worauf das ganze Gerede über Count This und Baron That hinausläuft, nicht wahr?" sagte der junge Kerl kühl. „Nun, Mops, du glaubst doch nicht, dass ich mir die Mühe machen werde, für ein paar übertriebene

Ausländer auszumisten , oder? Diese Kiste passt mir sehr gut, und die „Coach and Horses" ist ganz schön zweitklassige Kneipe."

„Sie können hier natürlich Ihre Mahlzeiten einnehmen, aber es wäre kaum richtig, angesehene Ausländer in das Dorfgasthaus zu schicken."

„Ausländer von Rang! Nun, es würde den König selbst erfordern, um mich zu entwurzeln."

Ein solcher Moment war zu viel für Mrs. Arbuthnots dramatisches Gespür.

„Nun, es ist so", sagte sie mit sorgfältig berechneter Unbekümmertheit, „es ist der König selbst."

Jodey stellte seine Kaffeetasse ab.

"Das kannst du deiner Oma erzahlen!" sagte er.

„Wenn Sie mir nicht glauben, fragen Sie besser Sonia. Natürlich ist es ein gewaltiges Geheimnis. Der Besuch ist ein rein privater, und das *Inkognito seiner Majestät* muss streng gewahrt bleiben."

„Das würde ich eher glauben", sagte der skeptische Jugendliche. „Ich gehe davon aus, dass Fitz Sie auf den Arm nimmt."

„Oh nein, das ist er nicht", sagte Mrs. Arbuthnot. „Warum sollte er beten? Der König kommt am Donnerstag in Southampton an und Nevil wird ihn dort treffen. Sein Kanzler, Baron von Schalk, begleitet ihn, und sie kommen direkt zu uns."

„Wenn es den Hahnenkampf nicht schlägt !"

„Es ist wirklich ganz natürlich, dass der liebe alte König seine Tochter sehen möchte", sagte Mrs. Arbuthnot mit nachdenklicher Würde.

Aber es ist nur fair gegenüber Frau Arbuthnot, zu sagen, dass ihre dramatische Ankündigung sich positiv auf ihren Bruder ausgewirkt hat.

„Ich nehme an, es gibt keine Hilfe", sagte er fröhlich. „Ich gehe davon aus, dass ich ausmisten muss. Aber ich glaube, Brasset wird mir ein Kinderbett besorgen, wenn ich erkläre, wie es ist."

„Es darf niemandem ein Wort der Erklärung geben", sagte Mrs. Arbuthnot mit offizieller Miene. „Keine Menschenseele darf wissen, dass es der König ist."

„Brasset wird es gut gehen. Er ist ein furchtbar diplomatischer Bettler, war *Attaché* in Paris und so weiter. Sie können darauf vertrauen, dass er ein Geheimnis für sich behält."

Mrs. Arbuthnot überlegte. Die Ernsthaftigkeit ihrer Miene war enorm.

„Nun, wenn Sie es Reggie Brasset erzählen, müssen Sie mir Ihr Ehrenwort geben , dass Sie mit keinem anderen Lebewesen darüber sprechen werden. Streng *inkognito* , wissen Sie, und wenn es ans Licht kommt, könnte es zu ernsthaften internationalen Komplikationen kommen. Natürlich musste ich Mama schreiben und es ihm sagen, sonst hätte sie mir Thomas nie überlassen. Außerdem konsultiert sie Onkel Harry in ein oder zwei Punkten der Etikette.

„Oh, ist sie das? Offensichtlich wird das ein teuflisch gut gehütetes Geheimnis bleiben!"

„Das glaube ich. Ich habe Mary Catesby noch nicht einmal davon erzählt, aber ich schätze, ich werde es tun müssen, denn sie ist in solchen Dingen erschreckend gut."

„Wenn Sie keinen Ratschlag von einer niedrigen Seite missachten", sagte ich bescheiden, „lassen Sie Mary Catesby in Ihren Berechnungen außen vor."

Mein einziger Schutz war das Aufblitzen eines herrischen, porzellanblauen Auges. Eine andere Belohnung gab es nicht.

„Mir scheint", sagte Jodey, „wir sollten Brasset lieber oft zum Essen bei uns haben. Du wirst jemanden brauchen, der mit dem alten Puffer redet. Ich selbst bin kein großer Konversationsexperte."

„Nein, Joseph", wagte ich zu bemerken, „aber du bist gut und mutig und bescheiden. Wie lautet die Ballade, die Irene so charmant vorträgt? ,Sei brav, süßes Kind, und wer will, soll klug sein.'"

Ich gab es auf, denn aus zwei Himmelsrichtungen war ein doppelt destillierter Vane-Anstruther-Blick auf mich gerichtet. Mein angeheirateter Verwandter trank seinen Kaffee, fischte eine schäbige alte Pfeife heraus und zündete sie in der großartigsten Stille an, zu der ich je beigetragen habe.

Aber die Ereignisse gingen zügig voran. Das Verstreichen eines jeden Tages brachte uns dem überaus wichtigen Ereignis spürbar näher. Mit dem Rat und der Hilfe Ihrer Königlichen Hoheit machte sich Frau Arbuthnot ohne Unsicherheit daran, ihr Haus in Ordnung zu bringen. Dem König gefiel offenbar ein Zimmer mit Südausrichtung und einem Badezimmer, das von seinem Ankleidezimmer abging. Durch eine besondere Fügung der Vorsehung geschahen diese Dinge. Rot war der vorherrschende Farbton der Teppiche und Bettbehänge im Staatsgemach. Mrs. Arbuthnot kam der malerische Gedanke, dass Lila passender wäre. Ihre Königliche Hoheit war der Meinung, dass es eigentlich keine Rolle spielte, aber Joseph Jocelyn De Vere, der als Schlichter hinzugezogen wurde, stimmte Frau Arbuthnot zu. Die Rechnung von Waring's betrug £65 12 *s.* 9 *T.* weniger als fünf Prozent. Rabatt für Bargeld.

Am Morgen des Mittwochs traf ein Papier mit Anweisungen von Onkel Harry *über* Doughty Bridge, Yorks, ein. Es schien, dass dem Wein, der von bester Qualität und reichlich vorhanden sein sollte, die größte Bedeutung beigemessen wurde. Der Deponent beschwor seine Nichte, besonders vorsichtig mit dem Madeira umzugehen, da alle Angehörigen des Königshauses, die er bei Tisch treffen durfte, eine große Vorliebe für dieses Getränk hatten. „Ich schicke einen unserer Koffer in die Obhut von Thomas, der Ihrem Vater unbekannt ist", wurde in Form einer Notiz in mütterlicher Hand eingestreut. Tatsächlich könnte man sagen, dass Onkel Harrys Anweisungen so viel Madeira und so wenig Aufhebens wie möglich beinhalten.

Auch Fitz war nicht untätig. Er hatte den bevorstehenden Besuch seines Schwiegervaters akzeptiert, obwohl ihm dieser Besuch überhaupt nicht gefiel, so sehr es Grund zur Annahme gab, ganz in der Laune des Philosophen. Da es in unserem Teil der Welt so viele Feinde des Königs gab , zog er als Erstes den Polizeipräsidenten ins Vertrauen. Dann ging er in die Stadt, verbrachte zwei Stunden in Whitehall zu Füßen von mehr als einem Gamaliel, besuchte den Generaldirektor der Great Mid-Western Railway und veranlasste die Durchfahrt eines Sonderzuges von Southampton nach Middleham und die Umrundung Er versüßte seinen Tag mit dem Kauf eines neuen Seidenhutes bei Scott's.

Endlich kam der historische Donnerstag, und kurz nach sieben Uhr morgens machte sich Herr Nevil Fitzwaren auf den Weg nach Southampton, gekleidet in einen sehr eleganten Newmarket-Mantel, Lackstiefel und seinen neuen Seidenhut. Selbst als ich seinen Aufbruch in voller Kriegsrüstung miterlebt hatte, konnte ich kaum erkennen , dass wir an der Schwelle zu einem so großen Ereignis standen. Ich hoffe, ich messe den Königen der Erde keine übermäßige Bedeutung bei. Aber selbst eine unbedeutende Einheit eines verfassungsmäßigen Landes mit vielleicht einer leichten persönlichen Voreingenommenheit in Richtung Demokratie konnte die freudige Vorfreude auf das, was der Tag bringen würde, nicht unterdrücken.

Den Fachzeitschriften der Zeit zufolge stand Ferdinand der Zwölfte für einen Despoten fortgeschrittenen Typs. Sein Wort war Gesetz in Illyrien. Ich verbrachte den halben Vormittag damit, eine aktuelle Ausgabe einer Zeitschrift aufzusuchen und zu lesen, in der eine Charakterstudie dieses berühmten Mannes von jemandem erschien, der behauptete, ihn genau zu kennen. Darin galt er als wohlwollender Reaktionär; als einer, der sich im wahrsten Sinne des Wortes für den Vater seines Volkes hielt. Er sprach den Reichen und den Armen gleichermaßen Gerechtigkeit zu; aber ob er Recht hatte oder Unrecht, er ließ keine Berufung gegen seine Urteile zu.

Nach Meinung des Autors des Artikels war der König von Illyrien einer der stärksten Männer seiner Zeit. Obwohl er sein ganzes Leben lang auf dem Krater eines Vulkans gestanden hatte, von dem ständig die Gefahr eines Ausbruchs ausging, hatte er als Reaktion auf das Grollen unten in keiner Weise seine öffentliche oder innere Politik aufgegeben. Er glaubte, ein unfehlbares Wissen darüber zu besitzen, was für sein Volk gut war, und neigte dazu, sein Allheilmittel in großzügigen Dosen zu verteilen. Dennoch unterschied er sich grundlegend von anderen Machthabern ähnlichen Glaubens, wie beispielsweise seinem russischen Neffen und seinen türkischen und persischen Zeitgenossen, insofern er an die wesentliche Tugend seiner Untertanen glaubte.

Trotz der Tatsache, dass die moderne Seuche der Anarchie sein Königreich infiziert und zu drei feigen Anschlägen auf sein Leben geführt hatte, hatte Ferdinand der Zwölfte einen überzeugenden Beweis seiner Charakterstärke geliefert, indem er es ablehnte, seinem Volk die Verantwortung aufzubürden was er als isolierte Akte des Fanatismus betrachtete. Seit jeher hatte jede Einzelperson oder Gruppe freier Bürger des Königreichs Illyrien das Recht auf persönlichen Kontakt zu ihrem Herrscher. Er war bereit, ihnen in den alltäglichen Angelegenheiten Ratschläge zu geben . In vielerlei Hinsicht ähnelte er eher einem aufgeklärten Freund und Nachbarn liberaler Ansichten als einem despotischen Herrscher, dessen Wort Gesetz war. Es hieß, er würde einen Arbeiter bei der Berufswahl für seinen Sohn beraten oder die Höhe der Mitgift einer Tochter festlegen. „Die Meinung des Königs annehmen" war im ganzen Land zu einer sprichwörtlichen Redewendung geworden; und es wurde gesagt, dass im Fall von zwei Bauern, die um den Preis eines Pferdes feilschten, der Ausdruck immer dann wörtlich interpretiert wurde, wenn er verwendet wurde.

Die Folge dieser Zugänglichkeit war eine große Popularität bei allen Schichten des Staates. Indem er der wahrhaft königlichen Tradition gerecht wurde, dass jeder Illyrer die Freundschaft des Königs genoss, hatte er seine Macht bewahrt, und trotz mancher finsterer Knurrungen infolge strenger Steuern und vieler offensichtlicher Autoritätsmissbräuche war der Vulkan inaktiv geblieben während einer langen und nicht unrühmlichen Herrschaft. Sein Feldzug in den sechziger Jahren gegen die Macht Österreichs, der im historischen Tag von Rodova gipfelte , war für weise Männer ein Wunder gewesen und wurde nur durch den fast abergläubischen Glauben aller Klassen einer vergleichsweise kleinen Gemeinde ermöglicht.

In seinem abschließenden Überblick über den Charakter und die Errungenschaften einer der bedeutendsten Persönlichkeiten der Zeit gab sich der Autor des Artikels der Prophezeiung hin, dass mit Ferdinand dem Zwölften ein Symbol wahren Königtums sterben würde. Die Kräfte der Moderne waren in Illyrien wie anderswo in Europa zu stark, als dass sie länger aufgehalten werden könnten. Es war nur ein Wunder, dass die Türen des historischen Schlosses von Blaenau so lange vor ihnen verschlossen waren. Nur eine außergewöhnliche persönliche Kraft und eine unerschütterliche Willensstärke hatten sie davon abgehalten, sie zu zwingen. Denn niemand konnte leugnen, dass das erhabene Beispiel, allen Menschen zu vertrauen und niemanden zu fürchten, mit den schwersten Missbräuchen einhergegangen war; Doch was auch immer ihre Natur war, man konnte zumindest sagen, dass sie ihren Ursprung keiner unedlen Quelle verdankten. Ferdinand der Zwölfte war in jeder Hinsicht ein König und hatte die Mängel seiner Qualitäten. Der Wohlstand in Illyrien war hoch, aber keineswegs weit verbreitet. Wie es innerhalb der Grenzen aller Despotien der Fall ist, waren in Illyrien die Reichen die Reichen und die Armen die Armen. In vielerlei Hinsicht erinnerte die Lage des Volkes an die Frankreichs vor der Revolution; und es wäre für niemanden, der in der Lage wäre, die gegenwärtige Situation zu beobachten, eine Quelle der Überraschung, wenn in der elften Stunde das Schicksal Ludwigs XVI. diesen gegenwärtigen ungewöhnlich fähigen und ungewöhnlich fehlgeleiteten Herrscher ereilen würde.

Im Lichte dessen, was dieser Tag bringen sollte, habe ich dieses Dokument aufmerksam studiert. Auch wenn ich nicht sagen kann, dass es mir Sicherheit gegeben hat, hat es meine Neugier zumindest nicht geschmälert. Es sollte unser Privileg sein, eine Art wahrer Königlichkeit unter unserem Dach zu beherbergen. Wenn es zu einer dieser kulinarischen Katastrophen kam, denen selbst die am besten organisierten Haushalte ausgesetzt sind, und wir gezwungen waren, dem Vater seines Volkes eine verbrannte Suppe oder ein nicht durchgegartes Schnitzel anzubieten , war zu hoffen, dass sein zitterndes Wirtspaar dies nicht getan hätte ihren Kopf einzubüßen.

Was die Königstochter betraf, hatten wir den Eindruck, dass die Ankündigung seines Kommens Unglück gebracht hatte. Ihr wachsames, halb humorvolles, halb böswilliges Interesse an allem um sie herum, was ihren Charme ausmachte, schien der grüblerischen Beschäftigung einer Person gewichen zu sein, die ein tiefes Misstrauen gegenüber kommenden Ereignissen verspürte. Ich dachte, dass dies insbesondere in ihrer Beziehung zu ihrer kleinen Tochter zum Ausdruck kommt.

Bevor sie den Brief des Königs erhielt, hatte Mrs. Fitz keine übermäßige Ergebenheit gegenüber diesem fleischgewordenen Unfug gezeigt, der auf den Namen Marie hörte, der sich ihrer Gouvernante widersetzte, die Bediensteten und die Haustiere schikanierte und sich heftig mit der Zeit stritt und raus mit Miss Lucinda, einer milderen und legitimeren Haushaltsdespotin. Aber als wir an diesem historischen Donnerstag ankamen, schien es, als könnte ihre Mutter es nicht ertragen, diesen Elf aus ihren Augen zu lassen. Es war natürlich natürlich, dass sie sich sehnlichst wünschte, dass Marie sich ihrem Großvater gegenüber nett benehmen würde, aber diese neue Sorge um sie hatte etwas fast Tragisches. Es konnte keinen Zweifel daran geben, dass die Wurzel tief reichte.

Für diejenigen, die ihre Verhaltensweisen und Stimmungen verstanden, war klar, dass etwas schwer auf ihr lastete. Es war sogar in ihrem Gesichtsausdruck zu erkennen; Es gab einen seltsamen Rückgang ihrer Lebhaftigkeit und ein Nachlassen des Interesses an den Dingen um sie herum. Als der Donnerstag kam, schien sie höchst unglücklich zu sein.

Die Crackanthorpe hatte für diesen Tag keinen Termin, und angesichts der späteren Ereignisse wäre es vielleicht gut gewesen, wenn sie es getan hätten. Den ganzen Morgen war sie seltsam still und *verstört* . Die meiste Zeit verbrachte sie zwischen den Ställen und der Gesellschaft ihrer Pferde sowie der Gärtnerei und der Gesellschaft ihrer eigensinnigen und widerspenstigen Tochter. Beim Mittagessen lehnte sie jedes Gericht ab und begnügte sich mit einem Glas Wasser und einem Stück trockenem Toast. Sie sprach kein Wort, bis sie gegen Ende des Essens plötzlich die Hände vor dem Kopf verschränkte und mit tiefer, kehliger Stimme rief, die kaum als ihre eigene zu erkennen war :

„Ich glaube, ich werde verrückt!"

Der Ausruf hatte etwas unbeschreiblich Tragisches. Ich stand auf, zog mich aus dem Zimmer zurück und gab den Dienern ein Zeichen, ihnen zu folgen. Mrs. Arbuthnot blieb mit der unglücklichen Dame allein, und als ich hinausging, bemerkte ich ihr, dass ich in die Bibliothek gehen würde.

Ungefähr zehn Minuten später kam Irene zu mir. Sie sah blass und ängstlich und nicht wenig beunruhigt aus.

„Sie leidet furchtbar, das arme Ding", sagte sie, nicht ohne den Verdacht zu weinen. „Sie hat fast den Verstand verloren und versucht verzweifelt, sich zu beherrschen."

„Können Sie herausfinden, was das Problem ist?"

„Sie hat schreckliche Angst vor etwas. Was es ist, weiß ich nicht. Sie redet ständig auf Illyrisch."

„Kommt ihr Vater?"

„Ja, es hat sie furchtbar aufgeregt."

„Hat sie Angst vor ihm?"

„Ja, erbärmliche Angst. Aber es gibt noch etwas anderes, das sie fürchtet."

„Ich nehme an, sie denkt an ihren Mann und ihr Kind?"

„Ja, arme Seele! Wie ich wünschte, wir könnten ihr helfen!"

„Es ist nicht einfach, den Kindern des Schicksals zu helfen."

„Bis jetzt ist mir noch nie bewusst geworden, was für ein schreckliches Leben diese Menschen führen. Sie leidet furchtbar. Kennen Sie jemanden, der die Sterne versteht?"

"Die Sterne!"

„Ja, sie sagt, sie möchte wissen, was die Sterne tun. Das ist natürlich lächerlicher Aberglaube, und das habe ich ihr gesagt. Aber sie schüttelte auf seltsame Weise den Kopf und sah so tragisch und unglücklich aus, dass sie es fast geschafft hätte ich weine.

„Gibt es in der Bond Street keinen Astrologen? Aber es steht hundert zu eins, dass er ein Scharlatan ist."

„Das sind sie natürlich alle."

„Die Prinzessin scheint das nicht zu glauben. Und da ist noch mein verrückter alter Onkel Theodore, der am Bryanston Square wohnt. Er soll eine absolute Autorität in den Sternen sein."

„Nun, es ist völlig lächerlich, aber ich fürchte, nichts kann mit ihr gemacht werden, bis sie jemanden konsultiert hat. Geben Sie ihr die Adresse Ihres Onkels Theodore und lassen Sie sie den 2.20 in die Stadt nehmen, und sie wird zurück sein, bevor der König kommt."

„Sie kann nicht alleine gehen. In ihrem gegenwärtigen Zustand muss jemand bei ihr sein. Kannst du sie nicht überreden, zu warten, bis sie ihren Vater gesehen hat?"

„Sie leidet so sehr, dass es eine Gnade wäre, die Belastung irgendwie zu lindern."

„Sehr gut, ich werde sie zum alten Theodore bringen. Ich werde ihm ein Telegramm schicken, um ihm mitzuteilen, dass eine Dame kommt, um ihn wegen der Sterne zu befragen; außerdem sollte ich besser Coverdale anrufen, um ihn wissen zu lassen, was los ist. Es Es ist kaum ratsam, ohne Eskorte nach London zu reisen. Aber Fitz wird den Behörden direkt von Southampton aus den ungefähren Zeitpunkt seiner Ankunft mitteilen.

Zum Glück war Coverdale in der Sessions Hall. Aber als ich ihn über den plötzlichen Entschluss der Prinzessin informierte, um 14.20 Uhr in die Stadt zu fahren , schmolzen ihm beinahe die Drähte durch. „Wie zum Teufel konnte sie sich vorstellen, dass die Middleshire Constabulary, da ihr Vater um 6.50 Uhr in Middleham erwartet wurde, dafür sorgen konnte, dass sie an diesem Nachmittag in die Metropole galoppierte?" Ohne den Versuch zu wagen, die offizielle Unwissenheit in irgendeiner Weise aufzuklären oder ihre Temperatur zu mildern, versuchte ich mit unendlichem Fingerspitzengefühl und Geduld zu erklären, wobei ich dabei jeglichen Hinweis auf die Sterne zurückhielt, dass es unter den gegebenen Umständen keine Hilfe dafür gab. Da es sich bei dieser Angelegenheit um eine Entscheidung der Prinzessin handelte, war es die Aufgabe der Middleshire Constabulary, ihren Wünschen mit größtmöglicher Gnade nachzukommen.

„Nun, mein Freund", sagte der Chief Constable, „lassen Sie mich Ihnen sagen, dass Sie ein gewaltiges Risiko eingehen. Aber ich werde mit Scotland Yard kommunizieren und sie bitten, sich um Sie zu kümmern. Dennoch, während der König hier eintrifft Abends sollten die vier Männer , die Sie bei sich haben, besser im Haus Dienst tun.

Ein verheirateter Mann, Familienvater und Kreisangehöriger übernahm etwas eilig den Empfänger.

KAPITEL XXII

EIN BESUCH AM BRYANSTON SQUARE

Unwillig machte ich mich mit unserem Gast auf den Weg, um meinen Onkel Theodore zu konsultieren. Sicherlich handelte es sich dabei um einen Plan, bei dem der gesunde Menschenverstand bei der allgemeinen Akzeptanz dieser schwer fassbaren Eigenschaft keine Rolle spielte. Doch so absurd das Vorgehen auch war, es war ein Akt der Menschlichkeit, auch nur eine extravagante Maßnahme zur Linderung eines solch akuten Leidens zu ergreifen. Es war unmöglich, das unglückliche Geschöpf nicht zu bemitleiden. Ihre Augen waren wild und ihr Aussehen hatte sich in das eines gejagten Tieres verwandelt.

Auf dem Weg in die Stadt hatten wir das Glück, uns eine Kutsche zu sichern. Während der gesamten Reise richtete meine Begleiterin kaum ein Wort an mich, doch sie verriet weiterhin viele Zeichen ihrer seelischen Qual. Der Zug war pünktlich und wenige Minuten nach vier Uhr waren wir am Bryanston Square.

Nur einmal im Monat besuche ich meinen Onkel Theodore. Er ist reich, Junggeselle und gilt in der Familie als unverbesserlicher Spinner. Er gilt als Verfechter verlorener Anliegen, als Dichter, als Radikaler, als Anhänger des Okkultismus, als Verächter von Konventionen und als entschiedener Hasser vieler Dinge, einschließlich aller Dinge, die sich nur auf das Zweckmäßige, Nützliche und Materielle beziehen als gefährlicher Ketzer, der vielleicht mehr geschätzt würde, wenn er einem weniger verantwortungsbewussten Clan angehörte.

Allerdings gestehe ich, dass ich meinen Onkel Theodore nie besuche, ohne mich gezwungen zu fühlen, seiner Persönlichkeit eine Art unfreiwillige Hommage zu erweisen. Er hat einen Weg mit sich; Er hat etwas an sich, das die absolute Negation des Alltäglichen ist. Er ist groß und außerordentlich gebrechlich, hat einen malerischen orangefarbenen Haarschopf und ein Paar große, runde Augen von bemerkenswerter Leuchtkraft, die wie Zwillingsmonde aus flüssigem Licht wirken.

Es war unser Glück, diesen Bravo zu Hause und beim Empfang meines Telegramms anzutreffen. Ich ließ meinen Begleiter in einem anderen Raum zurück, während ich hinausging und den Löwen in seiner Höhle bärtete. Bekleidet mit einer Samtjacke, einer roten Krawatte und einem Paar perlenbesetzter orientalischer Pantoffeln war er gerade dabei, etwas zu schreiben, und schrieb sehr langsam mit einer gefiederten Feder auf ein Blatt unliniertes Narrenpapier.

„Ich schreibe einen Brief an den Zeitungsredner, der uns in Ungnade fällt", sagte er mit einer Art träger Heftigkeit, „und der Zeitungsredner wird ihn nicht drucken, aber ich werde eine Kopie behalten und ihn in einer veröffentlichen Broschüre zum Preis von drei Pence.

„Dann schreib mich für vier Exemplare an", sagte ich. „Du weißt, ich betrachte dich immer als einen der wenigen lebenden Meister des Königsenglisch."

„Das Englisch des Königs! Der König, mein Junge, spricht kein Englisch. Er spricht weniger Englisch als der durchschnittliche Straßenhändler mit Selbstachtung."

„Dann ist die Quelle des Englischen unbefleckt."

„Das ist besser. Du hast völlig Recht. Ich bin fest davon überzeugt, dass meine Prosa meiner Poesie durchaus ebenbürtig ist, und doch behaupten diese Dummköpfe immer wieder, dass wir Dichter keine Prosa schreiben können. Swinburne konnte das nicht, das stimmt, und Mit Tränen in den Augen flehte ich ihn immer an, es nicht mehr zu versuchen, aber er war ein hartnäckiger kleiner Kerl, der es auch nicht konnte. Aber Goethe konnte jetzt genauso gut Prosa schreiben wie ich, und Wordsworth auch Er hatte es gemocht, und Shelley konnte es auch. Wenn es jemanden gibt, der es wagt zu behaupten, er könne keine Prosa schreiben, würde ich gerne das Vergnügen haben, ihm zu widersprechen.

„Ich denke", sagte ich, „Sie werden nach Ihrem Tod zu den Prosaschreibern gehören. Wenn ich Sie überlebe, hoffe ich, eine Sammelausgabe der Briefe vorzubereiten, die von den Zeitungen abgelehnt wurden."

„Das ist ein Schnäppchen, mein Junge. Ich werde sie für dich auswählen. Es wird ein schönes kleines Vermächtnis sein, das du der Nachwelt hinterlassen kannst. In hundert Jahren werden sie von mir als dem britischen Lucian sprechen, der die stinkenden Fensterflügel eines faulen Zeitalters öffnete und Lass Gottes ehrliches Sonnenlicht herein. In was für einer Zeit leben wir und was für eine giftige Truppe lebt darin!

Die völlig unerwartete Erwähnung des gesegneten Wortes Illyrien erschreckte mich erheblich. Dieses finstere Königreich lag offensichtlich in der Luft.

„Du hast recht, Theodore", sagte ich. „,Die stinkenden Fensterflügel eines faulen Zeitalters' – das ist ein Satz, an den ich mich erinnern werde, wenn ich das nächste Mal auf den grünen Bänken der Mutter der Parlamente am Punkt des Erstickens stehe."

„Was für eine Mannschaft, die Fußball spielt, Boote zieht und in einer Turnhalle aufgewachsen ist, müssen sie sein, um eine solche Atmosphäre Tag für Tag, Nacht für Nacht auszuhalten! Ich hätte nicht gedacht, dass ein wirklich *höflicher* Mann drei Tage lang dort hätte existieren können." . Ich frage mich, was Edmund Burke von dem Ort denkt, wenn er ihn jetzt betritt.

Aufgrund meiner groben Kenntnisse des Themas, mit dem ich mich befassen musste, war es unerlässlich, dass ich mich entschlossen anstrengte, seinen Kopf zu ergreifen, bevor er sich ganz meiner annahm.

„Theodore", sagte ich, „ich bin nicht hier, um der Freude Ihrer Unterhaltung nachzugeben, so sehr ich mich auch danach sehne. Ich habe eine Dame mitgebracht, die Sie über die Sterne befragen möchte."

Er schien ein tiefes, hohles Lachen aus den Tiefen seines Inneren zu lachen, so wie man es von einem Oger erwarten würde.

„Eitler Aberglaube!" Er lachte, als er seine langen, zarten Hände ausstreckte. „O ihr britischen Pharisäern der oberen Mittelschicht, dass ihr euch herablassen solltet! Wer ist dieses schwache Gefäß, das die Sterne konsultieren würde? Nicht, wie ich glaube , eine Tochter des verstorbenen Sir John Stubberfield, Bart."

„Der verstorbene Sir John Stubberfield, Bart." war ein Symbol, das ihm dauerhaft in Erinnerung blieb und mit dem er spielte, wenn er sich dazu bewegte, seiner Fantasie auf Kosten seiner Landsleute freien Lauf zu lassen.

„Keine Tochter von Sir John", versicherte ich ihm. „Eine noch mächtigere Persönlichkeit."

„Unmöglich, mein Junge! Eine wahre Tochter von Sir John steht an der Spitze menschlichen Strebens . Sie ist die Krone sozialer, politischer und philosophischer Glückseligkeit. Vergessen Sie, dass es eine Tochter von Sir John Stubberfield, Bart., war, die geheiratet hat? ein Prosser? Vergessen Sie, dass es eine Tochter von Sir John Stubberfield, Bart., war, der einen männlichen Erben hervorgebracht hatte, einen kleinen Prosser?"

„Friede, Friede, mein guter Theodore. Du hast nur eine knappe halbe Stunde Zeit, um die Sterne in ihren Kursen für eine schöne Unbekannte zu lesen. Und ich flehe darum, dass du sie zärtlich behandeln wirst, denn sie ist eine tapfere Frau und eine Unglückliche." "

"Aha!" Der Oger – der Name, unter dem er in der Familie bekannt war – seufzte ein romantisches Mitgefühl. Es scheint vielleicht nicht mit den Begriffen übereinzustimmen, mit denen ich versucht habe , die Persönlichkeit dieses Berserkers darzustellen, aber er hatte eine fast quichotische Entwicklung des Sinns für Ritterlichkeit. Nichts erfreute diesen Verfechter verlorener Anliegen so sehr, als denen beizustehen , die in Not waren.

„Bringen Sie die schmachtende Vestalin hervor, damit die Künste des Nekromanten sie ernähren können. Aber bleiben Sie, mein Junge. Bevor wir weitermachen, darf ich Ihnen vorschlagen, dass Sie sich an die herkömmliche Praxis halten, den Namen, den sie unter Männern trägt, anzuvertrauen?“

„Sicherlich. Ihr Name ist Mrs. Nevil Fitzwaren .“

"Aha!" Der Oger drehte sich in seinem Schreibstuhl halb um, um mich zu konfrontieren. Er wirkte wie ein Satyr, und die Zwillingsmonde, die seine Augen waren, fingen an, mich mit ihrem unheimlichen Glanz zu fesseln . „Eine etwa dreißigjährige Frau ausländischer Abstammung?“

„Ja – ja.“

„Vor etwa fünf Jahren einen englischen Gutsbesitzer geheiratet?“

„Woher zum Teufel weißt du das?“ sagte ich erstaunt.

Wieder schien ihn der Blick des Satyrs zu verwandeln.

„Was, bitte, nützt es, ein Wahrsager zu sein, ohne dass man sich ein wenig in den schwarzen Künsten versuchen darf?“

„Theodore, mein Freund“, sagte ich mit einem etwas verwirrten Lachen, „ich neige dazu zu glauben, dass du der Teufel sein musst.“

„Vielleicht, mein lieber Junge, vielleicht.“ Der Oger legte die Spitzen seiner Finger auf die Art und Weise zusammen, wie er es gewohnt war. „Möge es Sie interessieren zu wissen, dass der Teufel eine mächtigere Figur im öffentlichen Leben unserer kleinen Zeit ist, als es unsere deutschen Freunde vermuten lassen. Verachten Sie den Teufel niemals und erwähnen Sie ihn in keiner Gesellschaft leichtfertig, denn er schaut immer zu Du."

Die Zwillingsmonde umhüllten mich mit einem Glanz, der in der trüben Januardämmerung so unheimlich wirkte, dass ich, wenn ich nicht von einigermaßen robuster materialistischer Natur gewesen wäre, vielleicht eine Art Entsetzen verspürt hätte.

„Es ist sehr interessant, dass Ihre Freundin Mrs. Fitzwaren – schwarzes Haar, olivfarbener Teint, bemerkenswertes Aussehen, ein Typ, den man nicht einordnen kann – so zu mir gekommen ist. Tatsache ist, mein lieber Junge, dass die Dinge nicht immer so sind, wie sie sind Nach dem jüngsten Verhalten eines oder zweier ziemlich wichtiger Planetenkörper zu urteilen, und nach dem neuen Körper, von dem unsere aufmerksamen französischen Freunde kürzlich Kenntnis genommen haben , scheint der Besuch Ihrer Freundin Mrs. Nevil Fitzwaren bei Ihrem verrückten Onkel Theodore zu sein Die örtliche Besiedlung am Bryanston Square könnte einen Einfluss auf das Schicksal der Nationen haben?“

„Mein lieber Theodore", entgegnete ich aus politischen Gründen, „mein lieber Theodore, das bist du wirklich, mein Wort, das bist du wirklich –!"

Dennoch war es eine einzigartige Gefühlskomplexität, als ich diesen Propheten und Wahrsager in die Gegenwart der Kronprinzessin von Illyrien führte.

Verwandten in den Teppichpantoffeln den großen, kahlen Raum betrat, fiel mir auf, dass die unglückliche Dame distinguierter und verstörter aussah als je zuvor. Hätte ich unsere Familie Berserk nur oberflächlich kennengelernt, hätte ich wohl Bedenken gehabt, wie er seinen Besucher empfangen hatte. In unsympathischer Gesellschaft konnte er ein geradezu böotischer Wilder sein, aber auch hier konnte er, wenn es ihm gefiel, eine Leichtigkeit und einen mitfühlenden Charme an den Tag legen, der diejenigen, die das Glück hatten, ihn hervorzurufen, vollkommen entzückte.

Würde es ihm gefallen, der elegante und anmutige Höfling oder der wilde böotische Wilde zu sein, als er mit seiner flammenden Krawatte, seinem orangefarbenen Haarschopf, den Händen in den Taschen und den Absätzen halb aus seinen Pantoffeln hereinschlurfte?

Sein Besucher erhob sich, um ihn zu empfangen, und es wurde eine feierliche Verbeugung vorgenommen. Und zum ersten Mal, seit ich sie kannte, schien Mrs. Fitz sprachlos zu sein. Kein Wunder, denn diese hagere, hagere Gestalt mit dem faunartigen Lächeln und dem stillen, vollen, leuchtenden Blick schien den Schlüssel zu Reichen unendlicher Geheimnisse und Macht zu bergen.

„Wenn du in mein Zimmer kommst, können wir reden", sagte er ganz sanft.

Als er gerade vorangehen wollte, drehte er sich halb um und starrte mich wie ein Oger über seine Schulter hinweg mit seiner eigentümlich bedeutungsvollen Bosheit an.

„Sag Peacock, er soll dir die *Sporting Times* und eine Zigarre und einen Whisky und Limonade geben, mein lieber Junge", sagte er.

„Danke", sagte ich, „aber ich fürchte, Sie dürfen für Ihr Interview nicht mehr als zwanzig Minuten einplanen. Es ist unbedingt erforderlich, dass Frau Fitzwaren den 5.28 vom Grand Central aus erwischt."

„Der 5.28 vom Grand Central." Er wiederholte die Worte, als ob ihnen eine Bedeutung beigemessen würde, die sie nicht für sich beanspruchen sollten. Dann fügte er nachdenklich hinzu: „Ich bin mir nicht so sicher, wie ich es gerne hätte, dass Sie klug sein werden, es zu fangen. Ich denke, es wäre besser, wenn Frau Fitzwaren morgen eine Reise arrangieren könnte."

„Unmöglich, mein lieber Theodore. Mrs. Fitzwaren wohnt bei uns, und wir müssen auf jeden Fall zum Abendessen zurück sein."

Die Prinzessin nickte zustimmend.

„Na ja, wenn es wirklich sein muss. Und vielleicht überschreite ich mein Vorrecht."

Das einzigartige Geschöpf ging ihm zu seinem Arbeitszimmer voran. Ich musste zwanzig Minuten lang allein über diesen neuesten Ausdruck seiner Persönlichkeit meditieren. Nie zuvor war mir so deutlich bewusst geworden, dass er über Gaben verfügte, die für den Normalsterblichen wie ein versiegeltes Buch waren. Es gab Gelegenheiten, in denen wir „in der Familie" versucht waren zu glauben, dass in seinem Anspruch auf okkultes Wissen eine starke Einwirkung des Scharlatans steckte. Ein Prophet ist nicht ohne Ehre, außer in seinem eigenen Land.

Aber als ich an diesem Januarabend in seinem Haus am Bryanston Square saß, wurde mir klarer als jemals zuvor, dass das letzte Wort in Bezug auf die Dinge um uns herum noch nicht gesprochen wurde. Es war, als ob mein launischer Verwandter in seinen Teppichpantoffeln, seinem Samtmantel und seiner roten Krawatte mich auf einmal in einen innigeren Kontakt mit dem Unsichtbaren gebracht hätte.

Irgendwie, und ohne dass ich einen bestimmten Grund herausfinden konnte, begannen meine widerspenstigen Nerven wie eine Uhr zu ticken. Die Temperatur im Raum war nicht hoch, aber mir brach überall der Schweiß aus. Volle fünf Minuten saß ich in der Stille der zunehmenden Dunkelheit, wusste nicht so recht, was ich tun sollte, und kümmerte mich auch nicht besonders darum. Es war, als ob die bedrückende Atmosphäre der Nähe meines Onkels mir die Willenskraft genommen hätte.

Es kam mir nie in den Sinn, die Klingel zu betätigen, und doch brauchte ich nur den Knopf an meinem Ellenbogen zu drücken. Dennoch war es eine echte Erleichterung, als ein Diener mit einer Lampe hereinkam.

„Hallo, Pfau!" sagte ich und löste einen kleinen Schauer aus meinen Träumereien.

Irgendwie schien es, als ob dieser vertrauenswürdige, ältere, verantwortungsbewusste Diener im Lampenlicht besonders blass und dürftig aussah.

„Geht es dir sehr gut, Pfau?"

„Vielen Dank, Sir, nicht sehr." Der alte Diener seufzte schwer.

"Warum, was ist los?"

Der alte Kerl zog die Vorhänge zu und drehte sich dann mit einer Art nervösem Trotz zu mir um.

„Tatsache ist, Herr Odo", sagte er, „dieser Ort wird mir zu viel. Ich fürchte, ich werde nicht mehr lange durchhalten können. Tatsache ist, Herr Odo" – der alte Mann senkte seine Stimme Stimme zu einem Flüstern schmerzhafter Feierlichkeit: „Es widerspricht dem Willen Gottes."

„Was widerspricht dem Willen Gottes?"

„Das Geschehen, Sir, von Mr. Theodore. Meine private Meinung ist – und ich sage Ihnen, Mr. Odo, was ich keinem anderen sagen würde" – die Stimme des alten Mannes wurde immer leiser – „das." Mr. Theodore erfährt ein bisschen mehr, als irgendjemand sollte: Tatsächlich, Sir, mehr, als der Allmächtige beabsichtigt hatte, dass irgendjemand sollte."

„Was meinst du, Pfau? Du wirst im Alter doch nicht abergläubisch, oder?"

Ich bemühte mich, in einem lockeren Ton zu sprechen. Aber in meinen eigenen Ohren klang meine Stimme seltsam hoch und dünn.

„Ich meine das so, Sir. Die Grenze sollte irgendwo gezogen werden. Und Mr. Theodore weiß nicht, wo er sie ziehen soll. Die Leute, die er hier hat, Sir – es ist – nun, es ist entsetzlich! Hellseher, Medien, Mahatmas, Inder Fakire, Tischdreher, Geister-Rapper und ich kann nicht sagen, was alles gut und schön ist, aber es widerspricht dem Willen Gottes, in den wir hineinschnüffeln sollten alle Geheimnisse der Existenz.

„Woher weißt du das, Pfau?"

„Das weiß ich, Sir." Der alte Kerl tippte sich feierlich mit der Mitte an die Stirn. „Das, was dahinter steckt."

Zu meiner Überraschung rang der alte Diener die Hände und brach in Tränen aus.

„Es kann nicht so weitergehen, Sir – zumindest was mich betrifft. Entweder muss sich Mr. Theodore bessern, oder ich muss ihn verlassen. Ich bin schon lange mit Mr. Theodore zusammen und Natürlich war ich vor ihm bei seinem Vater, und ich glaube, ich werde alt, aber wissen Sie, was wir auf dem Dachboden haben, Sir?"

„Was hast du auf dem Dachboden, Pfau?"

„Eine ägyptische Mumie, Sir. Sie ist mehrere tausend Jahre alt, und ich bin überzeugt, dass ein Fluch auf ihr liegt. Ich würde diesen Dachboden nicht betreten, Sir, nicht ich, nicht bei all dem Reichtum der Rothschilds."

„Mir war nicht bewusst, dass du abergläubisch bist, Peacock", sagte ich mit einer sehr wirkungslosen Anspielung auf den formellen Ton des verheirateten Mannes, des Familienvaters und des Kreisangehörigen.

„Es ist kein Aberglaube, Sir, aber ich weiß, was ich weiß. Diese Mama muss dieses Haus verlassen, sonst werde ich es verlassen."

„Ist das das Fiat des Wahren Gläubigen?"

„Ich fürchte Gott umso weniger, Sir, weil ich Angst vor einer ägyptischen Mumie habe, wenn Sie das meinen."

„Aber Sie neigen dazu zu glauben, dass es mehr Dinge auf Erden und im Himmel gibt, als für den Durchschnittsmenschen gut ist?"

„Davon bin ich überzeugt, Sir; und wenn Mr. Theodore diese Mumie nicht loswird und seine Vorgehensweise nicht ändert, werde ich gezwungen sein, dies zu kündigen."

Die Worte des alten Mannes mögen, wenn man sie knapp formuliert, lächerlich erscheinen. Aber während er sie aussprach, war sein Kummer so aufrichtig, dass es unmöglich war, ihm ein Mitgefühl zu verweigern .

„Ganz richtig, wenn du das tust, Peacock", stimmte ich zu. „Und Sie können diesem ehrlichen Gewissen, auf das Sie zu Recht stolz sind, sagen, dass Sie der Familie lange und treu gedient haben und dass niemand Ihr Recht auf eine Rente in Frage stellen wird."

„Oh, das wird schon in Ordnung sein, Sir", sagte der alte Diener; „Selbst wenn Mr. Theodore gegen den Willen Gottes handelt, kann niemand leugnen, dass er ein perfekter Gentleman ist."

„Ist das nicht eher eine Bestätigung der alten Theorie, dass der Teufel der erste perfekte Gentleman war?"

„Daran habe ich noch nie gedacht, Sir, aber jetzt, wo Sie es erwähnen, lohnt es sich auf jeden Fall, darüber nachzudenken."

Nachdem er diese tiefe Wahrheit bestätigt hatte, verließ der alte Mann das Zimmer. Aber ich erinnerte mich von der Schwelle an an ihn.

„Übrigens, Peacock, Mr. Theodore hat mir gesagt, ich solle nach der *Sporting Times* , einer Zigarre und einem Whisky-Soda fragen."

"Sehr gut, Herr." Der Alte zog sich zurück.

„Und Gott sei Dank dafür!" Ich murmelte andächtig zu den kahlen Wänden.

KAPITEL XXIII

Bietet eine Veranschaulichung der Theorie, dass die Dinge nicht immer das sind, was sie scheinen

Als der alte Mann mit dieser Nahrung für den materiellen Zustand zurückkam, fragte ich mich, wie es kam, dass ein so intellektueller Rohkopf und blutige Knochen wie dieser allzu eifrige Taucher in das sonnenlose Meer des Okkulten ein Tagebuch dieser Art abonnieren konnte und Teint.

„Glauben Sie, Peacock, dass er, wie Franziskus, der erste Lord Verulam, alles Wissen für seine Provinz an sich nehmen würde?"

„Er fährt Rennen, Sir", sagte Peacock nicht ohne einen Anflug von Stolz. „Und außerdem, Sir, gewinnt er so viel Geld, dass keiner der Buchmacher heutzutage etwas mit ihm zu tun haben wird, wenn sie es verhindern können. Warum, wissen Sie, Sir, er hat mir den Namen gegeben? Gewinner des Derbys drei Jahre in Folge ganze zwei Wochen vor dem Rennen.

„Hast du es mit deinem Gewissen in Einklang gebracht, Peacock, auf das Pferd zu setzen?"

„Nicht das erste Mal, Sir, denn ich war kaum davon überzeugt, dass es gewinnen würde. Das war damals eine neue Modeerscheinung bei ihm. Aber als ich herausfand, dass es gewann, und er mir im nächsten Jahr den Tipp gab, so schien es sozusagen der Vorsehung zuwiderzuhandeln und die Chance wegzuwerfen, also nahm ich einen Sovereign und gewann neun Pfund zehn."

„Und das dritte Mal, Peacock?"

„Beim dritten Mal, Sir, habe ich es auf fünf geschafft und vierzig gewonnen. Und wenn ich seine Machenschaften bis zur nächsten Epsom-Woche ertragen kann, Sir, und er mir das Trinkgeld noch einmal gibt, habe ich vor, alle meine Ersparnisse anzulegen."

Ich brachte es kaum übers Herz, den Alten zu fragen, was sein Gewissen in dieser Angelegenheit zu sagen hatte. Zweifellos war es einer jener Organismen, die nur auf den Ruf der höheren Metaphysik reagierten. Es war zweifellos ein patrizisches Gewissen, das sich nur um das Letzte kümmerte.

Bevor ich jedoch meine Neugier in diesem Punkt befriedigen konnte, rettete das Wiederauftauchen meines Onkels Theodore seinen Diener vor einer Untersuchung. Ein Blick auf meine Uhr überzeugte mich davon, dass wir keinen Moment zu verlieren hatten, wenn wir den 5.28 von der Grand Central Station erreichen würden.

Onkel Theodore verabschiedete sich fast väterlicherseits von seinem Besucher. Er begleitete sie zum Taxi, das auf uns wartete; und mit einer Stimme der Sanftmut, der gewinnenden Ehrerbietung, bat er sie um Gottes Segen. Als sie ihm fast schüchtern die Hand reichte, drückte er sie an seine Lippen.

„Fürchte dich nicht", hörte ich ihn leise sagen, und ich dachte, die unglückliche Dame lächelte matt mit ihren großen, hageren Augen.

Als ich gerade ins Taxi einsteigen wollte, legte Theodore seine Hand auf meine Schulter.

„Pass auf sie auf, mein lieber Junge." Seine Stimme hatte die Inbrunst eines Segens.

Meine Begleiterin schien im Verlauf ihres Interviews mit dem seltsamen Bewohner des Bryanston Square einen Großteil ihrer Ablenkung verloren zu haben. Die Souveränität der Seele schien wieder einmal in ihrer Obhut zu sein. Sie vermittelte nicht mehr den Eindruck einer Person, die sich in einer unerträglichen psychischen Krise befand. Was auch immer das Schicksal für sie bereithielt, es war, als hätte sie die Kraft, es zu ertragen.

Es glich einem Wettlauf gegen die Zeit bis zur Grand Central Station. Ich hatte dem Fahrer unseres Taxis eine beträchtliche Strafe versprochen, wenn er den Zug erwischte. Zweifellos gab er sein Bestes, aber das Schicksal beschloss, dass er es nicht verdienen sollte. Ein aufmerksamer Blick auf meine Uhr zeigte, dass das Problem immer noch in der Schwebe war; Doch gerade als es so aussah, als ob wir der Uhr ein wenig näher kamen, ertönte ein scharfer Knall, gefolgt von einem fast gleichzeitigen Krachen von Glas und dann einer wirren Abfolge von Ereignissen.

Unser Fahrzeug hielt abrupt an; eine kurze Zeit des Nichts schien dazwischenzukommen; Und das nächste, was mir bewusst wurde , war, dass das Licht ausgegangen war und dass ein Mann mit blassem Gesicht und strohfarbenem Schnurrbart durch das Fenster zu uns hereinschaute.

„Ich hoffe, Sie sind nicht verletzt, Sir." Die Stimme klang fern, aber ich konnte ihren besorgten Unterton erkennen. „Geht es der Dame gut?"

Etwas benommen, fast als würde ich träumen, hörte ich die Stimme meines Begleiters, die ruhig und beruhigend sprach. Dann hörte ich wieder die Stimme des Mannes:

„Ich fürchte, Ihre Königliche Hoheit muss in einem anderen Taxi weiterfahren."

Und dann öffnete sich die Tür, ich stieg unsicher aus und befand mich inmitten von viel Verkehr und einem Gedränge von Menschen. Dann wurde mir bewusst, dass einige von ihnen ein gutes Gespür dafür hatten und dass sie die Dinge mit einer Art ruhiger Gewissenhaftigkeit leiteten.

Meine benommenen Sinne begrüßten den Helm eines Polizisten.

„Rufen Sie bitte ein Taxi", sagte ich und sprach ihn mit einer Stimme an, die irgendwie nicht zu mir zu gehören schien. „Muss unbedingt den 5.28 Grand Central nehmen, was auch immer passiert. Ich gebe dir meine Karte."

Während ich sprach, drehte ich mich um, um meinem Begleiter aus dem Fahrzeug zu helfen, und maß dabei fast meine Länge auf dem Bordstein . Starke und mitfühlende Hände schienen sich um mich zu legen, und wieder ertönte die Stimme des Mannes mit dem strohfarbenen Schnurrbart in meinem Ohr, entschlossen, aber freundlich und respektvoll.

„Auf der anderen Straßenseite ist ein Arzt, Sir. Können Sie gehen, Sir? Lehnen Sie sich auf mich."

„5,28 Grand Central", war meine zusammenhanglose, fast unfreiwillige Erwiderung. "Die Prinzessin."

„Ja, ja, Sir", sagte die Stimme meines Freundes in Not, die mich wieder zur Besinnung brachte. „Der Prinzessin wird es bei uns gut gehen."

Fast wie von Zauberhand wurde für uns eine Passage durch den Verkehrsstrudel geschaffen. Wir schienen uns mitten auf einer Straße zu befinden, die uns ziemlich bekannt vorkam, und Polizisten und äußerst tüchtige Personen in dunklen Mänteln schienen in Hülle und Fülle zu sein.

„Die Prinzessin", murmelte ich immer wieder vage.

„Ich bin bei dir", sagte eine leise und ruhige Stimme an meiner Seite.

Sie half meinem unbekannten Freund, mich auf der anderen Straßenseite zu unterstützen. Auf subtile Weise schien ihre Nähe meine Fähigkeiten zu stärken und anzuregen.

„Ich fürchte, wir werden die 5,28 nicht erreichen, Ma'am", sagte ich.

"Was *macht* es aus?" Der Ton ihrer Stimme schien mir Kraft und Leistungsfähigkeit zu verleihen.

Ein paar Meter entfernt, in einer Seitenstraße, befand sich das Haus eines Arztes. Es schien nur eine sehr kurze Zeit zu dauern, bis ich mich in einem gemütlichen , gut beleuchteten Raum befand, in dem fröhlich ein Feuer brannte und ein großer, freundlicher Mensch mit rotem Kopf und schottischem Akzent mit mir sprach und mich am Arm hielt.

„Bitte setzen Sie sich, meine Dame", hörte ich ihn in seinem angenehmen Akzent sagen. „Ich hoffe, dass es Ihnen durch Ihren Unfall nicht schlechter geht?"

„Überhaupt nicht, danke ", antwortete mein Begleiter in einem herzlichen Ton; und dann hörte man den Mann, der sich um mich gekümmert hatte, zu einem Kollegen sagen, der uns ins Haus gefolgt war: „Vielleicht erlaubt Ihnen der Doktor, sein Telefon zu benutzen, Mr. Johnson. Rufen Sie den Superintendenten an und gehen Sie dann nachsehen." was Inspektor Mottrom macht.

merkte ich zum ersten Mal, dass ich ein unerträgliches Stechen im Arm hatte. Ich warf einen Blick darauf und sah, dass der Ärmel meines Mantels mit Blut durchtränkt war.

„Wenn Sie in die Praxis kommen", sagte der Arzt und folgte der Richtung meines Blicks, „werden wir uns das ansehen. Anscheinend ein Glasbruch."

„Ja", sagte mein bedürftiger Freund, der offensichtlich ein Inspektor von Scotland Yard war, und antwortete prompt für mich, „das Taxi war ziemlich kaputt." Dann fügte er leise für mein privates Ohr hinzu: „Erwähnen Sie nicht die Schüsse, Sir. Ich werde die Bahnleute anrufen, um einen Sonderzug zu arrangieren, sobald Sie bereit sind weiterzufahren. Ich denke, das wird der Fall sein." sicherer sein, und zwei unserer Kontrolleure werden den Zug begleiten.

„Vielen Dank", sagte ich dankbar.

die organisierte Effizienz der Metropolitan Police nie vollständig bewusst geworden .

Sobald ich die Praxis betrat, wäre ich, etwas zu meinem Ekel, gefährlich nahe daran, auf den Teppich zu stürzen, denn außer der Verletzung am Arm schien ich keine Verletzung erlitten zu haben. Der weitere Rückgriff auf die Riechflasche überwand diese vorübergehende Schwäche jedoch.

Nachdem er mit leichten und geschickten Fingern über das verletzte Glied gefahren war, besorgte sich der Arzt eine Schüssel mit warmem Wasser, einen Schwamm und eine Schere. Er schnitt den Ärmel des Mantels, dann des Mantels und des Hemdes ab und enthüllte einen Zustand, den ich mir nicht ansehen wollte. Nach der Anwendung eines Antiseptikums in warmem Wasser konnte er eine Stellungnahme abgeben.

„Ich fürchte", sagte er, „das ist nicht das Werk von Glas." Er bearbeitete das zitternde Fleisch mit einem Finger. „Hier war eine Kugel am Werk. Sie ist offenbar am Unterarm entlanggeschleudert, scheint aber nicht darin steckengeblieben zu sein. Eine Schnittwunde. Möglicherweise liegt ein Bruch vor. Können Sie Ihren Arm auf diese Weise bewegen?"

Dieser Bitte konnte ich einigermaßen mühsam nachkommen.

„Das ist gut", sagte der Doktor. „Kein Bruch."

Es war überraschend, wie schnell und bereitwillig das verletzte Mitglied dem geschickten Können dieses barmherzigen Samariters nachgab. Zwanzig Minuten sorgfältiger Behandlung, die allerdings mit einigen Schmerzen verbunden war, da sie auch mit Nähten verbunden war, haben nicht nur dem verletzten Glied, sondern auch seinem Besitzer viel gebracht. Zu diesem Zeitpunkt schien ich den Schock dieser Ereignisse bereits überwunden zu haben; und da mein Arm mit Bandagen umwickelt war und in einem schwarzen Seidentaschentuch ruhte und der gute Doktor mir einen Mantel geliehen hatte, um meinen eigenen verstümmelten zu ersetzen, bekam ich einen ziemlich starken Brandy und Limonade und wurde für reisefähig erklärt.

„Es ist zweifellos das Werk einer Kugel", sagte der Doktor am Ende seiner Arbeit . „Aber ich nehme an, das geht mich nichts an. Wenn ich mich nicht irre, sind die Männer, die Sie hierher gebracht haben, Detektive von Scotland Yard."

Ich lächelte über die Scharfsinnigkeit des Doktors und bat ihn, die Güte zu haben, eine Karte aus meinem Zigarrenetui zu nehmen.

„ Eines Tages werde ich Ihnen vielleicht erklären können, was der Unfall wirklich war und wie es dazu kam. In der Zwischenzeit kann ich Ihnen nur aufrichtig für alles danken, was Sie für mich getan haben."

Ab und zu verabschiedete ich mich von diesem wahren Freund und setzte mit einem Gefühl tiefer Dankbarkeit, dass es mir nicht schlechter ging als mir, die Reise zur Grand Central Station fort. Als wir endlich an der bekannten Endstation ankamen, zeigte die große Uhr über dem Eingang fünf Minuten nach sechs.

Unsere Ankunft dort schien ein Ereignis von einiger Bedeutung zu sein, gemessen am Verhalten einiger Leute, die sich dafür zu interessieren schienen. In der Tat erregte es so viel respektvolle Aufmerksamkeit, dass es eher wie ein Anti-Höhepunkt wirkte, unserem Jehu bezahlen zu müssen.

Sobald wir die Buchungshalle betreten hatten, kam kein Geringerer als der Bahnhofsvorsteher im Gehrock und mit goldenen Spitzen auf uns zu und nahm seinen Hut ab.

„Zug bereit zum Abfahren, Sir, sobald Ihre Königliche Hoheit es wünscht. Gleis Nr. 5. Hier entlang, Sir, wenn Sie mir freundlicherweise folgen würden."

Wir gingen weiter zum Gleis Nr. 5 und weckten dabei das gut gelaunte Interesse der britischen Öffentlichkeit. Hier erwartete uns ein besonderer Saloon, außerdem eine Kutsche für die Unterbringung unserer Freunde von Scotland Yard. Um Viertel nach sechs hatten wir unsere Reise begonnen.

Mein Begleiter hatte alle unsere Wechselfälle *auf dem Weg* vom Bryanston Square mit größter Standhaftigkeit und Gelassenheit ertragen. Für ihr bewegtes Leben war es keine neue Erfahrung, den Kugeln des Attentäters ausgesetzt zu sein. Sie schien diesen jüngsten Versuch der Feinde des Königs mit stoischer Gleichgültigkeit zu betrachten. Selbst im Schock der Katastrophe selbst verlor sie nicht ihre Selbstbeherrschung. Und trotz all unserer Schwierigkeiten war ihre Haltung mütterlicher Fürsorge bezaubernd aufrichtig.

Als ich sie von der gegenüberliegenden Ecke unseres besonderen Saloons aus betrachtete, wurde mir klar, dass der Besuch beim Zauberer am Bryanston Square eine große Veränderung in ihr bewirkt hatte. Es war eine völlig positive Veränderung. Anstelle der übertriebenen Intensität, die ihren Freunden so schmerzhaft aufgefallen war, trat jene ruhige und sichere Sicht auf die Welt der Menschen und der Dinge auf, die seit jeher ihr vorherrschendes Merkmal war, soweit wir sie kannten.

„Irene wird mich furchtbar ausschimpfen", sagte sie, „dass ich dich so nach Hause gebracht habe."

„Sicher ist das Gegenteil der Fall, Ma'am. Anstatt dass ich mich um Sie kümmere, weiß ich wirklich nicht, was ich ohne Ihre Hilfe hätte tun sollen."

„Mein armer Odo, du wirst mindestens einen Monat lang nicht jagen können."

„Vielleicht ist es das Beste. Ich werde mehr Zeit haben, über den Drachen des Sozialismus nachzudenken, der uns alle zu verschlingen droht."

„Selbst hier gibt es diese Krankheit" – es gab ein halb humorvolles Hochziehen der königlichen Augenbraue – „selbst an diesem malerischen Ort. Nun, es ist eine Krankheit, die sich auf der ganzen Welt ausbreitet. Wenn die lieben Leute das nur verstehen würden." Es war nie beabsichtigt, dass sie selbst denken sollten; dass es in jeder Hinsicht so viel klüger, so viel billiger und so viel profitabler ist, dass sie diejenigen haben sollten, die an Politik gewöhnt sind, die für sie denken sollten! Lieber, guter, unwissender, dummer Kerl, wisse, was gut für ihn ist, was gut für sein Land ist, was gut für Europa ist, was gut für die ganze Welt ist!"

„Das Problem, Ma'am, was diese Insel betrifft, ist, dass unser Jacques sich zu einem so klugen, vernünftigen Menschen entwickelt, der lernt, mit ungewöhnlich weit geöffneten Augen umherzugehen."

„Ameisen und Bienen und Hunde und Pferde, mein guter Odo, sind schlau und vernünftig genug, aber Jacques muss lernen, seinen Platz zu behalten. Alles ist in seinem Maße gut, aber ich kann nicht glauben, dass ein Uhrmacher geeignet ist, die Uhr aufzuziehen." Staat ebenso wenig, wie ein einfacher Soldat geeignet ist, den Tag von Rodova zu gewinnen .

„Ah, der Tag von Rodova ! Ich frage mich, ob wir den Victor finden werden, der auf uns wartet, wenn wir zurück im Dympsfield House sind."

Ich glaubte, eine schwache Wolke ziehe über die Brauen meines Begleiters.

„ *Mais, oui* ", sagte sie mit sanfter, leiser Stimme. „Das frage ich mich. Und der alte Schalk. Er ist so ein Charakter. Du wirst sterben, wenn du Schalk siehst."

„Ein sehr fähiger Minister, nicht wahr, Ma'am?"

„Wie alles, mein guter Odo", sagte Ihre Königliche Hoheit, „Schalk ist gut in seinem Abschluss. Er hat seine Tugend. Er ist zum Beispiel in der Rechtswissenschaft bewandert, aber es gibt Zeiten, in denen Schalk wie der arme Jacques Bonhomme." Ich würde danach streben, mehr auf seine Schultern zu nehmen, als die Natur vorgesehen hat. Aber lassen Sie uns nicht über Schalk klagen. Er ist der treue Diener eines erhabenen Herrn Ich hatte einmal einen Hund, der wie Schalk wuchs. Am Ende musste ich das ehrliche Geschöpf vernichten, aber das heißt natürlich nicht, dass mein Vater Schalk vernichten wird.

„Ganz richtig, gnädige Frau", sagte ich mit ernster Wertschätzung für die feine Unterscheidung, die Seine Majestät im Fall des Barons von Schalk treffen würde.

Ich verfiel wieder in Träumereien. Was für ein Mann war dieser gefeierte Herrscher? Wie würde er mit dem bescheidenen bürgerlichen englischen Umfeld harmonieren , dem er sich gerade anvertrauen wollte? Zu diesem Zeitpunkt war es vergeblich, sich zu beklagen, aber als ich auf den Kissen unseres königlichen Salons lag und mein Arm und meine Schläfen unerträglich pochten, was hätte ich nicht dafür gegeben, mit der lästigen Pflicht fertig zu werden, einen solchen Gast zu bewirten!

Als ich so saß und unser Zug mit Volldampf nach Middleham fuhr, begannen meine Nerven zu meutern. Warum Oh warum! war ich nicht fester gewesen? Was könnte ein vergleichendes Kind, das nicht die geringste Erfahrung in einem Lebensbereich außer seinem eigenen, äußerst eingeschränkten hat, über die Erfordernisse einer solchen Situation wissen? Wie konnte sie all das wertschätzen, was damit zusammenhängt? Eine Art seelische Übelkeit überkam mich, als mir klar wurde , dass ich mir erlaubt hatte, während seines

Aufenthalts in England für die persönliche Sicherheit und das allgemeine Wohlergehen des Königs von Illyrien verantwortlich zu werden.

Die Ängste, in die seine Tochter uns verwickelt hatte, waren schwerwiegend genug, aber im Fall ihres Vaters schienen sie hundertmal komplexer zu sein. Sicherlich waren sie viel zu viel verlangt von einer Privatperson in der mittleren Lebensphase. Es war vergebens, dass ich einen aufkeimenden Sinn für Humor an den Tag legte . Allein mit einer Kronprinzessin in einem Sonderzug zu sitzen, mit einer Schusswunde im Arm, ist offenbar keine ideale Situation, um dies auszuüben. Ich konnte über den armen George Dandin selbst lachen, so viel ich wollte. Seine Verlegenheiten über den Zustand, in den ihn die Leidenschaft seiner Frau für Bereiche jenseits ihres eigenen gebracht hatte, mochten wirklich komisch sein, aber der verheiratete Mann, der Familienvater und das Mitglied des Kreises war in seinem gegenwärtigen, erschütterten Zustand völlig außerstande, dies zu akzeptieren sie mit der Distanziertheit, die dem wahren olympischen Lachen zu verdanken ist.

Um es nicht zu genau zu formulieren: Der verheiratete Mann, der Familienvater und das Mitglied des Kreises befanden sich in einem geschwächten geistigen, körperlichen und moralischen Zustand, als unsere Sondersendung zum ersten Mal Halt machte. Mit erschrockener Plötzlichkeit löste ich mich aus meinen unangenehmen Spekulationen. Könnten wir schon in Middleham sein? Wohl kaum, denn laut meiner Uhr war es erst zehn Minuten nach sieben. Ich ließ das Fenster herunter und stellte fest, dass es Risborough war.

Nach etwa einer Minute kamen der Zugwärter, der örtliche Bahnhofsvorsteher und die beiden Kriminalbeamten, die uns bis Middleham begleiteten, an die Tür des Waggons.

„Es tut mir sehr leid, Sir", sagte der Bahnhofsvorsteher, „aber Sie werden nicht über Blakiston hinauskommen können . Es gab einen schrecklichen Unfall auf der 5.28."

Bei dieser Ankündigung machte mein Herz einen dumpfen Schlag.

„Der Lokführer ist quer durch Blankhampton gerannt , obwohl alle Signale gegen ihn gerichtet waren. Der Zug wurde bis auf wenige Stücke zerschmettert."

"Mein Gott!"

Der Bahnhofsvorsteher senkte die Stimme.

„Die vollständige Zahl der Opfer ist noch nicht ermittelt, Sir, aber mindestens die Hälfte der Passagiere wird getötet oder verletzt."

„Wie grässlich!"

„Schrecklich, Sir, schrecklich. Es ist der schlimmste Unfall, den wir je im Grand-Central-System hatten."

„Arme Seelen, arme Seelen!" sagte mein Begleiter. „Gott schenke ihnen Ruhe!"

„Wir hatten seit zweiundzwanzig Jahren keinen wirklich schlimmen Unfall mehr. Aber das bricht unseren Rekord mit aller Macht. Ich kann mir nicht vorstellen, was der arme Kerl gemacht hat. Ein so guter Fahrer wie wir, das muss man sagen." mach so etwas——"

Der Bahnhofsvorsteher, ein ehrwürdiger, grauhaariger Mann mit einem strengen, von Falten durchzogenen Gesicht, verlor plötzlich seine Stimme.

„Schicksal", sagte mein Begleiter mit einem düsteren Lächeln. „Wer soll die Funktionsweise des Schicksals erklären?"

Wer, in der Tat! Wären nicht die Kugeln des Attentäters gewesen, wären wir aller Wahrscheinlichkeit nach in diesem Moment beide unter den Toten gewesen. Welche Rolle spielt schließlich unsere menschliche Weitsicht in der Summe? Dennoch konnte ich nicht umhin, mich mit einem Gefühl des Staunens an die Sorge meines Onkels Theodore zu erinnern, dass wir nicht mit dem unglückseligen 5.28 reisen sollten.

„Sie können bis Blakiston weiterfahren ", sagte der Bahnhofsvorsteher, „und die Gesellschaft hat dafür gesorgt, dass Motorwagen den Zug abholen und Sie weiter nach Middleham bringen."

„Wie groß ist die Entfernung von Blakiston nach Middleham?"

„Etwa achtzehn Meilen."

Als der Zug weiterfuhr, veränderte sich mein Gedankengang völlig. Meine früheren Spekulationen schienen im Vergleich zu einem solchen Ereignis ungemein gemein zu sein. Wer soll die Wege der Vorsehung erkennen? Eine Fleischwunde am Arm und ein spätes Abendessen waren schließlich ein geringer Preis.

Als wir in Blakiston ankamen , erwarteten uns zwei Autos: eines für die Princess, das andere für unsere Eskorte. Eine Rücksprache mit den Chauffeuren ergab, dass durch die direkte Heimfahrt *über* Parlow und Little Basing statt über Middleham sieben Meilen eingespart werden könnten. Nachdem ein Telegramm nach Middleham geschickt worden war, um unsere Leute über diese Routenänderung zu informieren, traten wir in die letzte Etappe unserer abenteuerlichen Reise ein.

Trotz der Tatsache, dass wir uns dem Vorwurf des rücksichtslosen Fahrens aussetzten, wenn auch nicht der tatsächlichen Gefahr für die Öffentlichkeit, erreichten wir unser Ziel ohne weitere Pannen. Um fünfundzwanzig Minuten vor neun waren wir am Eingang des Dympsfield House angekommen. Alle Fenster dieser Wohnung waren ein gleißendes Licht. Zweifellos war der königliche Gast angekommen und genoss hoffentlich sein Abendessen.

Doch kaum hatten wir das Haus betreten, wurden wir von Frau Arbuthnot empfangen. Sie war für einen Galaabend gekleidet, trug ihr bestes Kleid mit tiefem *Dekolleté*, trug jede Menge Segelschmuck – in diesem Jahr wurden Juwelen getragen – und mit einer Frisur, die die Feder des gewissenhaften Historikers völlig in Verlegenheit bringt. Aber leider! Frau Arbuthnot war den Tränen nahe.

KAPITEL XXIV

SEINE ILLYRISCHE MAJESTÄT FERDINAND DER ZWÖLFH

Seine Majestät war nicht angekommen und das Abendessen war verdorben.

„Keine Neuigkeiten vom König?" fragte ich und hielt mich dabei im Hintergrund, denn ich wollte nicht, dass Mrs. Arbuthnot meinen Zustand vorzeitig bemerkte.

„Nevil sagte in seinem Telegramm, dass er etwa Viertel nach sieben hier sein würde, und jetzt ist es fünf Minuten nach neun", sagte Mrs. Arbuthnot unter Tränen.

„Fünfundzwanzig Minuten vor neun, *mein Kind*, laut Greenwich", sagte ich so beruhigend, wie es die Umstände erlaubten. „Ihre Uhr geht um eine halbe Stunde falsch. Aber in Blankhampton hat es einen schlimmen Unfall gegeben . Würden sie in Blankhampton vorbeikommen ? Wenn ja, würde das sie zwangsläufig verzögern."

"Oh je!" sagte Frau Arbuthnot. „Wenn dem König etwas passiert ist! Und oh, liebe Sonia, wie spät bist du!" fügte sie vorwurfsvoll hinzu. „Ich war so furchtbar nervös wegen dir. Und du bist nicht hier, um mich vorzustellen oder so! Aber jetzt, wo du gekommen bist, ist alles in Ordnung. Sei einfach lieb und wirf einen Blick auf den Tisch, bevor du hinaufgehst, um dich umzuziehen."

Die Prinzessin hatte jedoch kaum Zeit gehabt, Mrs. Arbuthnots Vorschlag nachzugeben, und ich war gerade dabei, die Treppe hinaufzugehen, in einem Zustand unangenehmer Angst vor dem Wechsel meiner Kleidung, als ich aus der Nähe der Flurtür kam da waren die Geräusche von Neuankömmlingen zu hören. Ich eilte dorthin und wurde sofort von der Stimme von Fitz begrüßt.

„Eher spät", sagte er mit der Miene der Mattigkeit, die ihn bei großen Anlässen quälte. „Leitung in Blankhampton blockiert . Teufelskracher. Ermüdende Überlandfahrt, aber wir sind endlich da."

„Natürlich und gesund, hoffe ich?"

„Genau wie Regen."

Als wir gemeinsam die Vordertreppe hinunter zur offenen Tür des Autos gingen, das unten in der Dunkelheit stand, wurde mir bewusst, dass mein Puls für einen stillschweigenden Anhänger der Demokratietheorie einen Gedanken zu schnell war. Ich hielt die Tür fest, während sich eine riesige Männergestalt langsam und nicht ohne Schwierigkeiten aus dem Innenraum löste.

Ich machte eine etwas tiefere Verbeugung, als sich der Engländer im Allgemeinen erlaubt. Ein lächelndes und subtiles Gesicht, gleichzeitig schön und ehrwürdig, richtete sich sofort auf mich, und ich ertappte mich dabei, wie ich einen herzlichen und kraftvollen Handgriff austauschte.

Ferdinand der Zwölfte stieg unter der Aufsicht seines Schwiegersohns die Vordertreppe hinauf, während ich die Tür aufhielt, damit der zweite Insasse aussteigen konnte. Ich machte eine Ehrerbietung, die nur eine Spur weniger tiefgründig war als die, die ich dem Souverän erwiesen hatte. Baron von Schalk war klein und adrett, mit einem Gesicht voller Intelligenz, das dem eines Raubvogels nicht unähnlich war. Als wir uns verneigten, schien es, als ob jede einzelne Zeile, und es waren viele davon, von Macht zeugte.

„Ich hoffe, die Reise hat Seine Majestät nicht ermüdet?" Ich wagte es zu sagen. „Es muss sehr langweilig gewesen sein."

Baron von Schalk lächelte passiv, machte ein tiefes, kehliges Geräusch und antwortete in sehr erträglichem Englisch: „Im Gegenteil, höchst interessant. Der König ermüdet nie."

Oben auf der Treppe standen, umrahmt von einem sanften Lichtschein von innen, Frau Arbuthnot und die Prinzessin. Sie standen Seite an Seite und schienen in der Tiefe und Anmut ihrer Knickse miteinander zu wetteifern. Kaum war der König zu ihnen hinaufgestiegen, nahm er jedes von ihnen bei der Hand und führte sie in die Halle, als wären sie zwei seiner kleinen Enkelkinder. Die Spontaneität der Aktion war bezaubernd.

Eine halbe Stunde später waren wir im Salon versammelt. Der König reichte seiner Gastgeberin sofort seinen Arm und ging voran in Richtung ihres unglücklichen Mahls. Seine Tochter legte ihre Hand ganz leicht auf den Arm des Kanzlers und warf mir dabei einen schelmischen Blick über die Schulter zu, als wollte sie sagen: „Da hilft nichts!"

Fitz und ich bildeten, Seite an Seite gehend, das Schlusslicht der Prozession. Der Mann des Schicksals hatte ein sehr trauriges Gesicht.

„Was hast du mit deinem Arm gemacht?" er hat gefragt.

„Wurde heute Nachmittag in einem Taxi zerschmettert."

"Wo?"

„Oxford Street, glaube ich."

"Was hast du dort gemacht?"

„Die Prinzessin hatte ein wichtiges Geschäft in der Stadt und ich ging mit ihr."

„Wichtiges Geschäft in der Stadt! Sie hat mir nie ein Wort davon gesagt. War sie auch in den Unfall verwickelt?“

„Ja, aber zum Glück hat sie keinen Kratzer abbekommen. Und das ist natürlich nur eine leichte oberflächliche Wunde.“

Die leichte oberflächliche Wunde tat ihr Bestes, um mir zu widersprechen, indem sie hässlich pochte.

Ferdinand der Zwölfte saß rechts von seiner Gastgeberin, sein Kanzler links von ihr. Es ist meines Erachtens das Verdienst unseres jüngsten und vorübergehend importierten Kochkünstlers, der kürzlich in den Diensten eines Adligen stand, zu sagen, dass er sich unter schwierigen Umständen außerordentlich gut geschlagen hat. Natürlich gibt es nichts Besseres als Hunger, aber es wurde beobachtet, dass der König herzhaft aß, und obwohl er kurz vor der gesetzlichen Grenze des menschlichen Lebens stand, schien er von seiner langen und anstrengenden Reise um keinen Cent schlechter zu sein.

Er sprach Englisch mit angenehmer Geläufigkeit. Er kannte dieses Land nicht nur sehr gut, wir erfuhren auch, dass er es gewohnt war, es angenehm zu finden. Beim Blick über den Esstisch hinweg war klar, dass seine Porträts seine natürliche Bildhaftigkeit nicht im Geringsten übertrieben hatten. Es war ein edler Löwenkopf, ein Ding voller Macht und Männlichkeit, umrahmt von einer Mähne aus weißem Haar. Seine Augen hatten schwere Lider, aber sie blickten tief und fast unangenehm direkt und durchdringend; Doch wo man Berechnung und kühle Distanziertheit hätte erwarten können, lag ein undurchdringlicher Schleier der Freundlichkeit, der dazu diente, die elementaren Kräfte zu verschleiern, die darunter lauern mussten.

Es gab Tomaten unter den *Vorspeisen* und es gab Tomaten in der Suppe. Als der Sieger von Rodova deutlich vom Brauch unseres Landes abwich, indem er schmatzte und die teilnahmslosen Parkins in Erstaunen versetzte, indem er sagte: „Machen Sie dem *Chef mein Kompliment* für seine *Brühe* ; ich werde noch mehr haben “, hisste seine Gastgeberin die Fahne die Rose, und Ihre Königliche Hoheit strahlte sie an.

„Da, Irene! Was habe ich dir nicht gesagt, mein Kind?“ rief sie triumphierend aus.

„Oliver hat offensichtlich eine teuflische Wendung an sich“, murmelte der Schwiegersohn von Ferdinand dem Zwölften in einer Nebenbemerkung gegenüber seinem Gastgeber, die so beklagenswert banal war, dass eine Entschuldigung für das Erscheinen auf diesen Seiten angeboten wird. „Ich wünschte, es würde das alte Schwein ersticken.“

„Im Gegenteil, er scheint ein recht freundlicher und väterlicher alter Herr zu sein."

„Ha, du kennst ihn nicht!"

Ich gab zu, dass dem nicht so war und dass ich mich auf eine bessere Bekanntschaft freute.

Die Gastgeberin und ihr bescheidener Koadjutor in den Dingen dieses Lebens empfanden es als einen erhabenen Moment im Verlauf des Festes, als die königlichen Lippen an den Rand des väterlichen Madeira gebracht wurden, das uns so günstig, wenn auch auf unerlaubte Weise, von dort erreicht hatte Doughty Bridge, Yorks. Aber unsere Spannung war sofort gelöst. Der Sieger von Rodova hob mit dem gütigsten Blick der Welt sein Glas auf seine Gastgeberin, und zum zweiten Mal hob Mrs. Arbuthnot die Fahne der Rose.

Sicherlich hatte die königliche Erweiterung einen ganz eigenen Charme. Als ich zum ersten Mal auf meine gegenwärtige erhabene Ebene des gesellschaftlichen Verkehrs berufen wurde, hatte ich keine Gelegenheit gehabt, etwas Vergleichbares zu beobachten, außer an den Manieren von Fitz und seiner Frau, die sich in unserer Nachbarschaft als solch ein Skandal erwiesen hatten . Aber der Sieger von Rodova war in seinen Handlungen so spontan und in seinen Gesten so ungeübt, und er schien sein Herz mit so kindlicher Leichtigkeit auf der Zunge zu tragen, dass es für jemanden, der in unserer insularen Art der Selbstunterdrückung erzogen wurde, genauso gut war als Theaterstück, in seiner Gesellschaft zu sein.

Eines war klar. Von Anfang an war klar, dass Frau Arbuthnot einen großen persönlichen Triumph errungen hatte. Und unter den besonderen Umständen des Falles bin ich gezwungen, die höfische Formulierung anzufügen: „Es war auch nicht zu verwundern." Ich spreche aus einer mäßig umfassenden Kenntnis des Themas in all seiner chamäleonartigen Bandbreite an Wechselfällen, von ernst bis fröhlich, von lebhaft bis streng, in Gewändern von Worth, in Kitteln von Paquin, in Kostümen von Redfern, in unscheinbaren Kreationen von „ „Die Frau, die Dinge für Mama macht", hatte ich das fragliche Thema noch nie so verlockend erlebt. Frau Arbuthnot war großartig.

Der König strahlte sie an und sie strahlte den König an. Mehr als einmal verpfändete er ihr das väterliche Madeira; und bevor das bescheidene Festmahl zu Ende war, gab mir Fitz heimlich einen Tritt gegen das Schienbein.

„Sag ihr, sie soll ihre Tür heute Nacht verschlossen halten", sagte er in einer seiner finsteren Nebenbemerkungen.

Die Unverblümtheit der Worte war höchst unangenehm, aber es gab keinen Grund, an ihrer Aufrichtigkeit zu zweifeln. Es war ein Ratschlag, über den jemand, der so unverbesserlich *bürgerlich* war wie sein Empfänger, hätte Anstoß nehmen können. Dass er dies nicht tat, sollte ihm bei reiflicher Überlegung als Ausdruck einer entfernteren, eher azurblauen Färbung aufgefasst werden!

„Ich kenne die Majestät des Königs nur zu gut", sagte der Schwiegersohn von Ferdinand dem Zwölften.

Als die Damen uns verlassen hatten, sprach der König auf die freundlichste Art und immer mit der einnehmenden Einfachheit, die so unstudiert und so charmant war. Er war neugierig, was ich meinem Arm angetan hatte, und als ich es ihm erzählte, erkundigte er sich eingehend nach der Art der Wunde und gab mir Ratschläge zur Behandlung. Diese Überlegung erinnerte mich an den Zeitschriftenartikel, den ich kürzlich gelesen hatte. Dies schien eine praktische Veranschaulichung der Tatsache zu sein, dass er im wahrsten Sinne des Wortes der Vater seines Volkes war.

„Du musst es mir morgen zeigen", sagte er. „Und ich werde Ihnen eine Salbe geben, die ich immer bei mir habe, hergestellt von meinem eigenen Apotheker nach meinem eigenen Rezept. Schalk lacht über meine Chemie, aber das liegt daran, dass er eifersüchtig ist. Ich werde sie für Sie auftragen, und in drei Tagen werden Sie den Unterschied sehen." . Worüber lachst du, Schalk?"

„Ein Mann kann über seine Gedanken lachen, nicht wahr?" sagte Schalk mit einem mürrischen Lächeln.

„Nicht in der Gegenwart des kleinen Vaters, Schalk, es sei denn, er teilt sie mit dem kleinen Vater. Worüber lachst du? Aber da du diesen Vertrag mit dem schlauen Germanen verpfuscht hast, sind deine Gedanken nicht von großer Bedeutung. Du kennst mich." Kümmere dich nicht um deine Gedanken, Schalk, denn die Gedanken von Schalk sind wahrlich bei dir, du Schlingel. Denke daran, dass es in England nicht als gute Erziehung gilt, sich vorher zu betrinken Dein König."

„In Illyrien, mein Herr, wird das immer für unmöglich gehalten", sagte Schalk.

Ferdinand der Zwölfte lachte.

„Gut für dich, Gottloser! Nein, füll dein Glas auf, bevor du daran vorbeigehst, und halte deine lange Nase draußen, sonst werden unsere englischen Freunde denken, dass wir in Illyrien keine Manieren haben."

Wenn es einem Monarchen gefällt, sich zu beugen, kann das Gelächter, das seine Ausfälle hervorrufen, zu viel für seinen Witz erscheinen. Aber es ist ein ausgezeichneter Brauch, über den Humor von Königen herzlich zu lachen . Ferdinand der Zwölfte war trotz seiner langen Reise in sehr gnädiger Stimmung und vergnügte uns mit vielen Ausfällen auf Kosten seines Kanzlers. Baron von Schalk konnte sich jedoch gut verteidigen. Ich denke, man muss zugeben, dass der königliche Witz weder sehr fein noch sehr höflich war. Rau und primitiv hatte es etwas von einem gigantischen Geschmack . Aber seine eigene tiefe Wertschätzung dafür war ein ewiges Fest. Er erzählte auch ein oder zwei Geschichten einer echten Rabelais-Besetzung. Sie wurden mit großer Begeisterung erzählt, und er selbst leitete das Lachen mit einer Herzlichkeit, die durchaus homerisch war. Vor der Flasche war der Victor von Rodova eine großartige Gesellschaft. Es war unmöglich, nicht auf seine ungekünstelte, wenn auch äußerst katholische gute Laune zu reagieren .

Als wir uns den Damen anschlossen , stellten wir fest, dass sie ein Geduldsspiel spielten. Der Vater seines Volkes trug sofort einen Stuhl an die Seite von Frau Arbuthnot, setzte sich neben sie und bot ihr sachdienliche Hilfe beim Ordnen ihrer Karten an. „Aber dieses Spiel ist nur für Leute wie Schalk geeignet“, erklärte er. „Britch ist das Spiel, das wir in Illyrien spielen.“

Die Gastgeberin interpretierte diese Bemerkung als einen Befehl, wischte ihre Karten zusammen und befahl ihrem Gatten gebieterisch, die Brückenmarkierungen zu holen.

„Wie sollen wir spielen, Sir?“ sagte Frau Arbuthnot.

„ Togezzer , Madame, Sie und ich“, sagte der König mit einer Miene der Hommage, „ *wenn* es Ihnen recht ist. Ich sehe, dass Sie gut spielen.“

„Oh, Herr!“ sagte Madame und hisste zum dritten Mal die Fahne der Rose. „Wie kannst du das wissen?“

„Unfehlbare Zeichen, Mylady“, sagte der König lachend. „Vertrauen Sie einem alten Soldaten, die Zeichen zu lesen. Erstens, Ihre Ohren, wenn ich das so sagen darf. Sie haben Form und Position, genau wie meine eigenen. Das bedeutet einen ausgeglichenen Geist. Und dieser zierliche Kopf, *c'est magnifique* ! “ Was für ein Verstand steckt hinter dieser Stirn! Jetzt gib mir deine Hand – die linke.“

Mylady gab dem König eine reich mit Juwelen geschmückte Pfote.

„ Ouf !“ sagte er, „was für ein Ehrgeiz! Sie werden nie zögern, *sans atout* anzurufen . Auch die Herzlinie ist sehr gut. Es wird keinen anderen Partner für Ferdinand geben. Schalk kann haben, wen er will.“

Baron von Schalk war erfreut, Ihre Königliche Hoheit auszuwählen, und es begann ein sehr interessantes Spiel.

„Wir müssen aufpassen, Mylady", sagte Ferdinand der Zwölfte, „wir einfachen Naturkinder. Ich fürchte, sie werden uns schrecklich betrügen. Schalk hat kaum ein Gewissen, und nichts erfreut Sonia mehr, als einen vertrauensseligen Elternteil zu übervorteilen."

Während er sprach, gefiel es diesem einfachen Naturkind, seinen Widerruf auf eine sehr eklatante und greifbare Weise vorzunehmen.

„Keine Diamanten, Partner?", sagte Mrs. Arbuthnot.

„Überhaupt nichts", sagte der König milde. „Ich denke, ein kleiner Zweier wird diesen Trick meistern, nicht wahr, Schalk?"

„ So sieht es aus, Sir", sagte der leidgeprüfte Kanzler.

Der Schwiegersohn von Ferdinand dem Zwölften führte mich beiseite.

„Wenn du dir dieses Spiel ansiehst, alter Sohn", sagte er, „wird du einen Einblick in die monarchische Grundlage der Verfassung Illyriens gewinnen. Lass uns beobachten, was der plausible alte Grobian mit der Karo-Neun macht."

Glücklicherweise wurde das Spiel nicht um Geld gespielt. Aber es war charakteristisch für den illyrischen Herrscher, dass er selbst in der einfachen Angelegenheit eines Kartenspiels nicht in der Lage war, es anders als auf eine Art und Weise zu leiten, die ihm eigen war.

KAPITEL XXV

DER VATER SEINES VOLKES

Es war nach zwei Uhr, als die *Party* aufgelöst wurde. Kaum hatten sich unsere Gäste zur Ruhe zurückgezogen, wandte sich Mrs. Arbuthnot enthusiastisch an ihren Herrn.

„Was für ein absolut liebenswerter alter Mann! Solch ein Charme, so eine Vornehmheit; so freundlich, so ungekünstelt und oh, so einfach! Es hat schließlich etwas damit zu tun, ein König zu sein."

„Die Dinge sind nicht immer so, wie sie scheinen, *mein Kind* ", bemerkte ich unbehaglich.

„Er ist ein absoluter alter Schatz."

„Er ist einer der tiefsinnigsten Männer Europas, das weiß die ganze Welt."

„Er ist ein Schatz."

„Ich persönlich habe keine Lust, ihn in einer dunklen Nacht in einer einsamen Gasse zu treffen, wenn ich zufällig etwas bei mir habe, das ich verlieren möchte."

„Warum, Gans, du bist eifersüchtig!"

„Vertraue nicht den Fürsten, mein Kind." Und widerwillig vertraute ich Fitz' Ratschlag an.

Allerdings war ich mehr als halb auf Mrs. Arbuthnots königliche Empörung vorbereitet.

„Was meinst du, Odo?" sagte sie majestätisch. Die empörte Zartheit eines De Vere Vane-Anstruther ist etwas sehr Majestätisches.

„Entweder du versprichst es, oder ich schlafe nicht über den Ställen."

„Das ist alles das Werk von Fitz! Er hat wahnsinnige Vorurteile."

„Fitz ist ein sehr kluger Kerl, und er kennt unseren Gast besser als jeder von uns. Du darfst nicht vergessen, dass in Illyrien Könige Könige sind."

"Ich verstehe nicht."

„Sie müssen es versprechen, auch wenn Sie es nicht tun."

„Ich werde nichts dergleichen tun. Es ist ein demütigender Vorschlag. Außerdem ist alles so *bürgerlich* ."

„Darauf habe ich gewartet. Aber was auch immer es ist, ich habe mich entschieden. Entweder du versprichst es, oder ich schlafe nicht über den Ställen."

hochmütig bezeichnen kann .

Es war unsere erste *Sackgasse* im Laufe von sechs Jahren als Doppelgänger. Ich habe mir nie verheimlicht, dass ich ein schwacher Sterblicher bin. Frau Arbuthnot hat es mir auch nie verheimlicht. Die Angewohnheit, dem herrischen Willen der höheren Hälfte meines Wesens mehr oder weniger würdevoll nachzugeben, war mir zur zweiten Natur geworden. Aber da war eine Stimme in mir, die mich nicht nachgeben wollte.

„Absolut und bedingungslos! Ich halte es für abscheulich. Und warum solltest du mich auf diese Weise beleidigen –"

Der Stern meines Schicksals erhob sich zu den Höhen der Tragödienkönigin.

„Wenn du dir nur die Mühe machen würdest zu verstehen, mein Kind", sagte ich geduldig, „was mit deinem eigenen Eingeständnis impliziert ist, dass es schließlich etwas Besonderes ist, ein König zu sein!"

„Du bist wahnsinnig eifersüchtig. Er ist ein echter Schatz, und er ist alt genug, um jemandes Großvater zu sein."

Ausnahmsweise blieb ich jedoch hartnäckig. Gemeinsam stiegen wir die Treppe hinauf; Gemeinsam betraten wir das Gemach Ihrer Ladyschaft. Es gab keine angemessene Unterkunft für uns beide. Die besten Räume waren Fitz und seiner Frau sowie dem König und seinem Kanzler zur Verfügung gestellt worden. Aus dieser Wohnung führte jedoch ein kleines Ankleidezimmer mit einem Sofa darin. Ich öffnete die Tür und stellte dabei mein letztes Ultimatum.

„Irene, entweder tust du, was von dir verlangt wird, sonst verbringe ich den Rest der Nacht dort."

„Bitte tun Sie, was Sie wollen." Mrs. Arbuthnot war blass vor Empörung. „Aber ich werde die Tür nicht abschließen."

"So sei es."

Ich ließ die Tür des Ankleidezimmers einen Spaltbreit geöffnet, legte mich so, wie ich war, auf das Sofa und bereitete mich darauf vor, einzuschlafen, soweit es eine völlig lächerliche Situation zuließ. Wie genau es zustande gekommen war, war schwer zu bestimmen, aber ich war bereit, meinem überreizten Selbst, denn die Ereignisse dieses langen Tages waren zahlreich und bemerkenswert gewesen, noch mehr körperliches Unbehagen zuzufügen. Aber Fitz' Hinweis hatte einen verheirateten Mann, einen

Familienvater und ein Mitglied des Kreises gestürzt, was auch immer der Sinn für Humor dazu sagen mochte.

Im Laufe der Zeit vergaß ich den dumpfen Aufruhr in meinem Gehirn und das Pochen in meinem Arm so weit, dass meine erschöpften Nerven in einen unruhigen Schlummer fielen. Ich weiß nicht, wie lange ich meine Umgebung vergessen hatte, aber ganz plötzlich schien ein Schrei in meine Sinne einzudringen. Ich wachte erschrocken auf.

Der Raum war völlig dunkel, bis auf einen Lichtstrahl, der durch die teilweise geöffnete Tür der angrenzenden Kammer fiel. Aber Geräusche und eine Stimme gingen daraus hervor.

Ich stand von meinem Sofa auf und lauschte an der Schwelle.

„Kleine Mylady, kleine Irene."

Der flehende Akzent war vertraut und väterlich. Ich stieß die Tür auf und betrat den Raum. Eine zerstreute Vision mit wallendem Haar und in einem weißen Nachthemd saß aufrecht im Bett; Während sie eine Kerze in der Hand hielt, stand ihr eine prächtige Gestalt in einem orientalischen Gewand aus blauer Seide über einem leuchtend gelben Schlafanzug gegenüber.

„Kleine Mylady. Kleine Irene."

Ich suchte nach dem Knopf des elektrischen Lichts, fand ihn und drehte ihn auf.

Ich stand einem subtilen und lächelnden Gesicht gegenüber. Es war zwar Staunen darin, aber es war auch voller Humor und Wohlwollen.

„Warum, mein Freund", sagte Ferdinand der Zwölfte in seiner väterlichsten Art, „bitte, was machst *du* hier?"

Ich gestehe, dass ich auf die königliche Anfrage keine Antwort finden konnte.

Unter diesen Umständen war es nicht leicht zu wissen, welche Antwort man geben sollte. Tatsächlich war ich so völlig verblüfft, dass ich kein Wort finden konnte, das ich sagen konnte. Kühl genug stand der König da und betrachtete mich mit diesem milden und subtilen Gesichtsausdruck. Aber als diese lächelnden Augen mich musterten, gaben sie mir „zum Nachdenken". Ich trug einen Arm in einer Schlinge, ich war ohne Waffe und der Vater seines Volkes war ein Mann von außergewöhnlicher körperlicher Kraft.

Vorsichtshalber griff ich nachdenklich zum Schürhaken.

Ein flüchtiger Glanz huschte über das Gesicht des Königs, aber das königliche Gesicht war immer noch weltmännisch.

„Madame hätte ihre Tür abschließen sollen", sagte er mit einem Ausdruck humorvollen Vorwurfs. „Das ist ein guter Brauch, den wir in Illyrien haben."

„Eure Majestät müssen uns verzeihen", sagte ich, ohne meinen Blick von der halb erschrockenen Vision abzulenken, die mir so nahe war, „wenn wir *bürgerlich erscheinen*. Tatsache ist, dass wir uns nicht so vertraut sind, wie wir es gerne hätten Sei mit den Gebräuchen der großen Welt.

Der König lachte herzlich.

„Es gibt nichts zu verzeihen, mein guter Freund", sagte er mit einer Miene herrlicher Großmut. „Aber Madame hätte auf jeden Fall ihre Tür abschließen sollen. Aber lassen Sie uns keine Bosheit ertragen."

Mit einer überaus anmutigen Geste, in der sich väterliches und humorvolles wunderbar vermischten, zog sich der König zurück.

In den Augen von Mrs. Arbuthnot herrschten Entsetzen und Ungläubigkeit. Aber ich hielt es nicht für gut, ihr den Nachhall meines Triumphs zu ersparen.

„Es ist schließlich etwas Besonderes, ein König zu sein, *mein Kind*."

Mrs. Arbuthnot konnte nur nach Luft schnappen.

„Lassen Sie uns ihm keine Vorwürfe machen; er ist der Vater seines Volkes. Aber anscheinend scheint es, dass das, was in den Augen der Matronen der Crackanthorpe- Jagd *bürgerlich sein mag*, in Wirklichkeit die höchste Zucht in Illyrien ist."

Daraufhin legte ich den Schürhaken genauso nachdenklich nieder, wie ich ihn in die Hand genommen hatte, suchte den Stern meines Schicksals zu komponieren, der leise zu weinen begann, und wünschte ihr einen guten Morgen.

Draußen vor der Tür blieb ich einen Moment stehen und hörte, wie der Schlüssel auf unverkennbare Weise im Schloss klickte.

Mit Hilfe einer Kerze machte ich mich auf den Weg zu meinem provisorischen Quartier über den Ställen. Es war Viertel vor fünf. Es blieb wenig Zeit für weitere Ruhe, aber sie wurde so gut genutzt, dass es meinem Diener nicht ohne Mühe gelang, mich um Viertel vor acht zu wecken. Als ich gerade die letzten Arbeiten an meiner Toilette erledigte, erfuhr ich, dass Graf Zhygny unten war und die Pferde inspizierte.

Graf Zhygny streichelte Daydream mit wissender Miene über die Fesseln von Daydream, als ich mich zu ihm gesellte, um unserem illustren Gast seinen *Kampfnamen zu geben*, den man, wie fast alle illyrischen Eigennamen, besser nicht so auszusprechen versucht, wie er geschrieben ist . In einem Tweedanzug und einem grünen Filzhut wirkte er wie ein Bild ruheloser Energie. Bei Tageslicht betrachtet war er viel älter, als er in der Nacht zuvor gewirkt hatte. In seinen Wangen traten Vertiefungen zutage, und unter seinen Augen befanden sich Tränensäcke. Seine Hände zitterten und seine Stirn hatte viele Falten, aber jeder einzelne seiner vielen Zentimeter war von einem Instinkt mit natürlicher Kraft geprägt.

Seine Begrüßung war offen und herzlich und so herzlich, wie Sie möchten. Es gab keine Spur von Groll oder Verlegenheit. Doch an der männlichen Unbefangenheit seiner Haltung war völlig klar, dass der König nichts Unrechtes tun konnte.

Er hakte sich bei mir ein, und zusammen schlenderten wir zum Frühstück hinein. An der Anrichte half ich ihm, Speck und Tomaten zu essen, und Mrs. Arbuthnot gab ihm Kaffee.

Das Benehmen der „kleinen Mylady“ war vielleicht ein Gedanke, der eingeschränkt wurde, als sie den morgendlichen Gruß Seiner Majestät empfing. Um sie zu ermutigen, kniff er ihr spielerisch ins Ohr.

Mrs. Fitz nahm nicht an diesem beweglichen Fest teil, und Fitz und der Kanzler kamen ziemlich spät.

„Du hast viel Zeit mit deinen Andachten verbracht, Schalk“, sagte der König. „Ich bin froh, dass es mich nicht diese Mühe kostet, gute Beziehungen zum Himmel aufrechtzuerhalten.“

„Ich auch, Sir“, sagte Schalk trocken.

„Wie ich sehe, hast du dort die English *Times* , Schalk. Was gibt es heute Morgen für Neuigkeiten?“

Der Kanzler rückte einen goldenen Kneifer zurecht und begann, laut aus diesem Meinungsorgan vorzulesen.

„‚Blaenau, Mittwochabend. Das Illyrian Land Bill wurde heute Nachmittag ein zweites Mal im Abgeordnetenhaus verlesen.‘“

„Ha, das ist wichtig“, sagte der König lachend. „Was für eine gut informierte Zeitschrift ist die English *Times* ! Sind Sie mit dem Illyrian Land Bill einverstanden, Schalk?“

„Da ich die Ehre hatte , es nach Ihrem Diktat zu verfassen, Sir, kann ich nichts anderes tun, als es zu unterstützen.“

„Und schon ein zweites Mal gelesen, sagt die English *Times* , im Abgeordnetenhaus. Ich sage immer, dass sie im Unterhaus einige der besten Köpfe des Königreichs haben.“

„Vertrauen Sie ihnen, dass sie wissen, was gut für sie ist", sagte Schalk säuerlich.

Aus dem Benehmen des Kanzlers war einigermaßen deutlich zu erkennen, dass sein königlicher Herr Spaß an einer kleinen privaten Hetze hatte.

„Warum, Schalk", sagte er, „ich glaube, du redest immer noch auf Klausel drei herum."

„Ich bin nie von meiner ursprünglichen Ansicht abgewichen", sagte der Kanzler, „dass die Bauernschaft nach Klausel drei weit mehr bekommt, als für sie gut ist. Ich habe immer das Gefühl gehabt, Sir, wie Sie wissen, dass dies der Fall ist." ein Zugeständnis an den pestilentiellen Agraragitator, und ich bin sicher, dass die Erste Kammer diese Meinung auch verkünden wird."

„Nun gut, Schalk", sagte der König fröhlich, „ist es nicht die Aufgabe der Ersten Kammer, mit der Zweiten nicht übereinzustimmen, und wozu dient der Kleine Vater außer, ihre Streitigkeiten dadurch zu beruhigen, dass er beiden schmeichelt und keinem von beiden zustimmt?"

„Eure Majestät redet gerne in Rätseln", sagte der Kanzler ernst.

„Was für einen Kardinal hättest du abgegeben, Schalk!" sagte sein Meister. „Aber wenn Sie sich zu Klausel drei wirklich entschieden haben, müssen wir uns das noch einmal ansehen. Ich stimme Ihnen zu, dass es für heranwachsende Kinder nicht gut ist, den ganzen Kuchen aufzuessen. Wir müssen etwas für die Älteren behalten, weil sie auch wie Kuchen, so scheint es."

„Jeder liebt Kuchen", sagte die Kanzlerin sentimental, „aber leider reicht es nie für alle."

„Das ist eine glückliche Phrase von Schalk", sagte der König und verschärfte das Gespräch mit seiner amüsierten Miene; „'der pestilenzielle Agrar-Agitator.' Gibt es so ein Tier in England?"

„Wir sind von ihm befallen, Sir", sagte das Mitglied der Uppingdon- Division von Middleshire , dem Besitzer von bescheidenen etwa tausend Hektar. „Das Volk für das Land und das Land für das Volk! Das Land stinkt danach."

„Es ist überall das Gleiche", sagte der König. „Eine große Weltbewegung steht vor der Tür. Die Weisen können die Stimme der Zukunft im Schrei der Menschen erkennen, aber es gibt einige, die ihnen Wolle in die Ohren stopfen, nicht wahr, Schalk?"

Ferdinand der Zwölfte nahm eine Haltung großzügiger Klugheit an. Dieses halb ernste, halb scherzhafte Fragment seiner Rede und ein halbes Dutzend in einem ähnlichen Tenor, dem ich zuhören durfte, schienen eine Tatsache klar zu belegen. Der König war nicht der Sklave seiner Minister. Er war ein

Mann mit einem klaren Blick auf seine Zeit und bewusst unprogressiv, nicht als Reaktion auf die reaktionären Kräfte, von denen er umgeben war, sondern weil er der Ansicht war, dass es nicht gut für die Welt sei, zu schnell voranzukommen.

Sein Glaubensgrundsatz war recht einfach, und in seinem Verhalten zögerte er nicht, ihn umzusetzen. Er betrachtete es als das höchste Gut für jedes Volk, einen König zu haben; ein weiser, geduldiger und wohltätiger Gesetzgeber, der die Exzesse der Fraktion korrigiert; Einer, der am Ruder steht und das Staatsschiff durch unruhige Gewässer steuert.

Ob seine Vorstellung vom monarchischen Zustand richtig oder falsch war, er konnte sie mit der ganzen Kraft seiner Persönlichkeit durchsetzen. Er glaubte fest an das göttliche Recht. In der Gewissheit seiner eigenen Unfehlbarkeit schien er seiner eigenen Handlungsfreiheit keine Grenzen einzugestehen.

Er glaubte, dass die Zukunft seines Landes in seinen Händen liege. Um es zu bewahren, war er auf diese einzigartige und unerwartete Weise nach England gekommen. Nachdem er eine königliche Gemahlin für seine einzige Tochter ausgewählt hatte, deren Akt der Revolte nur eine Manifestation der Souveränität gegenüber einer höheren Macht war, war er bereit, seinen Willen auf jeden Fall durchzusetzen.

In dieser kleinen Geschichte habe ich versucht zu zeigen, wie die Komödie im Verlauf des Stücks mit der Tragödie konkurrierte. Die Zuschauer waren sich nie ganz sicher, in welche Richtung die Katze springen würde. Es gab unendlich viel Gelegenheit zum Lachen, aber unter dieser Fröhlichkeit lag etwas, das zu tief war, um zu weinen. Oberflächlich betrachtet war der Niederschlag einer so elementaren Gestalt wie Ferdinand dem Zwölften in unserer Mitte Anlass zu einem unauslöschlichen Scherz, doch die Kehrseite der Medaille darf nicht übersehen werden.

Jede Stunde, die der König unter unserem Dach verbrachte, war für Fitz und seine Frau eine langsame Folter. Sie vertraten den romantischen Glauben, dass sie Zwillingsseelen seien, die das Schicksal unwiderruflich miteinander verbunden habe, und dass sie einander alles bedeuteten. Aber diesem Glauben standen jene unberechenbaren Erbkräfte entgegen, die der König mit unvergleichlicher Macht und Gewandtheit gegen ihn aufbot.

Jetzt war es an der Zeit, dass die Prinzessin nachgab. In seiner eigenen Person hatte der König von ihr verlangt, dass sie ein für alle Mal die Last ihres Erbes auf sich nehmen sollte. Wenn sie es jetzt ablehnte, darauf zu achten, waren die Tage der Monarchie gezählt.

Uns Zuschauern war nur allzu klar, dass ein schrecklicher Wettbewerb ausgetragen wurde. In zwei oder drei kurzen Tagen schien die Prinzessin bis auf einen Schatten erschöpft zu sein; der Ausdruck der Wildheit war wieder in ihren Augen: Ihre ganze Haltung verriet eine überwältigende geistige Anspannung.

Auch Fitz litt sehr. Und seine Mühe wurde nicht dadurch gemildert, dass Ferdinand keine Bedenken hatte, eine persönliche Berufung einzulegen.

Ungefähr in der dritten Nacht seiner Tortur begleitete mich Fitz zu meinem Quartier über den Ställen.

„Arbuthnot", sagte er und ließ sich auf einen Stuhl sinken, „ich habe diese Sache mit der Hilfe von Ferdinand so gut wie möglich durchdacht, und er hat mir klar gemacht, dass meine Rechte in dieser Angelegenheit nicht ganz das sind, was ich dachte." Ich beschwere mich nicht. Er hat zu mir gesprochen, wie ein Vater zu einem Sohn, und er hat mir klar gemacht, dass unsere Stellung in den Augen Gottes möglicherweise nicht ganz so ist, wie wir sie beurteilt haben.

Auf eine solche Rede aus den Lippen von Fitz war ich kaum vorbereitet. Dass es von ihnen fallen sollte, gab mir einfach eine erweiterte Vorstellung von den Kräften, die auf ihn einwirkten.

KAPITEL XXVI

EIN SPAZIERGANG IM GARTEN

Letztlich lag das Problem bei Sonia. Ihr Mann hatte die Weisheit, das zu erkennen ; Obwohl sein eigenes Glück auf dem Spiel stand, lag die Angelegenheit außerhalb des engen Bereichs der persönlichen Gleichung.

In der Krise seines Schicksals schien es mir immer, dass Fitz den inhärenten Adel seines Charakters zur Schau stellte. Nachdem der König mit ungeheurer Kraft und Eindringlichkeit die Situation in ihrem wahren Aspekt offenbart hatte, verzichtete sein Schwiegersohn, ohne auch nur einen einzigen Anspruch auf die Rücksichtnahme seiner Frau zu schmälern, darauf, die Vorrechte, die ihm durch ihre spirituelle Verwandtschaft verliehen wurden, ungebührlich auszuüben .

Es war klug und richtig, dass Fitz sich so weit wie möglich von dem Konflikt zwischen Vater und Tochter distanzierte. Aber obwohl er tat, was in seiner Macht stand, um die Angelegenheit zu vereinfachen, konnte er das Bild von sich selbst nicht aus dem Herzen seiner Frau verbannen. Er lieferte die treibende Kraft ihrer Existenz. Emotionen waren der Schlüssel zu ihrem Wesen. In jedem Konflikt zwischen Liebe und Pflicht konnte die Liebe kaum umhin, zu gewinnen.

Fitz litt sehr, während der Kampf weiterging. Er gab mir sogar den Hinweis, dass er möglicherweise versucht sein könnte, einen bestimmten Schritt zu unternehmen, um seiner Frau bei einer möglichen Lösung des Problems zu helfen.

„Je länger das dauert", sagte er in den frühen Morgenstunden zu mir, „desto klarer wird mir bewusst , dass Sonias Platz bei ihrem eigenen Volk liegt. Ich war blind und verrückt, und das bin ich schuldig." an Ferdinand, dass ich mich in meiner wahren Beziehung zu der Angelegenheit, in die das Schicksal uns verwickelt hat, wiedererkennen konnte. Es ist sechs Jahre her, dass ich Sonia zum ersten Mal auf der Terrasse des Schlosses in Blaenau sah, zu dem ich um die Welt reiste Ich wusste, dass sie unglücklich war, und sie wusste, dass ich es war, aber wir waren jung und hatten keine Angst. Wir trafen uns ständig, denn ich hatte den *Zutritt* zum Schloss als Enkel des Kurfürsten von Grakow Meine Tochter heiratete meinen Großvater George Fitzwaren tragischer Erinnerung.

„Wir saßen Abend für Abend draußen auf der Terrasse des Schlosses, Sonia und ich, und beobachteten die Sterne in ihrem Lauf, während ihr Vater sein Parlament in die Enge trieb und sein Volk hinters Licht führte. Sie war einsam, ausgestoßen und ungeliebt; es gab niemanden, dem sie gegenüberstand sie konnte ihre Gedanken aussprechen; sie wurde von dem Gefühl ihres Schicksals bedrückt.

„Sie sagte, als sie mich zum ersten Mal traf , fragte sie sich, wo sie mich schon einmal gesehen hatte. Sie sagte, dass meine Anwesenheit sie wie eine halb erinnerte Vision verfolgte, bis sie begann, sich in ihren Träumen von einer früheren Existenz und einem glücklicheren Zustand zu vermischen. Und als sie das sagte, öffnete sich ihre Stimme seltsamerweise für mich. Es war wie die schwache, ferne Musik, die man manchmal hören kann, die Musik des Windes, der über den unendlichen, grenzenlosen Raum fegt.

eins gewordene Zwillingsseelen und gemeinsam würden wir durch alle Zeit und alle Ewigkeit gehen.“

„Aber ich denke, wir beginnen jetzt zu begreifen , dass das Gefühl der Einheit dem menschlichen Zustand fremd ist und dass die Stunde nahe ist, in der wir uns trennen und wieder allein in die Nacht der Zeitalter hinausgehen müssen.“

In einem Zustand der Verzweiflung wiegte der unglückliche Mann seinen mageren Körper hin und her , während er so sprach.

„Wenn es ihr wirklich hilft“, sagte er, „dann denke ich, dass ich meinem jetzigen Leben ein Ende setzen werde. Zumindest werde ich Ferdinand bitten, es zu tun, denn ich bezweifle, dass irgendjemand wirklich Freude an seiner Vernunft hat.“ wirklich die Kraft, es für sich selbst zu tun. Und doch sollte man vielleicht nicht sagen, dass so viel durch Gebet erreicht werden kann.

„Sicherlich widerspricht es dem Willen Gottes?“ Sagte ich mit einer Art Entsetzen.

„Das ist es zweifellos“, sagte Fitz, „was die Menschheit insgesamt angeht. Aber es kommt manchmal vor, wissen Sie, dass einer von uns das Spiel so hoch treibt, dass er einen besonderen Erlass erhält. Ich glaube fast, Arbuthnot, dass ich.“ Ich habe die Stimme gehört – und wenn ja, kann meine unglückliche Sonia für eine Weile zu ihrem Volk zurückkehren, und ich werde dich als meinen ältesten Freund, einen Mann, dem ich instinktiv vertrauen soll, bitten, die Stimme anzunehmen Sorge für meine kleine Tochter.

Für jemanden, der sich auf der Ebene der Vernunft gut auskennt, muss eine solche Rede schockierend sein. Aber es war so aufrichtig, so vernünftig, der Verfechter dieser Ansichten war so vollkommen Herr seiner Seele, dass seine Worte, während er sie aussprach, eine Art Sanktion zu erhalten schienen, die, wenn ich sie zu Papier bringe , nicht in Erscheinung tritt besitzen.

Der Rat eines Mannes an einen anderen hat in den Fällen, in denen der Gegenstand ihrer Diskussion bereits an den Obersten Gerichtshof verwiesen wurde, keine große Bedeutung. Aber ich hatte das Gefühl, dass ich den Elementen, die meine eigene Natur formten, untreu sein würde, obwohl ich mir ihrer unvollkommenen Entwicklung sehr bewusst war, wenn ich nicht versuchte, ihnen in einem solchen Moment wie diesem einen Ausdruck zu verleihen.

„Fitz", sagte ich, „ich kann kein Recht beanspruchen, dich anzureden, außer als einen jüngeren Bruder. Du gehörst einer höheren Ordnung an; dein Leben ist weiter entwickelt als meines, aber ich bitte dich im Namen Gottes darum." Unterlassen Sie den Schritt, den Sie in Betracht ziehen, es sei denn, Sie sind absolut und über jeden Irrtum hinaus davon überzeugt, dass es keinen anderen Ausweg gibt.

Der unglückliche Mann gab keine Antwort. Sein Gesicht schien nicht mehr wiederzuerkennen .

Ich erhob mich unwillkürlich von dem Stuhl, in dem ich saß.

„Lass uns im Garten spazieren gehen", sagte ich.

Der Vorschlag schien sich auf meinen Lippen zu formen, ungeachtet des Willens des Testaments. Es war vielleicht ein wiederhergestelltes Fragment des menschlichen Erbes, das aus der Vergangenheit herabschwebte.

Ich öffnete die Tür und wir gingen die Treppe hinunter in den Garten. Es war mitten in der Nacht; Was vom Mond übrig war, war fast völlig verdeckt; Die Luft war mild mit der Reinheit des jüngsten Regens. Wir gingen barhäuptig und in unseren Hausschuhen über die nassen Rasenflächen auf und ab .

Plötzlich blitzten Lichter aus dem Gebüsch auf uns herab.

„Es ist alles in Ordnung", rief ich. „Stören Sie uns nicht. Gehen Sie in einen anderen Teil des Geländes."

Die Stimme schien anders zu sein als meine eigene, aber die Beobachter gehorchten ihr.

Die Natur ermahnte uns, als wir durch den Garten gingen. Ihre Reinheit, ihre Ruhe, der unübertragbare Zauber ihrer Weite, der Bann ihrer Pracht drangen in unsere Adern. Wir waren ihre Kinder, Fleisch von ihrem Fleisch, Knochen von ihrem Knochen. Die mächtige Mutter sprach zu uns.

Ein leichter Wind wehte sanft durch die dürren Zweige einer Kiefer.

„Ich muss ganz sicher sein, dass die Stimme zu mir gesprochen hat", sagte Fitz.

Der unglückliche Mann ging zur Kiefer, kniete nieder und schien unwillkürlich sein Gesicht mit den Händen zu verdecken.

Ich schreckte zurück und wandte mich ab.

Plötzlich hüpfte mein Herz vor Überraschung und Bestürzung. Eine unerwartete und unheimliche Präsenz war an meiner Seite.

„Der arme Kerl tut mir leid", sagte eine Stimme leise. „Ich habe Mitleid mit ihnen beiden."

Es war die Stimme des Königs.

Rodova, bekleidet mit einem voluminösen Mantel, verschränkte auf seine väterliche Art seinen Arm mit meinem.

„Komm, mein Freund", sagte er mit eindringlicher, freundlicher Stimme, „lass uns im Garten spazieren gehen."

Gemeinsam gingen wir, der König und ich, mit langsamen und gemessenen Schritten über den Rasen.

„Es ist eine wunderschöne Nacht." Ferdinand der Zwölfte nahm seinen Hut ab.

„Gott ist in seinem Himmel, Herr", sagte ich leise.

„Ihr seid ein gottesfürchtiges Volk", sagte der König; „Das ist eine gute Sache. Was können wir auf der Welt ohne Gottesfurcht tun? Diese Nacht erinnert mich an die Nacht vor Rodova . Es war einfach so, eine ruhige, weiche Luft, ein wenig feucht. Man konnte das hören Der Wind kroch sanft zwischen den Kiefern hindurch. Am Ende deines Gartens war das sanfte Rauschen eines kleinen Flusses zu hören. Die ganze Nacht über hüpften und spielten die kleinen Fische in seinem klaren Wasser und lebten ihr Leben so, wie es ihnen gut schien . Und jenseits des Flusses waren die Österreicher, sechzigtausend Mann mit Pferden und Kanonen.

„Der Gott der Heere hatte die Seele meines Landes in meine Obhut gegeben. Sollte es ein freies und unabhängiges Volk bleiben, wie es seit der Zeit von Alvan dem Ersten war, oder sollte es unter den Füßen des Unterdrückers zertrampelt werden?" Die ganze Nacht bin ich im Garten spazieren gegangen, und ich erinnere mich, dass ich dort unter der Kiefer gekniet habe, wie es unser Freund dort tut. Es ist eine wunderbare Sache, wie sich die Geschichte immer wieder wiederholt.

Die Stimme des Königs war leiser und feierlicher geworden.

„Heute Abend ist eine weitere Krise in der Geschichte unseres Landes. Ich bin älter, als ich scheine; es gibt eine Stimme in mir, die mir sagt, dass mein Kurs fast abgeschlossen ist. Deshalb bin ich gekommen, um mit meiner

Tochter zu sprechen. Das ist sie Die Aufgabe von uns Sveltkes besteht darin, das Gleichgewicht in der Waagschale zu halten. Seit der Zeit von Alvan dem Ersten gibt es eine ununterbrochene Linie der Monarchie. Aber ich kann mir das noch nicht vorstellen. Die unsichtbare Kraft, die es uns ermöglichte, der Macht Österreichs zu widerstehen, wird meiner Tochter Weisheit und Anmut verleihen.“

Auf dem weichen Rasen waren Schritte zu hören, und als wir uns umdrehten, stellten wir fest, dass Fitz sich uns angeschlossen hatte.

„Ha! Nevil“, sagte der König mit einer Stimme elterlicher Zärtlichkeit. „Ich habe unserem guten Freund erklärt, wie mich diese Nacht an den Vorabend von Rodova erinnert . Unsere Dame, der Mond, stand in ihrer jetzigen Position; dort drüben war der Mars, blutrot am östlichen Horizont. Dort hinter uns war Jupiter, genau wie wir Ich sehe ihn heute Abend; aber in der Nacht von Rodova war Uranus nicht sichtbar. Es war eine schwere Krise in der Geschichte unseres Landes, denn ich habe das Gefühl, dass meinen Tagen ein Ende gesetzt wurde Aber ich ging die ganze Nacht durch den Garten und kniete unter einer einzelnen Kiefer nieder, und der Gott der Heere sprach zu mir: „Fürchte dich nicht“, sagte der Gott der Heere Fluss, der am Ende des Gartens fließt, und alles wird gut.“‘

Das Licht des Mondes fiel auf das Gesicht des Königs. Dieses lächelnde und subtile Gesicht sah seltsam leuchtend aus.

„Eine Stunde vor Tagesanbruch“, fuhr der König fort, „ kam Parlowitz zu mir. ‚Weissmann ist in der Nacht heraufgekommen‘, sagte er, ‚mit zwanzigtausend Mann. Wenn wir den Fluss überqueren, ist alles verloren.‘ „Fürchte dich nicht, Parlowitz “, sagte ich. „Bei Tagesanbruch überqueren wir den Fluss.“ „Dann, Sire“, sagte Parlowitz , „geben Sie dies meiner Frau, wenn Sie sie das nächste Mal sehen“ – Parlowitz öffnete den Kragen seiner Tunika und nahm ein Medaillon ab, das er um den Hals trug – „und sagen Sie ihr, dass es mein Wunsch ist.“ dass unser zweiter Sohn John die Nachfolge meines Nachlasses antreten sollte.‘ Dann sagte ich Parlowitz Lebewohl, denn als die Morgendämmerung anbrach, wurde er an der Spitze seiner Division durch die Brust geschossen. Mein lieber Nevil, ich werde die edle Statue gesehen haben, die zur Erinnerung an Parlowitz auf der Terrasse von Blaenau errichtet wurde .“

„Ich habe die Statue gesehen“, sagte Fitz ruhig. „Ein Denkmal der Frömmigkeit, aber als Kunstwerk abscheulich.“

„Es ist das Werk des besten Bildhauers Illyriens“, sagte der König.

„In Illyrien gibt es keine Bildhauer“, sagte Fitz unverblümt.

Der König verfiel in eine Muse. Ich spürte, wie Fitz meinen Arm festhielt.

„Es ist wunderbar", sagte der König leise, „wie sich die Geschichte immer wieder von neuem abspielt. Ich scheine die Stimme wieder in der oberen Luft zu hören: ‚Überqueren Sie bei Tagesanbruch den Fluss am Fuße des Gartens, und alle werden es tun.' gut sein.'"

Der Griff um meinen Arm wurde fester.

„Verlass mich nicht", sagte Fitz mit heiserem Flüstern.

Die ganze Nacht gingen wir drei auf dem Rasen vor dem Haus auf und ab. In einem der oberen Fenster brannte Licht. Es war Sonias Zimmer.

Zwischen uns wechselten wir nur wenige Worte, und größtenteils war es der König, der sprach. Kein einziges Mal lockerte Fitz seinen Griff um meinen Arm. Tatsächlich schien es im Laufe der Stunden immer angespannter zu werden. Es hatte die krampfhafte Hartnäckigkeit eines Menschen, der bis zum Äußersten darum kämpft, den Körper mit der Seele zu verbinden.

hochsensibilisiert zu sein , war empfänglich für die bedrohliche Herausforderung der Macht, die uns umgab. Schweigen war noch schrecklicher als Reden. Die Ressourcen der Zeitalter standen gegen uns in der Waagschale.

„Um Gottes Willen, verlass mich nicht!" sagte mein unglücklicher Freund mit einem entsetzten Flüstern.

Endlich zeichneten sich die ersten schwachen Anzeichen der Morgendämmerung in der oberen Luft ab . Meine Pantoffeln waren durchnässt und meine Zähne klapperten von der Morgenkälte. Ein seltsames Gefühl, das ich noch nie zuvor gespürt hatte, begann mich zu überkommen. Mit einem Schauer erdrückenden, unaussprechlichen Entsetzens begann ich langsam zu begreifen , dass ich nicht mehr Herr über mich selbst war.

Fitz' krampfhafter Griff lag noch immer auf meinem Arm, aber das Gefühl für ihn war verschwunden. Er entfernte sich immer weiter.

"Halt mich!" er flüsterte; und wieder: „Halte mich!" Die erstickte Stimme klang wie die von jemandem, in dessen Gesellschaft ich ertrinke.

Die Stimme des Königs klang ganz nah, obwohl ich seine Worte mit dumpfer Verblüffung hörte.

„Der Tag bricht an. Der Fluss fließt am Ende des Gartens."

Die Finger meines Freundes umklammerten meinen Arm nicht mehr. Im Dämmerlicht sah ich, wie der König aus den Falten seines Mantels einen Revolver hervorholte. Er reichte es Fitz mit einer väterlichen, fast abfälligen Geste, und wir waren beide machtlos, es ihm zu verweigern. Mir kam es so vor, als stünde ich außerhalb von allem, was geschah. Das Gefühl der Distanz schien immer größer zu werden.

Ich sah, wie der König seinem Schwiegersohn die Stirn küsste, und hörte, wie er ihm seinen Segen gab. Dann schien es mir, die Stimme von Fitz zu hören, der mitleiderregend weinte:

„Sonia, Sonia, hilf mir!"

„Schau da drüben", sagte der König; „Der Tag bricht an. Es ist ein weiterer herrlicher Sonnenaufgang für die Menschen in Illyrien."

„Ja, tatsächlich, Sir", sagte eine Stimme, die den Bann brach.

Das Gebet von Fitz war erhört worden. Sonia war unbemerkt in unsere Mitte gekommen.

„Ich bin gekommen, um den Morgen zu probieren, er ist so gut", sagte sie. „Und du, wie früh bist du aufgestanden!"

Der König lachte. Er schien seine Tochter mit diesem Gesicht lächelnder Subtilität zu umhüllen.

„Wir sind im Garten spazieren gegangen, meine Freunde und ich", sagte er. „Wir hatten ein angenehmes Gespräch miteinander. Die Position der Sterne erinnerte mich an den Vorabend von Rodova , nur dass Uranus nicht bei uns war. Es ist immer gut, die Position von Uranus zu kennen."

Ich spürte, wie Fitz mir den Revolver in die Hand drückte.

„Komm", sagte er in seinem Ton natürlicher Entscheidung, „lass uns gehen und ein Bad nehmen und uns für das Frühstück fertig machen."

Tochter sprach, machten wir uns auf die Flucht.

In der Privatsphäre meines Zimmers über den Ställen entfernten wir die Patronen aus dem Revolver.

Fitz reichte mir die Waffe. „Behalte es", sagte er, „als Andenken an Ferdinand den Zwölften. Ich hätte den Fluss überqueren sollen, wenn Sonia meinen Ruf nicht gehört hätte."

Fitz zitterte; aber in seinem hageren Gesicht dachte ich, dass die Vernunft immer noch thront.

KAPITEL XXVII

Bietet ein wenig weibliche Ablenkung

Am Frühstückstisch fragte Mrs. Arbuthnot unseren angesehenen Gast, ob er Lust hätte, einige unserer Freunde und Nachbarn beim Abendessen zu treffen. Sein *Inkognito* sollte streng gewahrt bleiben; und vielleicht würden ein paar frische Gesichter dazu beitragen, die Langeweile seines Aufenthalts in unserer Mitte zu lindern. Der König stimmte dem Vorschlag mit seiner gewohnt herzlichen Gutmütigkeit zu .

Persönlich war ich Frau Arbuthnot zutiefst dankbar, dass sie die Inspiration dazu hatte. Ich war bereit, alles zu akzeptieren, was mich von den gefährlichen Höhen ablenken würde, auf denen ich die ganze Nacht hindurch gewandert war. Man könnte sagen, ich sehne mich nach allem, was mich wieder mit der bescheideneren Ebene der Menschen und Dinge verbinden könnte, in deren Vertrautheit geistige Sicherheit liegt.

Als ich jedoch nach dem Frühstück kam, um diesen scheinbar harmlosen Vorschlag mit Frau Arbuthnot zu besprechen, wurde klar, dass etwas dahinter lauerte.

„Ich habe einen kleinen Plan, wissen Sie", sagte sie mit einer klagenden, kindlichen Miene. „Sie waren in letzter Zeit alle so begeistert von mir, dass ich mir einen kleinen Plan ausgedacht habe, wie ich sie richtig ausstechen könnte."

„Indem wir sie zu einem Treffen mit dem Königshaus auffordern und ihnen ein ausgezeichnetes Abendessen bieten?"

„An dem Abendessen wird nichts auszusetzen sein", sagte Mrs. Arbuthnot, „aber es sollte sehr amüsant sein. Ich werde sofort zu Mary fahren und sie um Verzeihung für die kurzfristige Ankündigung bitten, aber Sonias Vater ist unerwartet aufgetaucht und „Ohne unseren Willen müssen wir ihn unterhalten."

„Wo ist der Scherz? Die nackte und schmerzhafte Wahrheit ist selten amüsant."

„Gans! Da alle davon überzeugt sind, dass Sonia früher eine Zirkusreiterin in Wien war, was liegt da näher, als dass ihr Vater der Zirkusbesitzer ist?"

„Stimmt, Madam. Aber wie wollen Sie seinen Titel erklären?"

„Es wird die einfachste Sache sein. In Illyrien kann man immer einen Titel kaufen, so wie hier. Der alte Zirkusmann hat ein Vermögen gemacht und sich entsprechend einen Titel gekauft."

Ich habe gestanden, dass das ziemlich plausibel klang.

„Sie werden es schlucken, mal schauen, ob sie es nicht tun", sagte Mrs. Arbuthnot und ließ ihrer Erfindung immer freien Lauf. „Und der alte Zirkusmann ist wirklich zu lustig, und wenn Mary Catesby und Laura Glendinning und George und der Vikar und Mrs. Vicar und dieser drängende kleine Amerikaner es selbst sehen möchten, werden wir uns sehr freuen, wenn sie hier speisen. " Und morgen Abend", schloss Mrs. Arbuthnot in einem Tonfall, in dem sich kindliche Überzeugung und eine natürliche Liebe zum Unfug hervorragend vermischten, „sehen Sie nur, ob das nicht der Fall ist, das ist alles!"

„Aber warum, mein Kind? Ich gestehe, dass ich in einer solchen Unterhaltung keinen besonderen Reiz erkennen kann."

„Sie werden kommen, und sei es nur, um uns hinterher zu verarschen, du Gans. Du kennst sie nicht so gut wie ich."

Ich habe gestanden, dass ich es nicht getan habe.

Mrs. Arbuthnot verlor keine Zeit, fuhr zu ihren Freunden und kehrte voller Freude zurück, sie alle im Netz.

"Was habe ich gesagt!" sie deklamierte triumphierend. „Ich habe zuerst Mary angerufen. Ich wusste, wenn ich sie überreden würde, würde der Rest einfach sein. Nun, Sie kennen ihre Art. Sie hielt mir eine schreckliche Vorlesung über die Pflichten meiner Position vor. Als Ehefrau des Mitglieds, meiner Die Verantwortung war einfach enorm. Sie würde sich auf keinen Fall mit Frau Fitz an einen Tisch setzen, aber ich habe ein so schickes Porträt des alten Zirkusdirektors und seines Freundes, des Zirkusdirektors, gezeichnet, der fast so lustig war wie er , dass ich sie dazu gebracht habe, zuzustimmen. Also kommen sie und George.

„Schelmischer Affe!"

„Dann ging ich weiter zum Pfarrhaus. Der Pfarrer hatte keine Verabredung, aber er summte und schnaufte, bis ich ihm sagte, dass Mary kommen würde, also kommt er auch und er wird Lavinia mitbringen. Dann werden da noch Laura und die sein Little American und Reggie Brasset, und natürlich Jodey. Wir werden eine ziemliche Familienfeier werden, und es sollte ein Riesenspaß sein.

„Werden Brasset und Jodey nicht eher ein Ärgernis für Sie sein? Kennen sie Ihr Schuldgeheimnis nicht?"

„Ich werde ihnen natürlich alles darüber erzählen, und sie werden uns helfen, es wegzutragen. Und ich habe vor, Colonel Coverdale zu bitten, auch zu kommen. Er wird den König gerne treffen, und wir müssen ihn überreden, uns das nicht zu geben." weg."

Ich war nicht in der Stimmung, meinem Sinn für Humor freien Lauf zu lassen
. Aber Mrs. Arbuthnots Plan, so zweifelhaft er auch in moralischer Hinsicht
war, hatte zumindest den Vorzug, den Strom meiner Gedanken in eine
andere Richtung zu lenken. Es hat sicherlich etwas dazu beigetragen, die
Spannung zu verringern.

Mrs. Arbuthnot legte ihre Pläne mit großer Vorsicht aus. Sie führte ein langes
und äußerst lebhaftes Telefongespräch mit dem Chief Constable. Ich konnte
den großen Mann fast knurren und kichern hören, als sie ihr böses Vorhaben
darlegte. Aber am Ende konnte er ihr nicht widerstehen und war auch in
ihrem Netz. Jodey und Brasset waren natürlich nur allzu gern bereit,
mitzuhelfen, und beide stimmten ihr zu, „dass sie es alle verdient hätten,
ordentlich gewertet zu werden." Persönlich war die Funktionsweise des
„Abwertungsprozesses" etwas zu viel für mein geschwächtes mentales
System, aber mir wurde kategorisch mitgeteilt, dass ich immer ein
langweiliger Hund war.

Entschlossen, nichts dem Zufall zu überlassen, ging Mrs. Arbuthnot sogar
so weit, Fitz ins Vertrauen zu ziehen.

„Weißt du, Nevil", sagte sie einnehmend, „wie sie sich Sonia gegenüber
verhalten haben und was sie hinter ihrem Rücken über sie gesagt haben."

„Was haben sie gesagt?" Fitz' Gleichgültigkeit grenzte ans Erhabene.

„Warum, weißt du das nicht?" Mrs. Arbuthnot faszinierte den Mann des
Schicksals mit sternenähnlichen Kugeln. „Wissen Sie nicht, dass Laura
Glendinning schrecklich eifersüchtig wurde, als sie herausfand, dass Sonia
genauso gerade fährt wie sie und dass sie viel schlauer aussieht?"

„Hab es tatsächlich geschafft!" grunzte der Mann des Schicksals.

„Und kannst du glauben, Nevil?" – die sternenähnlichen Kugeln wurden
immer runder und leuchtender – „sie verbreitete die Geschichte, dass die
liebe Sonia eine Zirkusreiterin aus Wien war!"

"Ach wirklich!" Fitz verbarg eher oberflächlich ein Gähnen.

„Und außerdem hat sie jeden dazu gebracht, es zu glauben."

Fitz' Langeweile wurde mit einem Lächeln von Zwölf-Pferde-Höflichkeit
verdeckt.

„Und um sie abzuwerben", sagte Mrs. Arbuthnot und erhob sich zu
angenehm theatralischen Höhen, „habe ich die Rädelsführer heute Abend
zum Abendessen eingeladen, um den Vater des Zirkusreiters zu treffen, den
Besitzer des Zirkus, der ein Vermögen gemacht hat." aus seiner Show und
hat sich einen Titel erkauft, wie man es in Illyrien natürlich kann. Und Baron
von Schalk ist der Zirkusdirektor seines Zirkus.

Der Mann des Schicksals lachte vor träger Ineffizienz und erklärte, die Handlung sei wie eine komische Oper. In meinem privaten Ohr hat er später eine Meinung niedergelegt, die man wohl kaum öffentlich machen würde.

„Niemand außer einer Frau hätte daran gedacht", sagte er. „Wenn es sich als lustig herausstellt, dann soll es so sein, aber ich muss sagen, es sieht so aus, als würde man ein gutes Essen verderben – du hast einen erstklassigen Koch, alter Sohn – und es für alle verdammt unangenehm machen."

Ich beschwor Fitz, der wie ich offensichtlich nicht in der Stimmung war, raffinierten Humor zu schätzen , abzuwarten.

Oberstleutnant John Chalmers Coverdale, CMG, verstorbener Karabiner seiner Majestät, war der erste, der eintraf.

„Sie segeln ziemlich nah am Wind, nicht wahr?" war sein Gruß an seine Gastgeberin, die in ihrem besten Kleid ein hinreißendes Beispiel malerischer Zurückhaltung war.

„Ich denke, es wird gut gehen", sagte sie. „Mary Catesby und George werden zu tödlich sein."

ankam , war sie sicherlich eine sehr *große Dame* und ein ehrlicher George, ein Meter achtzig groß und von sorgfältiger, guter Erziehung. Sie begrüßten Fitz und seine Frau mit distanzierter Ehrfurcht. Ferdinand der Zwölfte und sein berühmter Minister waren noch nicht auf der Bühne erschienen. Den größten Teil ihres Tages hatten sie mit der viel diskutierten Klausel 3 des Illyrischen Landgesetzes verbracht.

Acht Uhr ist die Stunde, zu der wir im Crackanthorpe- Land speisen. Es ist ein fester Brauch, dass regelmäßige Anhänger dieses angesehenen Rudels zu dieser Stunde extrem hungrig sind. Während die Präsentationsuhr die Stunde vom Kaminsims des Salons schlug, versammelten sich Mrs. Arbuthnots Gäste zum Abendessen: der Pfarrer und seine Frau, die eher gehässig und förmlich aussahen, ihre unveränderliche Haltung gegenüber dem öffentlichen Leben zeigten, doch der Pfarrer trug einen ein etwas weltliches Paar Schuhe aus Lackleder und ebenso weltliche lila Socken und eher kurze Hosen; Miss Laura Glendinning, unsere einheimische Diana, die wie ein Pferd aussah und mit Pferd redete und die zweifellos Pferd gegessen hätte, wenn es auf der Speisekarte gestanden hätte; mein bezaubernder kleiner Freund, das Relikt von Josiah P. Perkins aus Brownville, Mass.; der edle Meister, eingehüllt in ein Meisterwerk der Schneiderkunst und mit einem Stirnrunzeln der Verwirrung; sein *Adjutant* , Joseph Jocelyn De Vere Vane-Anstruther, umhüllte das Gleiche, aber er lehnte nicht unanmutig mit den Händen in den Taschen an einer Ecke des Schornsteins, ohne jemanden anzusehen, mit niemandem zu sprechen, sondern mit einem verdeckten

Blick an der Tür des Wohnzimmers befestigt, um frühe Informationen über Ferdinand den Zwölften zu erhalten.

In der Mitte des *Salons* besprach die erhabene Frau Catesby den Minderheitenbericht mit dem Pfarrer der Pfarrei und die Gefängnisreform mit dem Polizeichef, während ich, der ich mit Frau Nevil Fitzwaren das größte und bequemste Sofa teilte , eine Nachfolge beantworten musste von mitfühlenden Anfragen bezüglich meines Arms.

„Ein bloßer Kratzer", wurde allen versichert. „Zum Glück war es nicht schlimmer. Tatsache ist, dass diese Taxis ziemlich gefährlich sind."

Die Präsentationsuhr schlug Viertel nach acht. Der Besitzer des Wiener Zirkus und sein treuer Gefolgsmann mussten noch gesucht werden. Obwohl sie zweifellos romantische Gestalten waren – zumindest gab es die Autorität der Gastgeberin, dass dies ihrer Natur entsprach –, war die Art und Weise, in der sie die ernsten Angelegenheiten des Lebens behinderten, schwer zu dulden.

Mrs. Josiah P. Perkins kam zu unserem Sofa. Sie warf einen zurückhaltenden, herabblickenden Blick auf die Dame, die neben mir saß, die eindeutig *Klavier* spielte, was natürlich auch so sein sollte, und gab das klagende Geständnis ab: „Ich bin so hungrig. Ich hätte nichts gegen die Hirschkuh." Bein von diesem Satinholztisch.

„Sie haben die volle Erlaubnis, es zu haben", sagte ich.

„Oh nein", sagte Mrs. Josiah P. Perkins, „es würde die Suite ruinieren. Aber kaum Frühstück, ein Sandwich im Top Covert, in dem es kaum Schweinefleisch gab, eine Tasse Tee im Vicarage und …" Du weißt, was das ist, und jetzt – oh je! – "

Unter diesen erschütternden Umständen hielt ich es für meine Pflicht, herauszufinden, was auf mich zukam. Ich überließ meinen Platz Mrs. Josiah P. Perkins, und als sie sich darauf fallen ließ, hörte ich sie sagen: „Ich nehme an, wenn man sich einmal mit Zirkussen beschäftigt, macht man dann bald einen ordentlichen Haufen?"

Aber als ich mich auf die Suche nach Ferdinand dem Zwölften machte, siehe da! dieser Monarch kam mit seinem Minister herein. Er trug keine Befehle, es gab nichts, was seine Persönlichkeit hervorhob oder verzerrte, aber es fiel mir auf, dass seine Haltung eine schlichte Majestät hatte, die die aller Menschen übertraf, die ich je gesehen hatte.

„Entschuldigen Sie sich, Mylady", sagte er mit leiser Stimme, die für die meisten im Raum dennoch gut hörbar war, da das Gespräch bei seinem Eintreten automatisch unterbrochen worden war. „Dieser verrückte

Holländer schwenkt seine Fackel über dem Pulverfass, und wir hatten die Zeit vergessen."

Und dann begann er mit größter Einfachheit und Gutmütigkeit einen Rundgang durch den Raum, schüttelte jedem Mann herzlich die Hand, sagte „Sehr erfreut, Sie kennenzulernen, Sir" und verneigte sich nacheinander lächelnd vor jeder Dame Schwere. Dann reichte er der Gastgeberin seinen Arm.

Am Tisch hatte ich Mrs. Catesby zu meiner Rechten, Mrs. Josiah P. Perkins zu meiner Linken.

„Was für ein liebenswerter Mann!" sagte Charybdis auf der linken Seite.

„Ich glaube nicht", sagte Scylla, „dass er irgendeine Verbindung zu einem Zirkus hat."

„Er ist jedenfalls der Vater von Mrs. Fitz."

"Wie heißt er?"

„Graf Zhygny , aber Titel sind in Illyrien billig."

„Es ist ein edler Kopf", sagte die Große Dame.

„Objektive Kritik ist sprichwörtlich unsicher", riskierte ich. „Seine Tochter hat ein edles Gesicht."

„Er ist einfach ein Tyrann." Charybdis war immer begeisterter. „Ganz Bawston ."

Die Große Dame widmete sich mit grimmigem Ernst dem ernsten Geschäft des Lebens, und ich muss sagen – obwohl ich zweifellos der Falsche bin, der darauf beharrt –, dass es die ganze Aufmerksamkeit wert war, die ihm geschenkt wurde. Wir kamen am Posten fünfundzwanzig Minuten zu spät an, wie Jodey sich bei seiner Gastgeberin bitter beschwert hatte, aber der angesehene *Koch* , der kürzlich im Dienst eines Adligen stand, hatte sich selbst deutlich übertroffen. Auf der ganzen Linie herrschte gute Laune , ja sogar Herzlichkeit.

„Sind diese Perlen echt?" sagte ein gebieterisches Flüstern von rechts.

„Ich bin kein Kenner von Edelsteinen", gab ich zu, „obwohl ich denke, dass ich es mit der Zeit sein werde."

„Man kann nicht glauben, dass sie real sind. Wenn sie es sind, müssen sie von unschätzbarem Wert sein. Was für einen wundervollen Kopf dieser Mann hat! Und wer, bitte, ist der andere?"

„Herr Brouss ist sein Name. Die Manege ist seine Berufung."

„Ich traf einmal einen angesehenen Ausländer, einen Baron Somebody, einen großen Politiker, der genau so aussah. Es war in Spa oder an einem dieser ausländischen Badeorte. Übrigens, Odo, was meinte der andere Mann mit ‚der Verrückte‘? Der Holländer schwenkt seine Fackel über dem Pulverfass? Ich sehe heute Morgen in der Zeitung, dass die Beziehungen zwischen Deutschland und Illyrien angespannt sind.

„Es ist einer dieser kryptischen Sätze, zu denen wir keinen Schlüssel haben.“

„Was für eine köstliche *Vorspeise*! Das sind glühende Kohlen der Extraklasse. Ich hoffe, Sie leben nicht über Ihre Verhältnisse.“

„Probieren Sie die Madeira – ich sehe, unser ausgezeichneter Pfarrer hat sie entdeckt. Ich frage mich, Mary, ob ich als entschiedener Gegner des Sozialismus in irgendeiner Form wieder ein wenig Unterstützung in hohen Positionen gewinnen könnte.“

„Ich werde keine voreiligen Versprechungen machen, Odo“ – die Große Dame nahm vorsichtig einen Schluck des väterlichen Jahrgangs – „aber ich werde mit der lieben Evelyn sprechen, wenn du möchtest, obwohl du sicherlich keine Vergebung verdienst.“

„Ich hoffe, Sie werden ihr versichern, dass niemand eine größere Verehrung für eine arme, aber verdiente Klasse hegt.“

Obwohl Fitz und seine Frau still und beschäftigt blieben, war der Verlauf des Festes von einer gemäßigten Fröhlichkeit geprägt. Die Gastgeberin befand sich auf dem Wellenkamm. Sie machte keinen Versuch, ein fast unanständiges Gefühl des Triumphs zu verbergen. Ich kann nicht genau sagen, warum sie es hätte hegen sollen , aber sie verriet alle äußeren und sichtbaren Anzeichen dieser Emotion. In ihren Augen strahlte ein Glanz, in ihren Reden lag etwas Pikantes, in ihrer Haltung gegenüber den hohen Persönlichkeiten, von denen sie umgeben war, lag eine ehrerbietige Schlichtheit, die sich an der ganzen Tafel widerspiegelte. Als Reaktion auf ihre Ausfälle hallte das königliche Gelächter laut und lang nach.

„Ein toller Kerl, nicht wahr ?“ sagte meine angeheiratete Verwandtschaft in einem Moment der Erweiterung zu Miss Laura Glendinning.

„Wer ist ein guter Toppin ?“ sagte das wörtlich Diana.

„Natürlich, der König.“

„Ich habe ihn noch nie getroffen“, sagte Diana.

„Wo, bitte, hast du ihn getroffen, Joseph?“ war die strenge Frage der Großen Dame nach dem Rand ihres Madeiras.

„Im Fahrerlager in Newmarket", sagte der junge Mann und erholte sich glänzend.

„Fettkopf!" sagte der edle Meister mit einem Flüstern nachsichtiger Mattigkeit. „Dann hättest du es fast vermasselt ."

Das königliche Gelächter hallte weiter nach.

„Ich nehme an, er begann sein Leben als Clown?" sagte die Große Dame.

„Fast alle diese Zirkustypen tun das, nicht wahr?" sagte Jodey, der in seinem allzu großen Wunsch, seinen Ernst zu bewahren, beinahe Unglück erlitten hätte.

„Oder als Reiter ohne Sattel", sagte ich und griff das Gleichnis auf.

„Man würde sicherlich einen Clown sagen", sagte die Große Dame. „Meine Güte, was für Manieren!"

Der Portwein war erschienen und ordnungsgemäß ausgegeben worden. Genau in diesem Moment klopfte Ferdinand der Zwölfte gebieterisch auf die Tischdecke. Er stand auf, das Glas in der Hand.

„Meine Damen und Herren, meine guten Freunde", sagte er. „Ich habe einen Toast auszusprechen. Wenn Sie möchten, trinken wir auf die Gesundheit von *Le Bon Roi Edouard* . Gott segne ihn!"

Auf die äußerst schnelle Initiative des Chief Constable hin zögerte das Unternehmen nicht, dem Beispiel des Zirkusbesitzers zu folgen.

„Der König! Gott segne ihn!"

Dieser Vorfall, dem der Zirkusbesitzer eine solche Autorität verliehen hatte, dass er völlig in Ordnung schien, hätte Jodey und seinen edlen Freund beinahe zum Verhängnis gemacht. Von den Emotionen des Augenblicks überwältigt, gönnten sie sich eine eigene kleine Nebenschau. Nachdem der Toast auf *„le bon roi Edouard" in Form* gewürdigt worden war , setzte sich der Rest der Gesellschaft sofort nieder, aber unsere beiden Sportler blieben auf den Beinen. Sie füllten ihre Gläser, wandten sich dem illustren Gast zu und wiederholten die feierliche Formel:

„Der König. Gott segne ihn!"

„Setzt euch, ihr Arschlöcher", sagte der Chief Constable mit widerspenstigem Unterton.

Dennoch verneigte sich der Zirkusbesitzer vor ihnen und lächelte väterlich.

„Man sollte nicht zu viel erwarten", sagte der Pfarrer, „aber ich denke, der Alte ist ein bisschen ein Sportsmann."

„Überhaupt kein schlechter Kerl", sagte der ehrliche George weithin. „Überhaupt kein schlechter Kerl. Überhaupt kein schlechter Kerl."

Allerdings schlummerte in der Brust eines verheirateten Mannes, eines Familienvaters und eines Kreisangehörigen eine subtile Angst, dass unser ausgezeichneter Pfarrer über sein Wissen hinaus gesprochen hätte. Ich sah voraus, dass die Feuerprobe kommen würde. Als die Damen den Raum verließen, drängte mich meine Verzweiflung, der Kirche einen deutlichen Hinweis zu geben.

„Vielleicht, Vikar", sagte ich klagend, „wenn Sie sich den Damen anschließen würden? Überhaupt kein schlechter Kerl, wissen Sie, überhaupt kein schlechter Kerl, aber vielleicht nicht – äh – im Großen und Ganzen – wissen Sie nicht!"

„Das ist nicht schlimmer", sagte der härteste Reiterpfarrer in drei Landkreisen und füllte sein Glas mit Gelassenheit und Herzlichkeit. „Wenn Sie denken, dass der alte Puffer ein Garn zu schätzen weiß, werde ich es dem alten von meinem Onkel Jackson erzählen. Heutzutage ist es eher ein Kastanienbraun, aber vielleicht hat er es noch nicht gehört."

Die kirchliche Anstrengung war keineswegs *vieux jeu* . Und es ist der Kirche nur gerecht, zu erwähnen, dass der Stil des Erzählers im Vergleich zu dem, den er in seinem Beruf prägte, sehr positiv ausfiel. Ferdinand der Zwölfte lachte herzlich und antwortete mit ein paar Meisterwerken, die die Wangen der Bescheidenheit vor Scham erröten ließen. Ich fürchte, es gab jedoch nur eine Wange, in der das fragliche Emblem Zuflucht finden konnte, und die Wahrheit zwingt mich zu der Behauptung, dass es weder die der Kirche noch die der Polizei war.

Fast eine Stunde lang wurde die Flasche rund um die Uhr in Umlauf gebracht und wir wurden königlich bewirtet. Ferdinand hatte eine reiche und vielfältige Lebenserfahrung. Er hatte viel gesehen und getan; er hatte Geschichte geschrieben und wieder rückgängig gemacht; er war von der Welt, er liebte sie und er warb um sie; Im letzten halben Jahrhundert war auf dem europäischen Schachbrett keine Persönlichkeit aufgetaucht, über die er nicht aufgrund umfassender und intimer Kenntnis sprechen konnte. Wenn es ihm gefiel, konnte er den Vorhang beiseite schieben und den Schausteller sehen, der im politischen Theater die Puppen tanzen ließ.

Er sprach mit großer Begeisterung; Seine Lebensfreude war großartig, und seltsamerweise war an seinem Standpunkt nichts Zynisches oder Unedles. Fast eine Stunde lang hielt er die Unweisesten von uns in seinem Bann. Er verfügte über eine Fülle, ein Übermaß an Natur, und subtil und jesuitisch – in Ermangelung eines glücklicheren Wortes –, so wie er zweifellos war, hatte er als Mann etwas Menschliches und Großherziges an sich.

Er verschenkte die Großen der Erde und zeigte ihnen ihre Wohngewohnheiten. Er machte sie weder weniger noch mehr, als sie waren. Nichts war böswillig niedergeschrieben, aber seine Anekdoten hatten größtenteils einen Rabelaisschen Beigeschmack, der einer Verschwendung der Natur entsprang. Er war eine große und nicht unbarmherzige Kraft, die den Kelch des Lebens bis auf die Hefe austrank, herzhaft mit den Lippen schmatzte und mehr verlangte. Seine Philosophie schien darin zu bestehen, Gott zu fürchten, aber keine Skrupel zu haben, alle edlen und unendlichen Gaben Ihres Erbes voll auszuschöpfen. Seine Verhaltensregel bestand jedoch nicht darin, die Menschen an ihrer Stärke, sondern an ihrer Schwäche zu messen. „Jeder Mensch hat seinen blinden Fleck", sagte er *in Anspielung* auf Bismarck. „Finde es und er gehört dir."

Eine solch überfüllte Stunde voller Weisheit, Witz und historischer Offenbarung war eine Erfahrung, die selbst ein Dummkopf wahrscheinlich nicht vergessen würde. Nur George Catesby und der Pfarrer kannten die Identität unseres Gastes nicht, und für sie war die Katze mehr oder weniger aus dem Sack.

Als wir zu den Damen kamen , stellten wir fest, dass Kartentische aufgestellt waren. Mrs. Arbuthnot und Coverdale engagierten Mrs. Catesby und den König. Niemand, der das Stück sah, konnte sich über die bissigen, aber gut gelaunten Gedanken des Zirkusbesitzers über den Auftritt seiner Partnerin amüsieren. Die Große Dame ertrug jedoch alles mit stoischer Demut. Zu meiner Überraschung griff sie nach einem zweiten Schlag, und ihr Verhalten machte Jodey, die Spiele wie „ *Britch* "*verachtete und es vorzog, sich die königliche Party* anzusehen , klar, „dass sie eine Ratte roch."

„Ich gehe davon aus, dass sich die Show inzwischen ziemlich verraten hat", sagte er nebenbei zu seinem Moderator, „aber auf jeden Fall haben sie eine ordentliche Wertung hingelegt."

Das Mysterium des „Erreichens" war immer noch zu viel für meine unzureichenden mentalen Prozesse. Aber ich kam zu dem Schluss, dass es unter Personen mit einer lebhafteren intellektuellen Besetzung einen Konsens darüber gab, dass dies tatsächlich der Fall war.

„Ich glaube nicht, dass wir ihr nicht halb auf die Nerven gehen" – in der Ausgelassenheit der Stunde verfiel der junge Kerl in eine halblyrische Varieté-Comedy-Manier – „über den alten Zirkus-Johnny, der ein gesundes Getränk trank." an Seine Majestät. Ich wünschte nur, der alte Alec wäre da gewesen, das ist alles.

„Ein Bagger, Madame, ein Bagger", sagte der Zirkusbesitzer in einem humorvollen Tonfall, „wenn Sie keinen Baum haben !"

Die Große Dame nahm den Tadel mit christlicher Sanftmut entgegen.

Erst gegen Mitternacht wurde der abreisende Gast in verschiedenen Streitwagen befördert; die Kirche im identischen „One-Hoss-Shay" unnachahmlicher und frommer Erinnerung. „Vielen Dank, Frau Arbuthnot, für einen wirklich *unvergesslichen* Abend", sagte die Kirche mit einer Handbewegung wie eine etwas unklerikale Bowlerin.

Die Plutokratie in der kleinen Person von Frau Josiah P. Perkins hatte einen Daimler mit sechzig PS. Sie nahm eine weniger glückliche Schwester mit, Miss Laura Glendinning. Die Große Dame und der ausgezeichnete George, „ein guter Vintage-Sound, aber langweilig", wie ich ihn von einem Freund und Nachbarn beschreiben hörte , griffen auf ein Reisemittel mit nur zwölf Pferdestärken zurück, wie es sich für die Vertreter unserer bitterarmen Bevölkerung gehörte Grundbesitzerklasse.

„ *Was für* ein Erfolg, meine Liebe!", sagte die Große Dame und erteilte ihren Abschiedssegen. „Aber", mit geheimnisvoller Stimme, „ich werde darauf *bestehen* , dass die ganze Sache geklärt wird."

KAPITEL XXVIII

Die Schrift an der Wand

Der Morgen, der auf diese gemäßigten Fröhlichkeiten folgte, war kalt und hell. Der König lieh sich mein schönstes Gewehr und machte sich in Begleitung seines Schwiegersohns, unseres Dieners Andrew und eines alten Field Spaniels, der auf den Namen Gyp hörte, daran, ein oder zwei Hasen im Stoppelfeld aufzuscheuchen. Mein körperlicher Zustand erlaubte es mir nicht, ein Gewehr an die Schulter zu legen, aber ich hielt es für klug, dabei zu sein. Es ist bekannt, dass Unfälle passieren, und – aber vielleicht ist es besser, dieser Spekulation nicht nachzugehen.

„Schicksal“ ist ein vager Begriff, der hinter vielen Geheimnissen den Schleier des Anstands legt, und Schusswaffen waren oft die gewählten Instrumente seiner Dekrete. Zweifellos wurde ich zu einfallsreich. Sicherlich hatten die Abenteuer, die ich in den letzten Wochen erlebt hatte, Spuren in meinen Nerven hinterlassen, aber als ich an unsere Wache dachte, die mir noch so frisch in den Sinn kam, dass sie seltsam und schrecklich schien, konnte ich mir die Aussicht auf Ferdinand den nicht vorstellen Zwölfter und sein pflichtbewusster Schwiegersohn teilen den unschuldigen Zeitvertreib, ein wenig wild zu schießen, ohne eine geheime Angst zu haben.

Ich freue mich, sagen zu können, dass der Verlauf des Vormittagssports dieser Befürchtung keinen Abbruch getan hat. Der König war ein ausgezeichneter Schütze, und selbst eine seltsame Waffe änderte kaum etwas an seinem Können. Er zeigte sowohl Wissenschaft als auch Genauigkeit. Aber zu sehen, wie er Seite an Seite mit Fitz stand, jeder mit einer geladenen Waffe in der Hand; Zu sehen, wie sie durch Lücken und über Zaunpfosten und Tore mit fünf Gittern kletterten, denn trotz seiner Jahre und seines Körperbaus war Ferdinand ein wunderbar aktiver Mann, der einen fast jungenhaften Stolz auf seinen körperlichen Zustand zeigte, das war das Gefühl, dass das Leben von beiden nicht stimmte am seidenen Faden hängen.

Allerdings war dies alles, wie gesagt, die unwürdige Frucht einer übertriebenen Fantasie. Die Sportler kehrten wohlbehalten zum Mittagessen zurück, mit einer bescheidenen Tüte voller Vögel der Lüfte und wilder Tiere des Feldes.

Am Nachmittag fuhren wir alle auf Veranlassung von Frau Arbuthnot, deren glücklicher Gedanke es war, hinüber, um das Schloss zu besichtigen. Man ging davon aus, dass sich die Familie in Ägypten aufhielt, und die herzogliche Festung ist der Schauplatz des Bezirks.

Das Gerücht über den Aufenthaltsort der Familie erwies sich als richtig, und eine gewinnbringende Stunde wurde mit dem beiläufigen Studium der Pracht verbracht. Der König zeigte echtes Interesse an allem, was er sah. Besonders fasziniert war er von der Aussicht von der Terrasse, die Versailles nachempfunden ist und einen langen, weiten Blick auf Eichen und Buchen sowie eine Herde Hirsche im Vordergrund bietet.

Er drückte seine große Wertschätzung für die Kunstsammlung des Herzogs aus; Dennoch erlaubte er sich zu wundern, dass ein Privatmann solche Bilder, solche Wandteppiche, solche Möbel, solches Porzellan, solche Rüstungen , solche Metallarbeiten, solche Teppiche, solche bemalten Decken und weiß Gott was sonst noch haben sollte.

„Für ein Thema ist das ganz gut", sagte Ferdinand der Zwölfte.

„Seine Gnaden von Dumbarton, Sir", sagte ich, „besitzt vier weitere Orte auf diesen Inseln von ähnlicher Pracht; er besitzt eineinhalb Millionen Acres , von denen ein Teil in großen Industriezentren liegt , sein Einkommen beträgt." eher mehr als 500.000 Pfund pro Jahr, und er ist es gewohnt, sich in seinen öffentlichen Äußerungen als Mitglied einer armen, aber verdienten Klasse zu bezeichnen."

Ferdinand der Zwölfte dachte einen Moment mit einem amüsierten, aber vorsichtigen Lächeln nach.

„Wenn er in Illyrien leben würde", sagte er, „müsste sich seine Gnade wohl mit weniger begnügen, nicht wahr, Schalk?"

„Es würde mich nicht überraschen, Sir", sagte der Kanzler mit einem ausdrucksvollen Schulterzucken. „Ich gebe zu, dass es für einen Staat wirtschaftlich nicht sinnvoll erscheint, seinen Bürgern zu gestatten, solche Mengen an Schätzen anzuhäufen. Wie groß auch immer ihre öffentliche Kapazität ist, ich sehe nicht, wie sie ihrer Verantwortung gerecht werden können."

„Aber wenn", sagte ich, „der Staat seine Gnade um einen Heller erhebt, wird er sofort als Räuber angeprangert. Eigentum ist das Heiligste, was wir in diesem Land kennen."

„Seine Gnade hat das alles ehrlich überstanden, hoffe ich?" sagte der König mit amüsierter Miene.

„Er ist auf jeden Fall auf der Grundlage von Gesetzen darauf gekommen."

„Was er hoffentlich nicht selbst gemacht hat!" sagte der König lachend.

„Nein, Sir; sein Großvater und die Kandidaten seines Großvaters und so weiter haben dieses kleine Geschäft geführt. Natürlich ein ziemlich verfassungsmäßiges Verfahren."

„Das weiß ich zu schätzen", sagte Ferdinand der Zwölfte mit seinem subtilen Lächeln. „Die britische Verfassung wird seit langem von Nationen beneidet. Ich nehme an, unser Freund, der Herzog, ist ein Mann von großem Gemeinsinn, der dem Britischen Empire hervorragende Dienste geleistet hat."

„Im Gegenteil, er bevorzugt die angenehme Dunkelheit des englischen Gentleman."

„Seine Vorfahren also?"

„Der verstorbene Herzog war ein Idiot; und ich fürchte, wenn sich irgendjemand die Mühe gemacht hat, die Aufzeichnungen der Familie zu durchsuchen, seit sie um das Jahr 1700 aus Deutschland in dieses Land kam, gibt es in ihren Archiven nur einen Vorfall, bei dem es um einen ausgeprägten öffentlichen Geist ging ."

„Ein glorreicher Sieg, ein Blenheim, ein Waterloo, nehme ich an?" sagte Ferdinand der Zwölfte.

„Nein, Sir; der Frieden hat auch seine Siege. Diese angesehene Familie hat das Derby-Pferderennen zweimal gewonnen."

„Ein wunderbares Volk, Schalk!" sagte der König lachend.

Ihre Königliche Hoheit klatschte Frau Arbuthnot impulsiv in die Hände.

„Da, Irene, was habe ich gesagt!" rief sie aus. „ Perrault! – wo immer man auf dieser kleinen Insel hingeht, findet man Perrault. Mein Vater hat jetzt Perrault gefunden. Sogar Schalk hat ihn gefunden."

„Sonia Liebling, du bist zu lustig!" sagte Frau Arbuthnot mit einer klagend kindlichen Miene stillschweigender Herablassung.

Der König teilte dem Verwalter Seiner Gnaden, einem Herrn mit Glatze und einem sehr konventionellen Aussehen, der uns in der Eingangshalle erwartete, um uns sicher aus dem Gelände zu bringen, mit, dass er seinen Namen gerne in das Gästebuch eintragen würde. Da der Verwalter die Identität von Ferdinand dem Zwölften nicht kannte und den allgemeinen Verlauf unseres Gesprächs keineswegs billigte, sagte er mit kalter Höflichkeit, er fürchte, das Gästebuch werde nur von den Gästen Seiner Gnaden benutzt.

Der König nahm ein Stück Rotstift, das auf einem Schreibtisch lag.

„Wir werden an die Wand schreiben", sagte er milde.

Der Verwalter war schockiert und empört , aber seinen Protesten wurde keine Beachtung geschenkt. Der König schrieb seinen Namen in kräftigen und festen englischen Buchstaben an die Wand, direkt unter Lelys Porträt des Familiengründers.

Nachdem dies geschehen war, gab der König den Bleistift seiner Tochter, die ebenfalls ihren Namen einschrieb. Sie wiederum gab es der Kanzlerin, die ihrem Beispiel folgte. Dann gab er Frau Arbuthnot den Bleistift.

Diese Dame errötete vor Verlegenheit, aber auf ausdrücklichen Wunsch des Königs schrieb sie auch ihren Namen; und als das konservative Mitglied für diesen Teil der Grafschaft an die Reihe kam , hatte er keine andere Wahl, als dem königlichen Befehl zu gehorchen.

Unsere Namen erschienen ordnungsgemäß in der folgenden Reihenfolge an der Wand:

Ferdinand Rex
SoniaVon SchalkIrene Arbuthnot
Nevil Fitzwaren
Odo Arbuthnot, MP

Als dieser Akt des Vandalismus vollendet war, wandte sich der Sieger von Rodova an den Verwalter.

„ Habe die Güte, Seine Gnaden mitzuteilen", sagte er, „dass der König von Illyrien die volle Verantwortung für die Schrift an der Wand übernimmt. Es ist die Schrift an der Wand für ihn und sein Land."

Als wir auf die Autos zugingen, die an einem Seiteneingang auf uns warteten, mussten wir eine Steintreppe hinabsteigen. Beim Abstieg überkam den König eine plötzliche und vorübergehende Ohnmacht. Er schwankte, und ohne die Schnelligkeit des stets wachsamen Kanzlers wäre er gestürzt.

„Das ist das Zeichen an der Wand für die Menschen in Illyrien", sagte der Sieger von Rodova mit humorvollem Stoizismus, als er sich erholte.

KAPITEL XXIX

DIE BESETZUNG DES WÜRFELS

Bei der Rückkehr nach Dympsfield House warteten drei verschlüsselte Telegramme auf den König. Zwei Sekretäre, die zusammen mit mehreren anderen inoffiziellen Mitgliedern seiner Suite im Coach and Horses wohnten, waren im Besitz der Bibliothek, die dem König zur Verfügung gestellt worden war. Beim Abendessen an diesem Abend wurden wir darüber informiert, dass die teutonische Darstellung des roten Feuers eine schwere innere Krise in Illyrien ausgelöst hatte. Die Nationalbank war kurz davor, die Zahlung einzustellen; Der konsolidierte Bestand lag bei neunundfünfzig; und Seine Majestät müssen diese Küsten im Laufe des Samstags verlassen.

Ich konnte einen Seufzer der Erleichterung nicht unterdrücken, obwohl dies natürlich erst Mittwochabend war.

„Der alte Vesuv beginnt wieder zu rumpeln", sagte der König mit einem Lachen, das ziemlich unheimlich klang, „aber er kann uns nicht dazu bringen, an ihn zu glauben. Wie sagst du, mein Kind?"

Er blickte über den Tisch hinweg auf die Prinzessin, die totenbleich war.

Hier zeigte sich die letzte und größte Krise für sie und ihren Mann, und die Herzen derer, denen sie viel bedeutet hatte, waren vor Mitleid zerrissen. Elementare, unkontrollierbare Kräfte hatten sie im Griff.

Auch Fitz hatte unser ganzes Mitleid. Der Anflug wahrer Größe im Herzen des Mannes, den alles Oberflächliche nicht auslöschen konnte, hatte sich in dieser Zeit der Angst durchgesetzt. Eine geringere Natur hätte vielleicht Schritte unternommen, um seiner Frau die Qual seiner Anwesenheit zu ersparen. Aber in den Nachtwachen hatte er die Frage gestellt, und nun, was auch immer kommen musste, würde ihm sein Schicksal widerfahren.

Es gab Grund zu der Annahme, dass er bereits sein ganzes Gewicht auf der Seite Ferdinands in die Waagschale geworfen hatte. Es stimmte, dass er vor der Selbstverbrennung zurückgeblieben war; er hatte der Stimme eine andere Interpretation gegeben; aber mir, seinem Freund, kam es so vor, als sei sein gesamtes Verhalten ein Stück altruistischen Heldentums, das nur wenige Parallelen hatte haben konnen.

„Ferdinand hat recht", sagte er, während wir in meinem Quartier Wache hielten. „Die Interessen eines großen Volkes sind wichtiger als ein Kerl wie ich. Ich weiß es, und Sonia weiß es auch."

Die Worte wurden ihm entrissen. Es war merkwürdig, wie sich dieser zurückhaltende und selbstbewusste Geist nach der Sanktion sehnte, die in der Macht eines mitfühlenden Verständnisses zu erteilen lag. Wenn er sich eine tödliche Wunde zufügte, musste er einen Freund an seiner Seite haben. Wenn er übermenschliche Kräfte hatte, hatte er zumindest menschliche Schwächen. Tapfere Männer sind in der Regel stolz. Fitz hatte in der Stunde seiner Leidenschaft eine Demut, ein Verlangen nach dem Ansehen seiner Mitmenschen, das ich nur mit aller Kraft auf bescheidene Weise wiedergeben konnte. Der Weg der Mittelmäßigkeit rettet uns vor vielen Dingen, aber ich nehme an, es gibt Zeiten im Leben einiger, die sein Abzeichen tragen, in denen wir bereitwillig auf sein angenehmes Bewusstsein der Immunität für eine göttliche Gabe verzichten würden.

Es war, als würde mein unglücklicher Freund verbluten, vielleicht sogar zu Tode, und ich wüsste nicht, wie ich seine Wunde stillen sollte.

Keiner von uns suchte in dieser Nacht sein Bett auf, sondern saßen und rauchten Stunde für Stunde, größtenteils schweigend, neben einem erloschenen Feuer. Er wünschte, dass ich in seiner Nähe wäre, fast wie ein stummes Tier sich nach denen sehnt, die ein mitfühlendes Verständnis für seinen Schmerz zeigen, auch wenn sie nicht in der Lage sind, ihn zu lindern.

Während wir so zusammensaßen, stellte ich mir die wechselvolle Karriere meines Begleiters in all seinen Phasen vor. Ich erinnerte mich an ihn in seiner ersten Hose an seiner Privatschule; Ich erinnerte mich an ihn als meinen Schwulen in der größeren Kosmogonie, in der wir später zusammen lebten. Als sein Vorgesetzter hatte ich ihn damals unbewusst als minderwertig angesehen als mich selbst. Aber als ich heute Nacht bei ihm saß und von Mitleid mit dem tragischen Scheitern seines Schicksals erfüllt war, wurde mir klar , dass er jemand war, dessen Leben auf einer höheren, bedeutungsvolleren Ebene verlief, als meines es jemals einnehmen könnte.

Es war gut zu spüren, dass ich mir in Bezug auf meine Einstellung ihm gegenüber in jenen fernen Tagen nichts vorwerfen konnte. Seine depressiven Anfälle, seine teuflischen Ausbrüche, seine Abneigung gegen Spiele, der Fatalismus, der in ihm steckte, seine Ungeduld gegenüber jeder Autorität, hatten ihn vielen Nöten ausgesetzt. Aber ich war froh, dass ich mir keine unvollkommene Sympathie für diesen fantastisch seltsamen, aber dennoch hohen und dauerhaften Geist vorwerfen musste.

Der Donnerstag kam und verging im Trübsinn. Sogar Ferdinand, dieses Herz aus Stahl, spürte die Schärfe der Krise. Den ganzen Tag über erschien Sonia nicht. Aber am Abend saß Irene bei ihr in ihrem Zimmer.

„Wenn ich sie wäre", erklärte sie mir später trotzig und unter Tränen, „würde ich nicht zurückkehren – es sei denn, sie würden meinen Mann als ihren zukünftigen König akzeptieren."

„Das können sie nicht."

„Ich denke, der König selbst hat so Unrecht. Er hasst Nevil und er hegt nicht die geringste Zuneigung für die arme kleine Marie, seine Enkelin. Es ist ein schrecklicher Zustand."

Ich stimmte düster zu. Dennoch war es ein Zustand, der sich so natürlich und zwangsläufig aus den besonderen Umständen des Falles ergab, dass er fast ein wenig von seiner tragischen Bedeutung einzubüßen schien.

„Wenn sie nur stark genug wäre, bis Samstag durchzuhalten!" sagte meine weibliche Beraterin. „Aber ich habe eher Angst. Sie ist in mancher Hinsicht ziemlich schwach."

„Es gibt eine Schwäche, nicht wahr, die eine höhere Form der Stärke ist?"

„Können Sie meinen, dass sie nicht schwach sein wird, wenn sie zustimmt, nach Illyrien zurückzukehren, um Erzherzog Joseph zu heiraten?"

„Sie hat eine Pflicht gegenüber ihrem Volk."

„Sie hat eine Pflicht gegenüber ihrem Mann und ihrem Kind."

Der Donnerstag endete, wie er begonnen hatte, und der Freitag brachte keinen Trost. Am Nachmittag tauchte die Prinzessin wieder unter uns auf. Sie war blass und gelassen, und als die Dämmerung des Januarnachmittags hereinbrach, ritten sie und Fitz zusammen hinaus. Der König ging zur gleichen Stunde mit von Schalk durch die schlammigen Gassen.

„Sie verlassen uns morgen früh um elf", informierte mich Mrs. Arbuthnot, „und Sonia hat ihre Sachen noch nicht gepackt. Ich glaube, das Schlimmste ist überstanden. Sie hätte es mir gesagt, wenn sie sich entschieden hätte zu gehen."

Ich konnte ihren Optimismus nicht teilen. Von Anfang an hatte ich gespürt, dass die Sterne in ihren Kursen zu viel für die unglückliche Dame sein würden. Und nichts war geschehen, um diese Angst zu beseitigen.

Der König kehrte von seinem Spaziergang zurück, und mit seinem höflichen und subtilen Gesichtsausdruck gefiel es ihm, mit einer Tasse Mrs. Arbuthnots Tee zu spielen, während er am Feuer seine schlammigen Gamaschen anröstete.

„Meine Tochter ist von ihrer Fahrt nicht zurückgekehrt?"

„Nein, Sir", antwortete ich ihm.

„Die letzte gemeinsame Fahrt", sagte der König sanft. „Einer Ihrer hervorragenden englischen Dichter hat ein Gedicht darüber geschrieben, nicht wahr?"

Ein Schauer durchlief meine Nerven angesichts der fast grausamen Direktheit der Rede des Königs. Ich sah, dass sich im selben Moment die Augen von Frau Arbuthnot mit Tränen gefüllt hatten.

„In England gibt es große Dichter", sagte der König leise. „Sie sind der größte Ruhm einer Nation, und Ihr Land ist reich an ihnen. Wir haben auch große Dichter in Illyrien. Es gibt Bolder. Wir sind alle stolz darauf, die Landsleute von Bolder zu sein. Wenn Sie uns in Blaenau I besuchen kommen Ich denke, es wird Ihnen gefallen, ihn kennenzulernen.

Als der König mit seiner väterlichen Stimme sprach, war ich mir seiner Hand auf der Brust meines Mantels bewusst. Daran hatte er ein Stück schwarzes Band befestigt, an dem ein silberner Stern befestigt war.

„Ich fürchte, Sir", sagte ich etwas verlegen, „kein Mensch hat jemals weniger getan, um den Orden des Silbernen Sterns von Illyrien zu verdienen."

Der König nahm meine Hand mit dieser wunderbar herzlichen Einfachheit, der ich so schwer widerstehen konnte.

„Ein Freund in Not ist in der Tat ein Freund, Mr. Arbuthnot, wie Ihr englisches Sprichwort sagt. Und, Madame, wenn wir gemeinsam das Cotillon in Blaenau leiten, hoffe ich, dass Sie uns damit die Ehre erweisen , dies zu tragen."

Der König legte ein Juwel von großer Schönheit auf den Teetisch.

„Oh, Sir", sagte Mrs. Arbuthnot und lächelte schwach durch nasse Wimpern.

Der König stand mit der Teetasse in der Hand vor dem Feuer und sprach ganz einfach, freundlich und aufrichtig mit uns. Er war ein Mann von großer Geisteskraft und hatte eine weitreichende und direkte Lebenseinstellung.

„In diesem Land gibt es viele Möglichkeiten, die ich gerne in unserem sehen würde", sagte er. „Aber wir in Illyrien beeilen uns langsam. Das Klima ist nicht so angenehm. Ich fürchte, wir denken nicht so energisch. Und die Kluft zwischen Arm und Reich ist größer."

In der Stimme des Königs lag ein Hauch von Bedauern. Er schien seinen Blick in die Zukunft zu richten und dabei wurde sein Gesicht müde und melancholisch. Da wurde mir klar , dass dieser Mann von unendlicher Kraft und Macht angeblich am Ende seines Lebens angelangt war.

Beim Abendessen waren wir von seiner Fröhlichkeit belebt. Seinem Charme konnte man kaum widerstehen, er war so reich und voll und so spontan. Aber meine Gedanken wanderten immer weiter vom König, seiner Weisheit und seiner Persiflage zu denen, die vor Gott ein Fleisch waren und zum letzten Mal zusammen speisten.

Ihr Mut war etwas Edles, ja sogar Erstaunliches. Der Stoizismus, mit dem sie aßen und tranken und sich an der Unterhaltung beteiligten, während sich unter ihren Füßen ein Abgrund öffnete, war fast unglaublich. Während des ständigen Schwankens ihres gemeinsamen Lebens von Komödie zu Tragödie, von Tragödie zu Komödie, von Komödie zu Tragödie hatten sie ihre Rollen mit heroischer Beständigkeit getragen, und selbst in dieser dunklen Phase waren sie ihrer Aufgabe gewachsen.

Die Würfel waren gefallen. Am nächsten Morgen würde die Prinzessin zu ihrem Volk zurückkehren, den Erzherzog heiraten und, wenn die Zeit gekommen wäre, den Thron besteigen. Es war Teil des schrecklichen Versprechens, das der König eingegangen war, dass sie Fitz und ihr Kind nie wieder sehen würde.

Ich verbrachte eine Nacht voller trübem Elend. Tun Sie, was ich wollte, ich konnte Fitz nicht aus meinen Gedanken verbannen. Gegen drei Uhr stand ich auf, zog mich an, zog meinen Mantel an und ging in den Garten. Irgendwie erwartete ich, ihn dort zu finden. Aber von ihm war keine Spur, und jedes Fenster im Haus war dunkel. Ein Geist der Verzweiflung schien alles zu durchdringen – so dunkel und kalt war die Nacht. Es war kein Stern zu sehen.

Ich ging zurück in mein Zimmer, zündete das Feuer an, setzte mich daneben und zündete eine Pfeife an. Plötzlich hörte ich Schritte auf der Treppe. Es war Irene, blass und müde und viel weinend. Daylight fand sie schlafend in meinen Armen, ihren Kopf auf meiner Schulter.

Der Tag der Abreise des Königs war endlich gekommen. Es herrschte allgemeine Hektik bei den Vorbereitungen, aber genau um elf Uhr startete eine Prozession von sechs Waggons vor unserer Tür zum Bahnhof Middleham, von wo aus ein Sonderzug nach Southampton weiterfahren sollte. Es war Sonias Wunsch, dass Irene und ich sie zum Zug begleiten sollten; und der arme Fitz, halb benommen wie er war, war entschlossen, das Spiel bis zum Ende durchzuspielen, und bekräftigte mit einem seiner seltsamen Ausbrüche von Zynismus seine sportliche Absicht, „bei dem Tod dabei zu sein".

Der König, seine Tochter, der Kanzler und Frau Arbuthnot saßen im zweiten Wagen, vor ihnen eine Sondereskorte von Scotland Yard. Fitz und ich hatten das dritte für uns alleine; die Sekretäre waren im vierten; Der fünfte und der sechste beförderten die Kammerdiener, die Zofe Ihrer Königlichen Hoheit und eine beträchtliche Menge Gepäck.

Als die Prozession mit einer bescheidenen Geschwindigkeit von zwölf Meilen pro Stunde in das hübsche Dorf Lymeswold einfuhr , wo unser verehrter Pfarrer seine Seelenheiligung hat, war in der Nähe der Kutsche und der Pferde eine beträchtliche Menge Wimpel ausgestellt. Und von den Fenstern des Pfarrhauses selbst hing der Union Jack Seite an Seite mit dem silbernen Stern von Illyrien auf grünem Grund. Frau Pfarrer schwenkte vom Tor des Pfarrhauses ein weißes Taschentuch, aber der Pfarrer spielte die Hauptrolle in einem dramatischeren Bild, das auf dem Dorfplatz arrangiert worden war. Hier war die Dorfschule aufgebaut, die Mädchen trugen schöne weiße Schürzen und die Jungen sahen fast schmerzhaft gewaschen aus. Jeder hatte eine kleine Fahne, die hektisch geschwenkt wurde, und der Pfarrer, der an ihrer Spitze stand, feuerte gewaltige Jubelrufe an, während Ferdinand der Zwölfte seinen Hut abnahm und sich verneigte.

Aber das alles war nur ein Vorspiel zu dem historischen Spektakel, das wir jetzt erlebten. Auf der Spitze des steilen Hügels, der zu den Marl Pits führt, dem Lieblingsplatz des „ stinkenden Middleshire " . „ Phocks ", siehe da! Alle Crackanthorpe- Pferde, alle Crackanthorpe- Männer, ganz zu schweigen von ihren Damen, ihren Hunden und dem gesamten Jagdbetrieb, sogar bis hin zu Peter dem Terrier, waren in voller Kampfaufstellung versammelt, wie es der Stunde der Schlacht gebührte elf Uhr morgens an einem seltenen, duftenden Tag mitten im Januar säumte die Kavallerie die Straße, und unsere Autos fuhren mit der niedrigsten Geschwindigkeit darüber, begleitet von Jubelrufen und Jagdgeräuschen Schwenken von Hüten und Taschentüchern.

Offensichtlich war die Szene sorgfältig inszeniert worden und bildete eine schöne und angemessene *Ergänzung* . Für den herzzerreißenden Zirkusreiter aus Wien verfehlte es seine Anziehungskraft nicht . Sie antwortete, indem sie ihr wiederholt die Hand küsste, und ihr Vater hob seinen Hut und verneigte sich ständig, als wäre es ein Staatsumzug.

Das Herz von Mrs. Arbuthnot war zerbrochen, aber es war ein großer Moment in der Geschichte des Clans. Die porzellanblauen Augen waren voller Tränen, aber sie waren immer noch in der Lage, ein subtiles weibliches Licht des Triumphs auszustrahlen. Der edle Meister blies in sein Horn und sein Adjutant, Joseph Jocelyn De Vere Vane-Anstruther, markierte den königlichen Fortschritt, indem er seinen Hut auf der Peitsche hisste. Als wir an Mrs. Catesby vorbeikamen, die sehr rot aussah, deren Hutkrempe breiter wirkte und deren gesamtes Aussehen dem von Mr. Weller dem Älteren mehr denn je ähnelte, richtete ich einen besonderen Gruß an sie, und zwar, wie ich fürchte, etwas ironische Dimensionen. Die Große Dame reagierte, indem sie ihre Peitsche auf ausgesprochen widerspenstige Weise gegen mich schüttelte.

Unsere Prozession ging weiter zum Bahnhof Middleham, den wir gegen Viertel vor zwölf erreichten. Auf seinem Gelände hatte sich eine beträchtliche Menschenmenge versammelt. Die Fahrbahn und der Eingang zum Bahnhof wurden von einer berittenen Polizeieinheit und einer kleinen Abteilung der Middleshire Yeomanry unter der Obhut von niemand geringerem als Major George Catesby bewacht, der uns mit seinem Schwert grüßte.

Auf der Plattform wurden wir von einer Reihe lokaler Würdenträger empfangen, allen voran Oberstleutnant John Chalmers Coverdale, CMG, der verstorbene Karabiner seiner Majestät, groß und streng, aber mit einem Hauch von Humor im Gesicht.

Der König und sein Kanzler verabschiedeten sich kurz, aber herzlich von uns und betraten zügig den königlichen Salon. und dann spürte ich den Druck der Hand einer Frau und hörte ein leises, gebrochenes Flüstern: „Sei gut für mich zu Nevil und der kleinen Marie." Dann nahm die Prinzessin jede Hand von Mrs. Arbuthnot, küsste ihre nassen Wangen und wurde von dem Ehemann, den sie versprochen hatte, in diesem Leben nie wieder zu sehen, in den Zug getragen.

KAPITEL XXX

REAKTION

Die Woche nach dem königlichen Abgang war eine Zeit der Reaktion im Dympsfield House. Die Spannung unseres letzten Lebens war nahezu unerträglich gewesen. Doch nun waren die Würfel gefallen, das Problem gelöst; wir könnten nach unseren Gewohnheiten leben, uns bewegen und unser Sein genießen.

Natürlich war der unglückliche Fitz immer noch unsere Sorge. Er und seine kleine Tochter waren immer noch unter unserem Dach und würden dort bleiben, bis das Haus seiner Väter wieder aufgebaut worden wäre oder bis er eine andere Zuflucht für sein zerrüttetes Leben wählen würde.

Es ist nicht übertrieben zu sagen, dass uns Fitz trotz all seiner Klugheit ans Herz gewachsen war. Das tragische Scheitern seines Lebens hatte den ganzen latenten Adel hervorgerufen, von dem ich als sein ältester Freund jedenfalls schon immer gewusst hatte, dass er dort vorhanden war. Seine Unterwerfung unter das Schicksal, das er selbst heraufbeschworen hatte, schien die gröberen Elemente in seinem Ton zu mildern. Er hatte jetzt nur noch seinen kleinen Elf von vier, für den er leben konnte. In diesem lebendigen Atom der Sterblichkeit wurden viele der Merkmale des unglückseligen „Zirkusreiters aus Wien" reproduziert.

In den ersten Tagen lag eine Art Benommenheit über Fitz. Er schien kaum in der Lage zu sein, zu begreifen , was passiert war. Er ging auf die Jagd und überwachte aktiv den Wiederaufbau des Gutshofs, fast so, als wäre ihm nichts eingefallen. Doch allzu bald wurde dieser barmherzige Schleier von seinem Geist entfernt. Er wurde von Unruhe verzehrt. Er konnte weder schlafen noch essen; er konnte sich mit keiner Beschäftigung zufrieden geben; nichts schien sein Interesse wecken zu können; Sein Geist verlor seine Stabilität, und langsam aber sicher verlor sein Wille die wiedererwachte Kraft, deren Aufrechterhaltung und Förderung die besondere Funktion seiner Ehe zu sein schien.

Als die erste Woche vergangen war, kamen uns schon Vorahnungen. Es fehlten bereits Anzeichen dafür, dass die Dämonen eines finsteren Erbes sich stillschweigend versammelten, um sich auf ihn zu stürzen. Eines Nachmittags fand ich ihn betrunken schlafend auf einem Sofa.

Da Coverdale mit seinem Temperament und den wichtigsten Fakten seiner Geschichte bestens vertraut war und er darüber hinaus ein Mann war, vor dessen natürlichem Urteilsvermögen ich den größten Respekt hatte, fühlte ich mich dazu bewegt, ihn in mein Vertrauen zu ziehen.

„Er muss England verlassen“, sagte Coverdale, „jedenfalls für eine Weile. Und er muss bald gehen.“

Das war eine Meinung, der ich zustimmte. Zufällig kannte Coverdale einen Mann, der gerade eine Reise durch Äquatorialafrika antreten wollte und der vorschlug, ein Jagdlager zu errichten und nebenbei ein paar Großwildjagden zu machen. Ein solcher Plan schien den unmittelbaren Bedürfnissen von Fitz so hervorragend zu entsprechen, dass ich ihn gerne begrüßte.

Ach! Als ich dieses Projekt mit ihm besprach , lehnte er es gänzlich ab, darüber nachzudenken; außerdem lehnte er mit all der seltsamen Entscheidung ab, die eines seiner Hauptmerkmale war.

„Nein“, sagte er. „Ich muss hier bleiben und mich um den Bau des Hauses kümmern, und ich muss mich um Marie kümmern.“

Es war vergebens, dass ich meine Argumente vorbrachte. Der Plan gefiel ihm nicht, und für ihn war die Sache erledigt.

„Ich muss auf Marie aufpassen“, sagte er. „Wir bringen sie dazu, zu rechnen. Ihre Mutter könnte niemals rechnen, um ihr Leben zu retten.“

Das Argument war vergeblich. Eine solche Natur war nicht in der Lage, einen Vorschlag von außen anzunehmen; Die Triebfeder aller seiner Handlungen lag im Inneren.

Das völlige Scheitern des Versuchs, ihn dazu zu bringen, auf eine so hoffnungsvolle Alternative zu reagieren, ärgerte mich zutiefst. Damals schien es die einzige Möglichkeit zu sein, ihn vor der Gefahr zu retten, die ihn bereits in seinen Bann zog. Er wurde immer unruhiger; Seine Abneigung gegen Essen wurde immer ausgeprägter, und in erschreckend kurzer Zeit wurde uns klar, dass alles, was noch für ihn zu tun war, sofort getan werden musste.

Wir waren trotzdem hilflos. Gegen alles, was Überzeugungskraft betraf, blieb er unempfindlich. Er konnte nicht dazu gebracht werden, die Nähe der Gefahr zu erkennen. Es kam ihm so vor, als würde er sich nie um die Kostenfrage kümmern. Er hätte sein Leben nie so ordnen können, wie er es getan hatte, wenn er nicht die Fähigkeit besessen hätte, sein ganzes Ich auf die aktuelle Stunde zu projizieren.

Diejenigen, denen sein Wohlergehen am Herzen lag, berieten sich immer noch darüber, was getan werden könne, um ihm durch diese neue Krise zu helfen, als Mrs. Catesby den Auftrag erhielt, in der Hermitage zu speisen. Fitz war darin enthalten, aber es überraschte uns nicht, dass er eine Einladung ablehnte, die weniger kompromisslose Personen gerne als Befehl betrachteten.

Es war nicht so, dass er Bosheit hegte. Er war völlig über die Kleinlichkeit der kleinen Gefühle hinaus; Es war, als ob sein gesamtes Wesen, sei es im Guten oder im Bösen, in eine andere Dimension oder eine höhere Macht erhoben worden wäre. Aber wie er mit seinem hageren Gesicht sagte: „Ich habe keine Lust dazu."

Die einfacheren Sterblichen, insbesondere Frau Arbuthnot und ich, akzeptierten demütig und zerknirscht. Wir hatten das Gefühl, dass der Zusammenkunft eine gewisse Würze verliehen werden würde. Wir wussten nicht genau, wer eingeladen worden war, daran teilzunehmen, aber Mrs. Arbuthnots weiblicher Instinkt – und was ist in solchen Angelegenheiten so tadellos ? – verkündete, dass diese Dinnerparty nicht mehr und nicht weniger als die öffentliche Unterschrift der Artikel von war Frieden.

Dementsprechend machten wir uns auf den Weg zur Eremitage, allerdings nicht ohne eine gewisse Anstrengung des Geistes, denn der arme Fitz bliebe einem einsamen Schnitzel überlassen, den er nicht essen wollte. Tatsächlich war er, als wir abreisten, noch nicht aus London zurückgekehrt, wo er den größten Teil des Tages damit verbracht hatte, sich mit seinen Anwälten zu beraten.

Dort versammelten sich in der Eremitage, in der wir sehr rechtzeitig eintrafen, fast alle identischen Mitglieder der Gesellschaft, die wir zu treffen erwarteten. Coverdale, Brasset, Jodey, die immer noch die Gastfreundschaft unseres Nachbarn , des Pfarrers und seiner Lavinia, Laura Glendinning, Mrs. Josiah P. Perkins, genossen. Und wie es sich für jemanden gehörte, dessen Haus eine Art *Medium* für die größere Welt darstellte, deren Verkörperung das Schloss war, saßen auf Mrs. Catesbys Esstisch ein jüngerer Sohn und eine Schwiegertochter des herzoglichen Hauses.

gute Laune . Man könnte sogar sagen, dass es sich im Laufe des angenehmen Prozesses des Schluckens um eine Art freundschaftliches *Geplänkel handelt* . Überall herrschte eine Atmosphäre der Toleranz. Wenn die Vergangenheit nicht wirklich Vergangenheit war, dann war sie auf dem besten Wege, es zu werden. Zumindest dieser spezielle Abschnitt der Crackanthorpe- Jagd war auf dem besten Weg, wieder eine glückliche und vereinte Familie zu werden.

Die Enthüllung der Identität des „Sturmvogels" hatte einen magischen Einfluss auf eine riesige Ansammlung verletzter Gefühle gehabt. Mittlerweile war man allgemein davon überzeugt, dass allen vergeben werden könne, ohne dass die persönliche Würde ernsthaft geopfert werden müsste. Es wurde zugegeben, dass auf beiden Seiten großer Geist gezeigt worden sei, aber unter den besonderen und besonderen Umständen sei eine Demonstration christlicher Großmut erforderlich.

Irene hatte moralisch und böse Unrecht – der Ausdruck stammt von Mrs. Catesby –, als sie das Geheimnis so gut bewahrte. Natürlich hatte „der Zirkusbesitzer" niemanden getäuscht: Es war nur kindisch, dass Irene auch nur einen Moment lang annahm, dass er es tun würde; und für sie war es geradezu infantil, „eine Partitur" dieses kindischen Charakters zu versuchen. Aber nach Meinung der versammelten Matronenjury und der eigens dafür kooptierten Miss Laura Glendinning war man der festen Überzeugung, dass Irene das Spiel nicht ganz gespielt hatte.

„Kind", sagte die Große Dame *ex cathedra*, mit einem Stück Brot in der einen und einem Stück Steinbutt auf einer Gabel in der anderen, „wenn ich bedenke, dass ich die erste Gouvernante Ihres Mannes ausgewählt habe, eine ziemlich gebildete Person, Ich glaube, dass es moralisch und böse von Ihnen war, ausgerechnet mir *die* Identität der lieben Prinzessin vorzuenthalten."

„Aber Mary", sagte das Licht meiner Existenz und spielte bescheiden mit ihrem Sherry, „ich wusste selbst erst fast eine Woche nach dem Brand, wer sie war."

Die Große Dame verschlang ihr Brot und legte ihre Gabel nieder, mit einer Annäherung an das, was man nur als Majestät bezeichnen kann.

„Willst du mich glauben machen", verlangte sie, „dass du, als du sie in der Nacht des Brandes zu dir nach Hause gebracht hast, wirklich und aufrichtig geglaubt hast, dass sie lediglich die Frau von Nevil war?"

„Ja, Mary", sagte die Freude meiner Tage, „ich habe wirklich und aufrichtig geglaubt, dass sie der Zirkus war – ich meine, das heißt, dass sie nur Mrs. Fitz war."

Allgemeine Ungläubigkeit, in deren Verlauf George Catesby den Jüngeren Sohn sehr höflich fragte, ob er seinen Tag genossen habe.

Dipwell Gorse aufgetaucht haben – morgen ist elf Uhr fünfzehn . "

„Zwanzig nach zwölf, mein Junge", zwitscherte der edle Meister. „Dein Gedächtnis lässt nach ."

„Irene", sagte die kompromisslose Stimme vom Ende des Tisches, „ich kann und werde mir nicht erlauben zu glauben, dass du vor dem Brand nicht im Geheimnis warst."

„Sagen Sie es den Marines, Irene", sagte Frau Josiah P. Perkins.

„Ich frage mich, was sie uns als nächstes glauben lassen wird", sagte Miss Laura Glendinning.

„Was in der Tat!" sagte die Frau des Pfarrers.

„Das liegt nicht in der Natur des Menschen", bestätigte Lady Frederick.

„Na gut", sagte der Stern meines Schicksals mit einem unheilvollen funkelnden porzellanblauen Auge, „du kannst Odo fragen."

„Odo!" Ich gebe den Versuch auf, die Katastrophe der Verachtung zu reproduzieren, die über den Tisch hereingebrochen ist. „Odo ist genauso schlimm wie du, wenn nicht noch schlimmer. Er wusste es vom ersten Moment an. Er wusste, als der illyrische Botschafter persönlich zum Coach and Horses kam und sie in seinem Auto abholte; er wusste, als sie die liebe Evelyn so entzückend ärgerte in dieser Nacht im Savoy.

„Was wäre, wenn er es getan hätte?" sagte die ungeschlagene Frau Arbuthnot. „Er hat es mir nicht gesagt. Hast du es jetzt getan, Odo?"

Mit staatsmännischer Miene versicherte ich der Gesellschaft, dass die Identität von Mrs. Fitz unserem Haushaltsdespoten erst einige Tage nach ihrer Ankunft im Dympsfield House bekannt gegeben wurde.

„Ich muss dir glauben, Odo", sagte Mrs. Catesby. „Aber wohlgemerkt, ich mache das nur aus Prinzip."

Irgendwie schien diese kryptische Aussage zur Heiterkeit des Tisches beizutragen. Die Stimmung steigerte sich, als der jüngere Sohn, der offensichtlich auf seine Gelegenheit gewartet hatte, ins Gespräch kam.

„Odo Arbuthnot, Abgeordneter", sagte er, „ich gehe davon aus, dass Dick Sie verklagen wird, wenn er sieht, was Sie seiner Mauer angetan haben . Jedenfalls sollte ich das tun."

Die Zustimmung, die diesem Ausfall entgegengebracht wurde, machte deutlich, dass der Vorfall historisch geworden war.

„Auf königlichen Befehl", sagte ich; „Und welche Chance hat wohl ein bloßes Privatmitglied gegen den despotischen Willen des Vaters seines Volkes?"

„Eine grobe Empörung. Ein Akt des Vandalismus. Postlewaite sagt –"

„Postlewaite ist ein Arsch."

„Was auch immer Postlewaite ist, es entschuldigt Sie nicht . Er sagt, Sie hätten alle den übelsten Sozialismus geredet, und er hatte durchaus das Recht, Ihnen das Buch nicht zu geben."

„Ich wiederhole, Frederick, dass Postlewaite ein Esel ist. Wenn die Postlewaite der Erde auch nur einen Moment denken, dass die Sieger von Rodova die andere Wange zur unhöflichen Erwiderung hinhalten werden, wird es für sie umso besser sein, je früher sie das Gegenteil erfahren diejenigen, denen sie dienen."

„Hören Sie, hören Sie und jubeln Sie", sagte meine galante kleine Freundin, Mrs. Josiah P. Perkins, obwohl die Große Dame sie mit ihrem unbesiegbaren Nordauge fixiert hatte.

„ Ferdinand Rex macht einem nicht so viel aus", fuhr Frederick fort, „und der Prinzessin geht es natürlich gut, und von Schalk ist ein bisschen ein Bismarck, sagen sie; aber wenn man die Rechnung mit Odo Arbuthnot begleichen muss, MP – nun, wie Postlewaite sagt, es ist nichts weniger als ein Akt des Vandalismus. Der MP hat mich völlig fertig gemacht, muss ich sagen.

Alle waren sich einig, dass der Abgeordnete eine sehr schlechte Form hatte, mit der ehrenwerten und galanten Ausnahme von *la belle Americaine* .

„Könnte ein Gewerkschaftsmitglied sein ! Ich weiß nicht, was Dick sagen wird, wenn er es sieht."

„Mir bieten sich zwei Alternativen an", sagte ich reuelos. „Postlewaite kann entweder die ganze Sache klären, bevor er zurückkommt, oder er kann ein magisches ‚C' in Klammern nach den beleidigenden Symbolen anhängen."

„Du hast keinen Anspruch auf ein ‚C' in Klammern. Du wirst jeden Tag deines Lebens zu einem noch schlimmeren Radikalen und alle sind sich einig, dass es an der Zeit ist, dass du dein wahres Gesicht zum Vorschein bringst ."

„Hört, hört", vom Tisch.

„Ich habe fast Lust, mich bei der nächsten Wahl gegen Sie als überzeugten Zollreformer, Antisozialisten, Fairplay für alle und offizieller Vertreter einer armen, aber verdienten Klasse zu stellen."

„Wir alle würden uns freuen, Ihr Nominierungspapier zu unterzeichnen", bekräftigte George Catesby.

„Nun, Lord Frederick", sagte meine unerschrockene Frau Josiah, „ich wette sowieso um eine Schachtel Handschuhe, dass Sie nicht reinkommen."

„Und ich wette noch eine", sagte Mrs. Arbuthnot.

„Er ist nicht so dumm, es zu versuchen", sagte der edle Meister.

„Frederick", sagte die Große Dame, „bleiben Sie bei Ihren Hammelfleischsorten. Sie haben viel zu tun, um Rasse und Qualität zu verbessern. Warum versuchen Sie es nicht mit einer Kreuzung zwischen Welsh und Southdown? Zumindest bin ich davon überzeugt, dass das Haus heutzutage ... Commons bietet keine Karriere für einen Gentleman.

„Ich habe sowieso große Lust, mich einzumischen und es zu versuchen", sagte der Spross des herzoglichen Hauses mit einer leichten Metaphernverwirrung. „Ich verstehe nicht, warum diese radikalen Kerle –"

Was auch immer die Rede in ihrer Integrität war, sie war dazu bestimmt, nie zu Ende zu gehen. Denn genau in diesem Moment wurde die Tür auf dramatische Weise aufgerissen, und ein hagerer Mann, der einen Mantel trug und seinen Hut in der Hand hielt, brach in Mrs. Catesbys Dinnerparty ein.

KAPITEL XXXI

NACHRICHTEN AUS ILLYRIEN

Der Mann war Fitz.

„Tausend Entschuldigung", sagte er. „Tut mir leid, Sie zu stören. Aber es gibt Neuigkeiten aus Illyrien."

Solch ein bemerkenswerter Eingriff fesselte die Aufmerksamkeit von uns allen. Und dies wurde durch die Selbstbeherrschung im Auftreten des Redners nicht gemindert.

„Ferdinand wurde ermordet." Fitz' Tonfall war langsam und zurückhaltend. „Die Monarchie wurde gestürzt; Sonia ist eine strenge Gefangene im Schloss von Blaenau, und ihr Schicksal steht auf dem Spiel."

„Was ist Ihre Autorität?" sagte Coverdale.

„Reuter", sagte Fitz. „In den Abendzeitungen ist ein Telegramm abgedruckt. Als ich die Stadt verließ, kaufte ich zufällig eines am Bücherstand."

Er holte die *Westminster Gazette* aus der Tasche seines Mantels hervor und reichte sie dem Chief Constable.

„Sie glauben nicht", sagte Coverdale mit tiefem Stirnrunzeln, „dass sie zu persönlicher Gewalt gegenüber der Prinzessin fähig sind?"

„Im Grunde sind sie nur halb zivilisiert ", sagte Fitz, „und wenn ihre Leidenschaften geweckt sind , sind sie zu allem fähig. Sie werden sehen, dass das Telegramm besagt, dass die Regierung in den Händen eines Volkskomitees liegt. Und kein weiser Mann jemals." vertraut den Menschen und wird es niemals tun.

Dieses feudale Gefühl wurde in einem Ton der seltsamsten Überzeugung geäußert.

"Von Jove!" sagte der Spross des herzoglichen Hauses. „Hier ist der Kerl, den wir suchen."

Aber das Eindringen von Fitz war zu ernst, als dass irgendein Nebenthema unsere Aufmerksamkeit hätte ablenken können.

„Ich entschuldige mich bei Ihnen, Mrs. Catesby, dass Sie Ihre Dinnerparty auf diese Weise verdorben haben", sagte er, „aber ich bin fest davon überzeugt, dass es keinen Moment zu verlieren gibt, wenn die Prinzessin gerettet werden soll."

„Man ist geneigt, Ihnen zuzustimmen", sagte Coverdale langsam und nachdenklich. „Ist Ihnen schon in den Sinn gekommen, dass man etwas tun kann?"

Fitz' Antwort war, wenn auch ruhig, typisch für den Mann.

„Heute ist Montag", sagte er. „Am Donnerstag um Mitternacht werden wir sie aus Blaenau heraus haben."

„Unmöglich, mein lieber Freund, unmöglich", sagte der Chief Constable, „wenn diese Darstellung korrekt ist."

„Nichts ist unmöglich", sagte der Mann des Schicksals. „Jetzt ist gerade noch Zeit, um zehn Uhr heute Abend aus Middleham zu kommen. Morgen früh holen wir als Erstes unsere Papiere, wenn wir können, und wenn nicht, fahren wir ohne sie. Das werden wir schaffen." Irgendwann am Nachmittag sind wir in Paris; und wenn alles gut geht, werden wir am Donnerstag um fünf Uhr in Orgov an der Milesischen Grenze sein und sechs Stunden lang gemütlich über die Berge reiten ein paar Köder werden uns in Blaenau landen.

Wir, die wir Fitz kannten und ihm in großen Angelegenheiten gefolgt waren, wussten, dass wir uns nicht auf Kritik an diesem kahlen und wenig überzeugenden Plan einlassen sollten. Wer ihn nicht kannte, konnte nur ungläubig lächeln.

„Klingt einfach", sagte Lord Frederick, „aber angenommen, Fitzwaren , dass Sie auf diese Weise nach Blaenau gelangen, was kann es Ihnen dann nützen, wenn die Prinzessin unter Verschluss im Schloss ist?"

„Steinmauern machen kein Gefängnis aus, noch Eisenstangen einen Käfig", zitierte der Mann des Schicksals. „Sobald wir in Blaenau angekommen sind , werden wir sie aus dem Schloss haben, keine Sorge. Aber wir haben jetzt keine Zeit, die Angelegenheit zu besprechen. Wenn wir sofort gehen und unsere Ausrüstung abholen – tut mir leid, Mrs. Catesby, aber auf jeden Fall." unvermeidlich – wir können um Viertel nach zwölf in der Stadt sein, uns um unsere Papiere kümmern und gut im Blick bleiben."

Bemerkenswert war die ruhige Annahme des Mannes, dass wir alle ohne zu zögern seinem Beispiel folgen und uns auf dieses ziemlich verrückte und sicherlich höchst unangenehme Unternehmen einlassen sollten.

„Es gibt keine Minute zu verlieren", sagte er. „Übrigens, Arbuthnot, ich habe Peters gebeten, eine Tasche für dich zu packen. Und dieses Mal, alter Sohn, solltest du besser aufpassen, dass du deinen Revolver nicht vergisst."

Blick des Chief Constable konnte ich am liebsten auf das schwarze Seidentaschentuch blicken, das immer noch mein Handgelenk trug.

„Ich fürchte, ich bin sowieso eine lahme Ente", sagte ich.

„Ihr werdet es tun, wenn ihr die Pferde am Fuß des Burgfelsens festhaltet. Für euch kommt es nicht in Frage, die Felswand hinaufzuklettern. Nun denn, ihr Kerle", nahm der Mann des Schicksals sein Pferd heraus Schauen Sie zu: „Sie haben nur zwei Minuten Zeit, um Ihren Portwein auszutrinken und Ihre Zigarren anzuzünden, und dann heißt es: Stiefel und Sattel."

„Nevil", sagte die herrische Stimme der Großen Dame, „Ich fürchte wirklich, du bist verrückt."

Der Mann des Schicksals würdigte diesen irrelevanten Vorschlag nicht.

Die Erfordernisse der historischen Wahrheit machen es notwendig, die Tatsache festzuhalten, dass Joseph Jocelyn de Vere Vane-Anstruther zweifellos der erste Befragte des Anrufs war. Mein angeheirateter Verwandter trank seinen Portwein und stieg an seiner Stelle im Vorstand von Mrs. Catesby auf. In seinen Augen brannte ein Feuer, und in seinem Gesicht spürte er den Verdacht einer hektischen Röte, die in seltsamem Kontrast zu der gewohnten Trägheit seines Auftretens zu stehen schien.

„Als Erstes müssen wir dem alten Alec ein Telegramm schicken", sagte er; „Obwohl er sicher nicht da sein wird, wenn wir ihn schicken. Wenn wir um Viertel nach zwölf in der Stadt ankommen, werde ich zum Continental traben. Der Bettler wird sicher dort sein, bis sie ihn rausschmeißen, denn es gibt einen Ball dazu." -Nacht in Covent Garden.

Diese Argumentation war möglicherweise klar und möglicherweise schwanger; zumindest empfahl es sich dem umfassenden Intellekt des Schicksalsmenschen.

„Ganz richtig, Vane-Anstruther. Ich werde dich für O'Mulligan verantwortlich machen ."

„Joseph", sagte die Große Dame mit lauter Stimme, „bist du auch verrückt?"

Kaum war diese sachdienliche Untersuchung vorgebracht worden, als der edle Meister schon auf den Beinen war.

„Es tut mir schrecklich leid, Mrs. Catesby", sagte er mit einer langgezogenen, süßen Entschuldigung, „aber unter den gegebenen Umständen lässt sich nichts ändern, oder? Ich lasse die Hunde in der Obhut von George und Frederick. Machen Sie weiter so, Potts." Kümmere dich um seine Arbeit, George, und sorge dafür, dass er ihren Füßen die nötige Aufmerksamkeit schenkt. Und Frederick, ich beauftrage dich, dafür zu sorgen, dass Madrigal jeden Freitag Spaß hat.

„Reginald", sagte seine Gastgeberin mit großer Energie, „in der unvermeidlichen Abwesenheit Ihrer verwitweten und unglücklichen Mutter verbiete ich Ihnen absolut, sich an diesem verrückten Unternehmen zu beteiligen. Ich weiß wirklich nicht, woran Nevil denken kann.“ "

In Ascalon flüsterte man es nicht, aber dies war genau der Moment, in dem ich zum zweiten Mal den zynischen Blick des Chief Constable auf mich richtete. Der Blick war ebenfalls misstrauisch und ein wenig nachdenklich, aber der große Mann erhob sich an seiner Stelle mit einer Miene tiefgründigen Grübelns. Er knackte langsam eine Walnuss und wandte sich dann dem Butler zu, mit einer Kühle, die meiner Meinung nach etwas Unheimliches vermutete.

„Sag einfach meinem Kumpel, er soll mein Auto sofort vorbeibringen“, sagte er; und dann mit großer Ehrerbietung gegenüber seiner Gastgeberin: „Tausend Entschuldigung, Mrs. Catesby, aber Sie sehen doch, dass es nicht zu ändern ist?“

Ob ich durch einen Akt meines persönlichen Willens oder durch den unbewussten Wink der zwingenden Kraft eines anderen auf die Beine gekommen bin, ist nicht zu klären. Aber irgendwie war ich auf den Beinen und fügte meine eigenen unvollkommenen Entschuldigungen zu den ebenso unvollkommenen des Chief Constable hinzu.

„Odo Arbuthnot“, sagte meine Gastgeberin, „setzen Sie sich sofort hin. Ein verheirateter Mann, Familienvater und Mitglied des Landkreises! Setzen Sie sich sofort und machen Sie mit Ihrem Obst weiter. Colonel Coverdale! Ich bin überrascht über Sie.“ "

„Haben Sie Ihren Portwein ausgetrunken, Arbuthnot?“ sagte Fitz ruhig. „Die Zeit ist bald abgelaufen. Aber ich habe deinem Freund von dem Auto erzählt.“

Bestürzung vermischte sich jetzt mit der lebhaften weiblichen Verwirrung, aber Mrs. Arbuthnot, die Fitz' Nachricht erregt und beunruhigt hatte, erließ keinen persönlichen Erlass. Wenn das Leben von Sonia wirklich auf dem Spiel stand, war es richtig, ein Risiko einzugehen. Dennoch zeugte es von richtigem Gespür, ein wenig öffentliche Verärgerung über die Aussicht, Witwe zu werden, zu verraten.

„Jodey und Reggie und Colonel Coverdale müssen gehen“, sagte Mrs. Arbuthnot. „Sie haben keine Ehefrauen und Familien , die von ihnen abhängig sind. Aber du, Odo, bist anders. Und dann auch noch dein Handgelenk. Du würdest nichts nützen, wenn du gehen würdest.“

„Ich werde es tun, wenn ich die Pferde am Fuße des Burgfelsens festhalte“, sagte ich und grüßte mit weißer Wange.

Fitz war bereits dabei, sich mit seinen Freiwilligen aus dem Raum zurückzuziehen, als Lord Frederick seinen Platz an der Tafel einnahm.

„Schau her, Fitzwaren ", sagte er. „Wenn Sie eine freie Stelle bei Ihren Unregelmäßigen haben , denke ich eher, dass ich eine freimachen werde."

„Auf jeden Fall", sagte Fitz. "Je mehr, desto besser."

Verwirrung und Bestürzung wuchsen um Mrs. Catesbys Mahagoni herum immer größer.

„Freddie! Freddie!" Von der anderen Seite des Tisches erklang ein tränenreiches Jammern.

„Du solltest für die Einfachen ausgeblutet werden, Frederick", sagte seine Gastgeberin.

Doch noch während die Große Dame sprach, wurde davon ausgegangen, dass der ehrliche George, der gewissenhafteste aller Ehemänner und ungeachtet seines Ranges in der Middleshire Yeomanry, der friedliebendste aller Männer, ein Angebot zum aktiven Dienst unterbreitete.

„Gut gemacht, George", sagte sein Freund, der Pfarrer. „Es würde mir nichts ausmachen, selbst als Geistlicher zur Truppe zu kommen."

„George", sagte eine herrische Stimme vom Tischende, „George!"

Der Mann des Schicksals blieb einen Moment auf der Schwelle des Bankettsaals stehen, den offenen, zynischen Blick auf die Mitte zwischen der Großen Dame und dem kriegerischen George gerichtet.

„George! Setz dich!"

Schließlich setzte sich George hin und warf seinem Freund, dem Pfarrer, einen verstohlenen Blick zu.

Als wir unsere Mäntel und Schals angezogen hatten und uns die Transportmittel zur Verfügung gestellt worden waren, spielte sich in der Halle eine Szene mit etwas Pathosanspruch ab.

„Odo, das solltest du wirklich nicht, aber wenn die liebe Sonia wirklich in Gefahr ist ——!"

„Heute Abend werden wir alle in einer Woche zurück sein", informierte der Mann des Schicksals meinen etwas weinerlichen Monitor mit einem Anflug von Zuversicht in seiner Stimme.

Bewegende Beschwörungen von „Freddie! Freddie!" vermischten sich mit dem klaren Ton von Mrs. Catesbys Empörung.

„Es ist ein verrückter Plan, und wenn Sie bekommen, was Sie verdienen, werden Sie alle von den Illyrern erschossen."

Aber Fitz und ich saßen bereits nebeneinander im Auto. Wir winkten der verwirrten Gesellschaft auf den Stufen zum Flur zum Abschied zu, und dann schien sich meiner benommenen Intelligenz langsam die Tatsache bewusst zu werden, dass ich mich wieder einmal unwiderruflich diesem neuesten und verrücktesten Ruf meines bösen Genies verschrieben hatte. Da saß er an meiner Seite, seine Zigarre eine kleine rote Feuerscheibe, und er war selbstbeherrscht, unbekümmert, dämonisch , fast fröhlich.

Das schlaffe, steuerlose Geschöpf der letzten zehn Tage war verschwunden, als wäre es nie gewesen. Es war schwer zu begreifen , dass dieser geborene Anführer anderer, der den Krieg wie eine Geliebte umwarb und der Magie seiner Initiative auch die Kühlsten und Vernünftigsten nicht widerstehen konnten, dasselbe zerbrochene Fragment menschlicher Trümmer war, das es vor vierundzwanzig Stunden noch nicht getan hatte die Antriebskraft, die einfachste Handlung auszuführen. Aber von der Magie, die er auf die verschiedensten Naturen auszuüben wusste, konnte keine Rede sein; und als wir Seite an Seite im Halbdunkel des Autos saßen, während es über die schlammigen, kurvenreichen und engen Straßen zum Dympsfield House flog, gab ich dem Direktor meines Schicksals fast mit einem Schauer des Jubels nach.

KAPITEL XXXII

WEITERE ALARUMS UND AUSFLÜGE

Wir hatten keine Schwierigkeiten, zur vereinbarten Zeit den Bahnhof Middleham, diesen vertrauten Treffpunkt, zu erreichen. Sogar Lord Frederick, der weiter entfernt wohnte als jeder von uns, konnte, indem er einen leistungsstarken Wagen illegal nutzte, pünktlich eintreffen.

Es war zu bemerken, dass der vorherrschende Ton in unserem Coupé fast einer Fröhlichkeit gleichkam. Mit dem kalten, agnostischen Auge beurteilt, war der Plan nur ein wenig diesseits des Wahnsinns. Aber es hatte die Sanktion eines hohen Motivs. Außerdem waren wir Waffenbrüder, die bei einem zweifelhaften Unternehmen gemeinsam Pulver gerochen hatten; wir hatten Vertrauen zueinander; und vor allem wurden wir von der epischen Qualität eines unvergleichlichen Anführers getragen, man könnte sogar sagen übersetzt.

Fitz rauchte seine Zigarre und mischte sich mit einer nachsichtigen und gelassenen Miene in ein Bridge-Spiel ein.

„Es ist ein Glück", sagte er, „dass ich einen alten Gastwirt an der Grenze kenne, der sehr nützlich sein wird, wenn wir ohne Pässe auskommen müssen. Er liegt etwa eine Meile auf der Milesian-Seite und wird uns versorgen können." Er wird uns auch ein paar Führer über die Berge besorgen und uns in der Dunkelheit hinüberschmuggeln.

„Sie sagen, wir können in sechs Stunden von der Grenze zum Schloss Blaenau gelangen?" fragte die schroffe Stimme des Chief Constable.

„Ja, es sei denn, es liegt viel Schnee auf den Pässen."

„Aber wenn sich das Land in einem Zustand der Revolution befindet, ist es dann nicht wahrscheinlich, dass wir aufgehalten werden?"

„Vielleicht; vielleicht auch nicht. Wir werden einen Weg finden, wenn wir ein Luftschiff nehmen müssen. Äh, Joe?"

Der Mann des Schicksals versetzte meinem angeheirateten Verwandten einen brüderlichen Schlag in die Rippen.

"Eher !" Dieser Held war gerade dabei, ein Ass zu schlagen und den Deal zu gewinnen.

„Ich werde einen Pferdewechsel in Postovik veranlassen" , sagte Fitz, „das ist ungefähr auf halber Strecke. Wenn alles gut geht , werden wir am Donnerstag kurz vor Mitternacht am Fuße des Burgfelsens sein. Ich denke allerdings darüber nach.", dass wir möglicherweise die Maravina schwimmen müssen .

„Umph!" knurrte der Chief Constable und erklärte, ein origineller Spaten sei „eine mäßig fröhliche Aussicht an einem Januarabend in Illyrien."

„So weit kann es natürlich nicht kommen. Aber alle Brücken und Fähren werden sicher bewacht. Und selbst wenn, mit etwas Glück gelingt es uns vielleicht, sie zu überstürzen."

Als unser Anführer begann, seinen Wahlkampfplan zu entwickeln, konnte man nicht sagen, dass dieser nichts von seiner Romantik eingebüßt hätte. Aber ich denke, es wäre weder fair noch gnädig gegenüber Mr. Nevil Fitzwarens Freischärlerkorps, zu sagen, dass diese Würze des Abenteuers seinen Glamour minderte. Wir könnten alle von uns behaupten, ein wenig Erfahrung mit Krieg und jenem nachahmenden Wirkungsbereich zu haben, „der das Bild eines Krieges ohne seine Schuld und nur dreißig Prozent seiner Gefahren liefert." Einige von uns hatten in der Steppe Zuflucht gesucht und andere hatten nach einer Woche Regen den Blakiston überquert; und während wir mit einer Geschwindigkeit von sechzig Meilen in der Stunde auf die Metropole zurasten und uns gleichzeitig bemühten, die Karten davon abzuhalten, auf den Boden zu rutschen, hatten wir alle das Gefühl, dass das Schicksal, diese launische Herrin, was auch immer für uns bereithielt, Unser Risiko bestand darin, einen so hohen Einsatz zu setzen, wie jeder Spieler spielen möchte.

Pünktlich erreichten wir den Londoner Endbahnhof. Wie anlässlich dieses früheren Abenteuers begaben wir uns in Longs ruhiges Familienhotel, mit Ausnahme von Joseph Jocelyn De Vere Vane-Anstruther, der seine Ausrüstung der Obhut seines Mannes Kelly anvertraute und ihn beschwor, dafür zu sorgen Es wurde ein anständiges Zimmer für ihn gefunden, während er „Alec im Continental vertreiben wollte, bevor sie den Bettler rausschmissen".

„Sagen Sie ihm, dass wir Charing Cross um zehn Uhr vierzig morgens verlassen", sagte Fitz. „Das wird mir Zeit geben, zu prüfen, was in puncto Papiere getan werden kann, obwohl die diplomatischen Beziehungen zu Illyrien mit ziemlicher Sicherheit eingestellt wurden."

Als ich erneut zum Long's Hotel fuhr, wurde ich mit der Erinnerung an unsere frühere Reise beglückt; von dem Zwischenfall mit dem Taxi, das uns durch den Schneematsch im November folgte; der seltsamen Fortsetzung; von dieser langen Nacht voller Alarmrufe und Ausflüge, die doch nur der Auftakt zu einem chaotischen Ausblick auf die Ereignisse war.

Ich erinnerte mich an die Fahrt von Ward's mit Coverdale; die langsam gezeichnete Tragikomödie der Spannung; das Wartezimmer der Botschaft, der Sprung die Treppe hinauf, der charmante Schumann-Spieler, die Präsentation vor Ihrer Königlichen Hoheit. Ich erinnerte mich an die

Passagen mit dem Botschafter und ihr schreckliches Problem; die Fahrt mit der Prinzessin zum Savoy; die Episode mit dem rosa Satin, über die ich jetzt lachen konnte. Wieder erinnerte ich mich an unseren *bizarren* Besuch am Bryanston Square; unser Empfang durch meinen Onkel Theodore, sein „Fürchte dich nichts" und seine noch seltsamere Vorhersage dessen, was passieren würde. Ich erinnerte mich an unseren Ansturm auf denselben Grand-Central-Bahnhof und die gnädige Zerstörung unserer Hoffnungen auf halbem Weg. Ich erinnerte mich an den Inspektor von Scotland Yard mit dem hellen Schnurrbart, an die Hand der Prinzessin, die mich durch den Verkehr führte, an den Arzt mit den kühlen Fingern und an die Schüssel mit purpurrotem Wasser, die ich nicht ansehen wollte. Schließlich erinnerte ich mich in diesem panoramischen Durcheinander wilder Ereignisse, deren Erinnerung ich mit ins Grab nehmen sollte, an das edle, komplexe, fehlgeleitete Symbol unserer Spezies, den Sieger von Rodova , den klarsichtigen, subtilen und doch großherzigen Helden einer Epoche im Schicksal der Nationen; der Vater seines Volkes, den seine Kinder getötet hatten, als die Hand des Todes bereits auf ihm lag.

Ich stellte mir vor, wie er, von Kugeln durchsiebt, auf den Stufen seines Palastes in Blaenau lag, durchlöchert von den Kugeln, die er so oft verachtet hatte. Schon aus dem kurzen Bericht der Abendzeitungen ging hervor, dass das Ende des Siegers von Rodova heroisch gewesen war.

Der schwelende Vulkan war endlich in Flammen aufgegangen. In einem abgelegenen Bezirk war ein Steuereintreiber ermordet worden. Auf das Signal hin erhob sich eine ganze Provinz, unterstützt von einem Halb-Patrioten, einem Halb-Räuber, bewaffnet in die Hauptstadt und rief den König in seinem Palast an, um dem Volk eine Charta zu erteilen. Der König traf sie, wie es seine Gewohnheit war, allein auf den Stufen seines Palastes, und nachdem er ihren Forderungen freundlich und geduldig zugehört hatte, antwortete er: „Er würde Schritte unternehmen, um seinem Volk die Charta zu verschaffen, wenn der peccante Sohn …" der einen treuen Diener auf verräterische Weise getötet hatte, wurde vor Gericht gestellt."

Ob der König die Stimmung seiner Untertanen absichtlich falsch einschätzte oder ob er die persönliche Macht, die er auszuüben pflegte, überschätzte, war schwer zu entscheiden, aber in dieser Antwort, die so seltsam an jener hohen politischen Weisheit mangelte, die kein anderer seiner Männer besaß Das Alter übertraf ihn, sein Schicksal lag darin. Der Anführer der bewaffneten Menge, der selbst den Steuereintreiber getötet hatte, lachte dem König ins Gesicht und durchlöcherte ihn sofort mit Kugeln. Und als der König fiel, strömten die Bürger von Blaenau vor die Tore, die Soldaten empörten sich, weil ihr Lohn überfällig war, und das Schloss wurde in Besitz genommen; und die lange aufgeschobene Republik wurde ausgerufen.

„Und wo waren die Aristokratie und die Anhänger der Monarchie, während das alles geschah?“ Ich fragte, als wir in der Lounge des Hotels saßen und einen letzten Drink genossen, bevor wir einschlugen.

„Wenn ich zwischen den Zeilen der Depesche lese“, sagte Fitz, „würde ich geneigt sein zu sagen, dass sie sich verschworen hatten, um Ferdinand zuletzt zu stürzen und die Leute hereinzulassen. Ich kann die Fakten mit keiner anderen Hypothese in Einklang bringen.“

„Warum sollten sie?“

„Die Aristokratie war schon immer neidisch auf seine Macht. Er ist zu viel allein gegangen.“

„Es ist kaum zu glauben, dass sie ihr Land dem Mob-Gesetz überlassen würden.“

„Sie müssen an ihre eigene Sicherheit denken. Als kleine und exklusive Klasse, die es nicht gewohnt ist, sich sehr aktiv in öffentlichen Angelegenheiten zu bewegen, haben sie wenig Kontrolle über die Ereignisse. Und da sich die Armee dem Volk angeschlossen hat, besteht ihre einzige Hoffnung darin, auf dem Zaun zu bleiben.“ und versuche zu behalten, was sie haben.

„Sind Sie von der Gefahr überzeugt, die von der Prinzessin ausgeht?“

„Das steht außer Frage. Nachdem sie beschlossen haben, ihren Herrschern ein Ende zu bereiten, wird die Französische Revolution höchstwahrscheinlich noch einmal stattfinden. Sie sind ein halbbarbarisches Volk, und nur wenige werden leugnen, dass sie gelitten haben.“

Am nächsten Morgen war Fitz früh im Ausland. Die Morgenzeitungen brachten eine Bestätigung der Nachrichten aus Illyrien. Der König war tot; die Kronprinzessin war in Blaenau eine strenge Gefangene in den Händen der Aufständischen; der Kanzler und andere Minister waren aus dem Land geflohen; mehrere Regimenter hatten ihre Offiziere massakriert; und es wurde erwartet, dass ein Volkskomitee die Regierung übernehmen würde.

In Charing Cross erwarteten uns bereits Alexander O'Mulligan. Er war bei bester Gesundheit und sein Grinsen war außerordentlich breit. Fitz kam mit den nötigen Eintrittskarten für die ganze Gruppe an, konnte sich aber nur Pässe bis zur Grenze besorgen. Aber wie er erklärte, muss uns das nicht stören, da wir den Zug verlassen sollten, bevor wir dort ankamen, und uns in der Dunkelheit auf den Weg über die Berge machen sollten.

Während sich unser Zug durch die Vororte schlängelte, wurde uns das Versprechen einer überfüllten und herrlichen Woche immer klarer . Das Motiv war angemessen; Und obwohl der Chief Constable und ich ein Gefühl dafür hatten, wie unbesonnen der Plan war, waren wir vom gemeinsamen Glauben an Fitz überzeugt.

Unsere Route führte über Paris. Von Southampton aus war es direkter, aber es gab kaum einen Unterschied in der tatsächlichen Zeit.

Als wir kurz nach fünf Uhr nachmittags in Paris ankamen, erfuhren wir, dass das Schicksal der Prinzessin trotz der Darstellungen der Mächte immer noch in der Schwebe hing. Wir blieben nur eine Stunde und fuhren dann wieder mit dem Zug.

Wir reisten die ganze Nacht und den ganzen nächsten Tag; und dann, wie Fitz vorhergesagt hatte, kamen wir am Donnerstagabend kurz nach fünf Uhr in der Gemeinde Orgov an , eine Meile von der illyrischen Grenze entfernt an der Grenze zu Milesia . Hier fanden wir einen klugen alten Bauern, der bei einer früheren Gelegenheit als Freund von Fitz aufgetreten war und mit dem er bereits telegraphisch kommuniziert hatte. Der alte Kerl schüttelte den Kopf über die Lage im benachbarten Königreich, stellte uns aber ein paar vertrauenswürdige Führer durch die Berge und sieben erträgliche Pferde zur Verfügung, eines für jedes Mitglied unserer Gruppe.

Fitz bekräftigte seine Absicht, Blaenau in sechs Stunden zu erreichen. Der Wirt erklärte jedoch offen, dass dies unmöglich sei. Der Winter sei streng gewesen; schwere Schneewehen lagen in den Pässen, und in seinem gegenwärtigen Zustand sei das Land selbst voller Gefahren. Unser Freund, der Wirt, erklärte sogar, dass wir Blaenau niemals erreichen würden, wenn Gott uns nicht sehr gnädig sei.

Wir waren jedoch eine Gruppe von neun kräftigen Kerlen, gut bewaffnet und einigermaßen beritten. Und als wir kurz nach sechs Uhr abends von Orgov aufbrachen , bedrückte uns das Gefühl der Gefahr wohl kaum. Unsere Mission war von höchster Wichtigkeit; jeder von uns hatte Vertrauen in sich selbst und in seine Kameraden. Wir waren eine kleine, aber bewegliche Truppe in ziemlich harten Verhältnissen; und ich glaube, man kann von jedem unserer Mitglieder behaupten, dass er eine natürliche Liebe zum Abenteuer hatte.

KAPITEL XXXIII

IM GLEICHGEWICHT

Orgov verließen . Wir nahmen einen schmalen, kurvenreichen Reitweg, der stellenweise unangenehm steil war, um der Grenzstadt Boruna auszuweichen , wo Ärger lauern könnte. Die Sterne waren bereits sichtbar, und der Mars direkt vor uns, wunderbar groß und rot, als wir genau nach Osten fuhren. Es lag eine Heiterkeit in der Atmosphäre, die wie Wein in den Adern war; und plötzlich bekamen wir den Schweif eines eisigen Windstoßes zu spüren, der uns froh machte, unsere Mäntel um uns zu wickeln.

Eine unvoreingenommene Betrachtung eines solchen Unternehmens machte deutlich, dass die Wahrscheinlichkeit eines völligen Scheiterns sehr groß war. Wie konnten sechs Männer und ein Krüppel hoffen, in das Herz einer streng bewachten Festung einzudringen? Und wenn wir es geschafft hätten, mit welchen Mitteln würden wir dann wieder herauskommen? Bei allem Gewissen war der Plan wild genug, aber dies war nicht der richtige Zeitpunkt, um diese Tatsache zu betonen.

Es besteht kein Zweifel, dass die Qualitäten unseres Anführers seinem Korps eine große Hilfe waren. Unerschrockener Mut und unbesiegbarer Optimismus gehörten in höchstem Maße zu ihm; und diese Geisteshaltung konnte nicht umhin, auf seine Waffenbrüder zurückzuwirken. Darüber hinaus schien er sich in außergewöhnlichem Maße mit der Kühnheit des Genies, einem Gespür für Details und einer klugen praktischen Weisheit zu vereinen, was den Charakter derjenigen, die in erster Linie auf die Fähigkeit der Inspiration angewiesen sind, sehr selten verschönert.

Während wir Meile für Meile diese schneebedeckten illyrischen Berge überquerten, hatte die Möglichkeit eines weniger als vollständigen Erfolgs in seinen Gedanken keinen Platz. „Nichts ist unmöglich" war sein Motto, und das verwirklichte er mit voller Überzeugung. Seine Zwillingsseele rief ihn zum Schloss Blaenau, und er zweifelte keinen Augenblick an seiner Fähigkeit, dem Ruf Folge zu leisten.

Unser Plan war es, möglichst alle Ballungszentren zu meiden . Da unsere Führer erfahrene Männer waren und mit allen Neben- und Reitwegen vertraut waren, konnten wir dies tun und dabei sogar Zeit sparen. Doch wie der Gastwirt betont hatte, hatte Fitz' Optimismus ihn in die Irre geführt, als er damit rechnete, die illyrische Hauptstadt in sechs Stunden zu erreichen.

Als wir in einem Gasthaus oberhalb der finsteren Gewässer des Montardo - Sees unseren ersten Köder nahmen , war es fast neun Uhr. Kaffee und Kuchen waren sehr akzeptabel; Tatsächlich habe ich selten etwas so Köstliches probiert. Aber trotz unseres Fleißes und einer gehörigen Portion

Glück hatten wir knapp zwanzig Meilen zurückgelegt. Unsere Pferde waren gut für weitere zwölf Meilen durch den beeindruckenden Pass von Ryhgo , wo die Gebirgsbäche mitten im Winter normalerweise Hochwasser haben .

Nach einer Viertelstunde Pause ging es weiter. Bisher hatten wir nur wenige Anzeichen der Revolution gesehen. Aber im Gasthaus oberhalb von Montardo kursierten hässliche Gerüchte . Das Volk und die Armee hätten sich gegen die Aristokratie gewandt; Sie schlachteten sie massenweise ab, und die Kronprinzessin wurde für tot erklärt.

Dass unsere Mission vergeblich war, wollte Fitz nicht glauben. Der Mut des Mannes war noch nie so bemerkenswert gewesen wie angesichts dieser Nachricht.

„Wenn sie schon tot wäre“, sagte er einfach, „hätte ich Informationen gehabt. Ich werde es nicht glauben, bis ich ihre Leiche in meinen Armen halte.“

Durch den Pass von Ryhgo , der von den kargen illyrischen Bergen überschattet wird, schlängelte sich der schmale Pfad am äußersten Rand eines Abgrunds entlang. Unten befanden sich die Gewässer des Montardo -Sees , der, als wir darüber ritten, eine unheilvolle Pracht zu den Sternen widerspiegelte. Der Wind war jetzt sehr durchdringend und trieb uns direkt ins Gesicht; Es erhöhte die Gefahren unseres Vorankommens durch den Pass nicht wenig. Die Pferde brauchten nur einen falschen Schritt zu machen, und ihre Reiter würden tausend Fuß weit in das schreckliche, schwarze Wasser geschleudert, das unten glänzte.

Bevor wir diese gefährlichste Etappe unserer Reise überwunden hatten, wurden die Wolken schnell vom Wind aufgewirbelt, und um unsere Gefahr und unser Unbehagen noch größer zu machen, kam es zu Schnee. Daher war es eine große Erleichterung, als wir endlich zu einem Gasthaus in einem Weiler mit einem unaussprechlichen Namen kamen, der das Ende des Passes markierte. Es war dann elf Uhr und wir hatten kaum mehr als die Hälfte des Weges zurückgelegt.

Hier fanden wir einen Freund, der auf uns wartete. Er war ein illyrischer Bekannter von Fitz und hatte die Einzelheiten unserer Bergreise arrangiert. Als Mitglied einer Adelsfamilie war er mit dem Hofleben in Blaenau vertraut und hatte in der vorherigen Episode, die in der Flucht der Kronprinzessin gipfelte, die Rolle eines Freundes übernommen.

Er war ein umgänglicher, weltoffener Mensch und hatte keine Schwierigkeiten, sich auf Französisch verständlich zu machen, in dieser Sprache genoss er mehr Glück als jeder andere von uns. Er antwortete auf den Namen John, obwohl ich seinen vollständigen Titel, der sehr lang und schwer auszusprechen war, vergessen habe. Auch er hatte die allgemeine

Meldung gehört, dass die Prinzessin tot sei, wollte aber keine Meinung dazu äußern, ob dies wahr sei.

Als Fitz sein Projekt vorstellte, zeigte er sich leicht erstaunt.

„Aber wie", sagte er, „werden Sie die Maravina überqueren?"

„Sie glauben nicht", sagte Fitz, „dass wir so weit gekommen sind, um uns durch die Überquerung der Maravina abschrecken zu lassen?"

„Alle Brücken werden von den Republikanern streng bewacht. Die Fähren auch."

Zur Not können wir die Maravina durchschwimmen."

„Ihr Engländer könnt das meiste", sagte John, „aber versucht nicht, mitten im Januar durch die Maravina zu schwimmen, das ist mein Rat."

Middleshire ein tiefes, zustimmendes Knurren aus .

„Wir werden tun, was wir können", sagte der Mann des Schicksals mit ausgezeichneter Gleichgültigkeit.

„Ja, aber wir müssen verdammt noch mal nicht tun, was wir nicht können", sagte der Chief Constable *sotto voce*, meinte damit aber keine Respektlosigkeit gegenüber seiner Muttersprache.

Maravina aufgrund einer zu aktiven Vorstellungskraft ein Paar Lederhosen „von einem lokalen Künstler namens Jobson" durchbohrte. Sie schienen bereits erbärmlich feucht zu sein. Und wenn sich irgendetwas elender anfühlt als ein Paar Lederhosen, wenn sie feucht sind, bete ich, dass mir diese Erkenntnis erspart bleibt.

So hoch unsere Mission auch war, das Fleisch weigerte sich, den warmen Ofen in der Herberge des „Hängenden Kreuzes" zu verlassen, um zu den schrecklichen Purlieus zu gehen, die sich durch das Herz der wilden illyrischen Berge schlängelten. Aber zumindest konnten wir uns gratulieren, dass der Pass von Ryhgo zu Ende war und dass die schwarzen Wasser des Montardo -Sees nicht mehr tausend Fuß unter uns auf den unglücklichen Reisenden lauerten . Außerdem hatte es aufgehört zu schneien, der Wind hatte nachgelassen, Mars und seine Brüder schauten wieder auf uns und es gab eine schwache Ahnung einer Mondsichel.

Unsere müden Tiere waren im Gasthof „The Hanging Cross" gegen eine neue Staffel eingetauscht worden. Neben einer Verstärkung in Form von John begleitete uns ein geführtes Pferd mit Seitensattel zum Einsatz der Prinzessin. Mit gerechteren Bedingungen und einem Weg, der weniger gefährlich zu beschreiten war, begannen wir, unser vorheriges

Fortschrittstempo deutlich zu verbessern. Dann wurde die Straße wieder schwieriger, aber glücklicherweise blieb der Himmel klar.

Im weiteren Verlauf der Reise kamen wir durch mehrere Weiler und Kleinstädte. Den Lichtern in den Fenstern der Häuser und dem Verhalten kleiner Menschengruppen auf den Straßen nach zu urteilen, herrschte eine allgemeine Unruhe. Männer mit den für das Land so typischen malerischen Fellmützen waren zu sehen, die beeindruckend aussehende Waffen trugen; und obwohl eine solche Kavalkade ihre Neugier erregte , ließen sie sie passieren.

Wir hatten keine Abenteuer, die diesen Namen verdienten. In einem der Bergtäler war eine tiefe Gletscherspalte durch eine Schneewehe verdeckt worden, und der Wachsamkeit unserer Führer war es zu verdanken, dass wir ihr nicht zum Opfer fielen. Der Wind war immer noch sehr durchdringend, aber auf Fitz' Rat hin hatten wir vor dem Start alle die Vorsichtsmaßnahme getroffen, gut gekleidet zu sein.

Unsere Fortschritte waren wirklich besser, als wir dachten . Eine plötzliche Kurve auf der Straße offenbarte einen sehr breiten und reißenden Strom. Es war die Maravina ; und dort am anderen Ufer befand sich der steile, aufragende Felsen, gekrönt von der majestätischen Burg Blaenau. Dicht daneben schmiegte sich eine dunkle Ansammmlung von Häusern und dürren Kirchtürmen der Hauptstadt Illyriens.

„Da bist du ja", rief John mit einer Handbewegung. „Nun, meine Freunde, seid ihr versucht, hinüberzuschwimmen?"

„Ich gehe davon aus, dass wir eine Brücke finden werden", sagte Fitz ganz lässig.

„Sie alle müssen vom Feind bewacht werden."

„Vielleicht", sagte der Mann des Schicksals unbeirrt.

Etwas weiter rechts, etwa eine Meile entfernt, befand sich eine der kleineren Brücken, die in die Stadt führten. Es handelte sich um eine klapprige Holzkonstruktion, die von einem Tor mit einem Türmchen bewacht wurde und ein seltsam mittelalterliches Aussehen hatte. Vor dem Tor brannte in einem Eimer ein helles Koksfeuer, und darum herum breiteten sich mehrere Männer in Uniform aus, deren Haltungen auf unterschiedliche Phasen der Schläfrigkeit schließen ließen.

Ein zottiger, wild aussehender, feingewachsener Kerl erhob sich und forderte uns heraus. Fitz antwortete prompt in seinem höflichsten und besten Illyrisch. Von dem darauf folgenden Gespräch war für mich kein einziges Wort verständlich, aber es wurde durch das anerkennende Gelächter von

John und den Führern unterbrochen und wurde von beiden Seiten mit höchster guter Laune geführt .

Seine Schlussfolgerung entsprach jedenfalls dieser Vermutung. Es wurde gesehen, wie Fitz ein Stück Gold in eine verstohlene Handfläche steckte; das Passwort wurde ihm zugeflüstert; und das Tor wurde gerade so weit geöffnet, dass jeder von uns einzeln hindurchgehen konnte.

„Wenn es auf dieser schönen Erde einen korrupteren Schurken als einen illyrischen Infanteriekorporal gibt", sagte John, „dann bin ich froh, sagen zu können, dass ich ihn nicht getroffen habe."

„Böse Praktiken erzeugen einen bösen Staat", sagte der sentimentale Fitz. „Wenn Kerle ihren Lohn pfeifen müssen , was kann man dann erwarten?"

„Hoffen wir, dass sich die Wächter des Schlosses als empfänglich erweisen", bemerkte ich fromm.

„Ah, da hast du ja noch eine Vogelart!" sagte Fitz.

Auf der Stadtseite der Brücke befand sich ein zweites Tor. Auch dieser wurde von Soldaten bewacht, aber das gegebene Passwort brachte uns ohne weitere Fragen durch. Oben auf dem schweren und unhandlichen Tor befanden sich in einer Reihe hohe Stacheln. Sie waren mit einer Reihe menschlicher Köpfe geschmückt.

Ich gestehe, diese grausigen Erinnerungsstücke lösten bei mir einen Schauer aus.

„Sie scheinen die Dinge in Blaenau angenehm zu machen", sagte Frederick.

„Sie können noch einen Schritt weiter gehen, mein Sohn", sagte Fitz, „wenn sie die Chance dazu bekommen. Ich würde jedem von euch raten, im Notfall nur eine Patrone in seinem Revolver zu lassen."

An einen verheirateten Mann, Familienvater und Kreisangehöriger, dessen linker Arm in einem schwarzen Seidentaschentuch steckte und der sich im Sattel nicht besonders sicher fühlte, als er Knie an Knie mit seinem fehlgeleiteten Freund, dem Häuptling, über die Brücke ritt Constable of Middleshire , der eisige Wind, der ihn aus dem mächtigen, darunter wirbelnden Wildbach begrüßte, wehte deutlich „dünn". Etwas bitter begann er, den Schicksalsschlag zu beklagen, der ihn des Gebrauchs einer Hand beraubt hatte.

durch enge, eng bebaute Gassen, deren Gerüche ausgesprochen unangenehm waren, bis wir in den Schatten des Burgfelsens gelangten. Im schwachen Licht der Sterne ragte es wie ein schroffer, wuchernder Haufen empor.

Als wir abstiegen, banden wir die Pferde an einen Zaun. Fitz nahm eine dunkle Laterne aus seinem Sattel; und unter einer Sammlung verschiedener Gegenstände, mit denen er sich vorausschauend versorgen wollte, befand sich eine Seilrolle. Dies schien sich in die Form einer Leiter umwandeln zu lassen; und unser Anführer bekräftigte seine Absicht, der erste Mann zu sein, der die Burgmauer bestieg. Er schlug vor, diese Vorrichtung oben an der Kappe zu befestigen, damit die anderen so einfach und schnell wie möglich hinaufklettern könnten.

Es blieb mir nichts anderes übrig, als mich damit abzufinden, bei den beiden Führern zu bleiben und die Pferde zu betreuen. Für einen Mann ohne einen Arm wäre es körperlich unmöglich gewesen, diesen steilen Abgrund zu erklimmen.

Charakteristisch waren die abschließenden Ratschläge von Fitz für mich.

„Wenn", sagte er, „ein Wachposten vorbeikommt und wissen möchte, was Sie tun – ich glaube nicht, dass er das tun wird, weil sie anscheinend keine Streikposten aufgestellt haben –, schlagen Sie ihm sofort das Gehirn aus und machen Sie sich auf den Weg." Einer der Führer zieht seine Uniform an, schultert seine Waffe und marschiert auf und ab, alter Sohn.

Der Mann des Schicksals war verschwunden, vielleicht für immer . Als jeder meiner Mitstreiter in seinem Kielwasser über den niedrigen Zaun kletterte , wünschte ich ihm viel Glück. Es schien kaum eine Chance zu geben, dass wir uns jemals wieder ansehen würden.

Sie hatten ihre Umhänge zurückgelassen, und diese wurden zusammen mit meinen über die Pferde geworfen, die uns so gut getragen hatten. Tabak ist in Zeiten voller Spannung ein großer Trost, aber die langwierige Spannung, der ich mich unterwerfen musste, wurde bald unerträglich.

An einen Liebhaber der *Aurea Als mediocritas* , ein britischer Familienvater des 20. Jahrhunderts, der sich in der komfortablen Sicherheit eines bürgerlichen Lebens bestätigte, war eine solche missliche Lage absurd. Es war wirklich schmerzhaft, stundenlang den unebenen Boden am Fuße des Burgfelsens auf und ab zu marschieren. Eine Pfeife steckte in meinen Zähnen, ansonsten war ich den Strapazen einer langen Januarnacht in Illyrien deutlich ausgesetzt. Ein blutiges Ende war meine ständige Überlegung. Und ich wagte kaum daran zu denken, was meinen Kameraden bevorstand, auf deren schwache Hoffnung ich unbedingt warten musste.

Es gab Momente in dieser Zeit des schmerzlichen Elends, in denen ich das Gefühl hatte, völlig verzweifelt zu sein. Warum sich schämen, das Geständnis abzulegen? Das Gefühl der Impotenz war wirklich schrecklich. Als die Zeit verging und kein Laut zu hören war, wusste Gott allein, was sich in diesem finsteren Horst im Schutz der Nacht abspielte.

Wie die meisten von denen, die den unglücklichen Sauerteig der Fantasie in sich tragen, steht mein instinktiver Optimismus oft auf der Probe. Während ich in der Dunkelheit auf und ab marschierte, vergeblich versuchte, mich warm zu halten, und auf die verspätete Morgendämmerung wartete, in der der Tod auf uns alle lauerte, hätte ich große Chancen gehabt, dass das Schicksal der Prinzessin und meiner Mitstreiter bereits besiegelt war würde es teilen.

Ein Mann sollte in irgendeiner Weise danach streben, als Held aufzutreten, wenn er an die violetten Flecken seiner eigenen Geschichte stößt. Aber wenn eine große Angst vor der unmittelbaren Zukunft in Kombination mit einem lebhaften Grauen vor der Gegenwart mit diesem Grad vereinbar ist, dann sei es so. Während dieser Stunden der Untätigkeit ertrug ich die Qualen der Verdammten.

Wieder und wieder versuchte ich nervös, einen Schritt zu erwischen, und jedes Mal, wenn ich es schaffte, drang Fitz' finstere Aufforderung in meinen Ohren nach. Ich erkannte seine Weisheit, aber was für ein Rat für einen respektablen, gesetzestreuen Engländer! Stellen Sie sich den Ehemann von Mrs. Arbuthnot vor, den Vater von Miss Lucinda, das sensible Produkt einer stabilen Gesellschaft, das darauf wartet, einem Mitgeschöpf das Gehirn auszuschalten, und das unter kaum einem Vorwand!

Klugheit ist nicht ohne Zärtlichkeit für diejenigen, die ihr den Hof machen; Zumindest befand sich ein großzügiger Vorrat Tabak in meiner Tasche. In einem Zustand purer Verzweiflung rauchte ich die unerträglichen Stunden weg und hatte sogar Tabak, den ich mit den Führern teilen konnte, die friedlich im Windschatten der Pferde auf die Morgendämmerung warteten.

Das waren robuste, schweigsame, zurückhaltende Männer. Ich kannte kein Wort ihrer Sprache, was auch immer es war, und ich glaube, es war eine Art Milesischer *Argot* . Aber sie hatten einen Hauch träger Verantwortung an sich. Sie waren ehrliche Bauern, ruhig, einfallslos, treu.

Die fünf Uhr wurde von einem halben Dutzend Türmen der Hauptstadt aus erzählt. In weniger als drei kurzen Stunden wäre unser aller Schicksal besiegelt. Meine Gedanken wanderten zurück zu Middleshire und ich hätte vor Ärger weinen können. Dort war alles so glücklich und angenehm. Auch wenn Mrs. Arbuthnot nicht in allen Dingen mit mir einer Meinung war, so fügte eine gelegentliche diskrete Meinungsverschiedenheit der Doppelbesetzung lediglich die Schärfe hinzu.

Ja, das Leben und alles, was dazu gehörte, lag mir sehr am Herzen. Es ist natürlich angebracht, gegenüber dem unauflöslichen Kern des Egoismus, der uns allen im Herzen liegt, eine angemessene Zurückhaltung aufrechtzuerhalten. Aber in diesen unaussprechlichen Stunden konnte ich es nicht verbergen. Warum hatte es dem Schicksal gefallen, dieses unglückselige Geschöpf, das völlig außerhalb des Kreises meiner Interessen, ein Fremdling in Geburt, Rasse und Vermögen war, in den stillen Hinterhof meiner Jahre zu projizieren? War es nicht eine Frechheit, einen so bequemen Hedonismus auf diese grausame, bedeutungslose und verantwortungslose Weise zu zerstören?

Welcher Mann kann für seinen Autobiographen ein Held sein! Nach allen Spielregeln hätte ich in eine Art moralisches Rampenlicht gebadet werden sollen, während ich in dieser verfluchten illyrischen Nacht meinen miserablen Rhythmus durchschritt. Es sollte die einfachste Sache der Welt sein, ein Bild stoischer Verachtung für Dame Fortune und ihre Fantasien zu zeichnen.

Aber die unverblümte Wahrheit liegt vor mir, so unedel sie auch ist. Das Leben bedeutete zu viel. Der geringste meiner Gedanken hätte dieser hohen und edlen Mission gewidmet sein sollen, die mich aus meinem glücklichen Zuhause in einer englischen Grafschaft gelockt hatte. Ich hätte mich ganz auf das Schicksal der königlichen Dame konzentrieren sollen und auf das Schicksal dieser beherzten Kerle, die so weit gekommen waren und so viel ertragen mussten, um ihr dienen zu können.

Nun, ich werde nicht leugnen, dass meine Gedanken in gewissem Maße ihnen galten. Aber ich wagte nicht, darüber zu spekulieren, was mit ihnen geschehen war; Ihr Schicksal war zu groß mit tragischen Möglichkeiten. Doch in mir herrschte stets ein schmerzlicher Ärger. Ich wollte nicht im Geringsten sterben, und ich war entschlossen, es nicht zu tun. Leider hatte Fitz mir nicht das Passwort gegeben, das mich letzten Endes über die Brücke bringen könnte; Ich konnte nicht mit den Führern kommunizieren; Ich war ein Fremder in einem fremden Land.

Von den Türmen der Stadt wurde sechs Uhr gesagt, aber vom Burgfelsen war kein Laut zu hören. Die Verzweiflung packte mich am Herzen. Die Prinzessin war tot und meine Freunde waren nicht in der Lage, die Festung zu verlassen, obwohl sie die unglaubliche Tollkühnheit bewiesen hatten, sie zu betreten. Aber bis es hell wurde, musste ich auf meinem Posten warten; ja, wenn ich es schaffen könnte, wäre es meine Pflicht , länger zu bleiben.

Die schlafende Stadt begann sich bereits unruhig zu bewegen. Von ihm gingen ferne Geräusche aus; Nur zehn Schritte von unseren Pferden entfernt war ein Bauernwagen über die Straße gefahren. Gestalten begannen aus der Dunkelheit aufzutauchen und sie wieder zu betreten. Zweifellos waren es Arbeiter, die ihrer Arbeit nachgingen. Die eisigen Windböen des Flusses ließen mein Blut erstarren. Von den Türmen aus wurde halb sieben erzählt; Hausmädchen in rosa bedruckten Kleidern zündeten die Feuer im Dympsfield House an.

Ich fing an, mir einen Plan auszudenken, wie ich am helllichten Tag von diesem verfluchten Ort fliehen könnte, für den Fall, dass Fitz nicht zurückkehrte. Aber selbst mein Verstand war betäubt, und er stand unter der Herrschaft zweier klarer Tatsachen: Ich verstand kein Wort der illyrischen Sprache, und ich wusste nichts über die Sitten und Gebräuche des Landes.

Die Reihe der Köpfe am Stadttor nahm in den Hallen meiner Fantasie eine eigene Kammer ein. In welche Richtung auch immer ich meine Gedanken richtete, vor meinen Augen befand sich dieser grässliche Fries. Plötzlich stellte ich fest, dass ich den Stiel meiner Pfeife durchgebissen hatte.

Es war jetzt sieben Uhr und ich hatte alle Hoffnung auf Fitz aufgegeben. So eine Tragödie sollte schließlich das Ende dieser wilden Schwankungen sein, die mit einer großen Farce begonnen hatten. Die unglückliche „Zirkusreiterin aus Wien" war von den Menschen, für die sie alles gegeben hatte, zu Tode gebracht worden. Sie hatten ihr Opfer nicht nur abgelehnt, sondern es auch mit brutalem Verrat vergolten. Und der edle Mann, der sie geliebt hatte, und diese tapferen Kerle, die alles gewagt hatten, um ihr zu dienen, ungeachtet ihres Lebens, das sie genauso hoch schätzten wie ich, waren für ihre Sache gestorben.

Wut und Entsetzen begannen in mir aufzusteigen. Gott im Himmel, war das das Ende unseres Abenteuers? Es war Viertel nach sieben; die ganze Stadt war in Aufruhr.

Die Morgendämmerung nahte. Über dem Burgfelsen waren bereits ein paar schwache graue Streifen zu sehen. Benommen und hilflos richtete ich meinen Blick nach oben zu diesem unheimlichen Haufen. Ich war körperlich kalt, geistig schwach und wusste nicht, was ich tun oder wohin ich mich wenden sollte. Und dann, bevor ich realisieren konnte, was geschehen war, strömten dunkle und verstohlene Gestalten auf mich zu, eine Hand lag auf meiner Schulter und eine leise Stimme drang in meine Ohren.

„Die Pferde! Die Pferde!"

KAPITEL XXXIV

DIE KREATUREN VON PERRAULT

halb gelähmt waren, lag eine Magie in den Worten. Unwillkürlich, ohne zu wissen, was ich tat, half ich dabei, die Pferde loszulassen. Ich sah andere in ihre Sättel steigen; Mit ein wenig freundlicher Hilfe gelangte ich in meine.

Im zunehmenden Licht der Morgendämmerung machten wir uns in gemächlichem Tempo auf den Weg in die alte, malerische Stadt mit ihren vielen Giebeln. Dennoch war es noch zu dunkel, um zu erkennen, wer genau zu unserem Unternehmen gehörte. Wir kamen zur Brücke und blieben stehen, während Fitz am Tor das Passwort gab. Misstrauische Blicke wurden auf ihn geworfen, aber sie ließen uns durch.

Am anderen Tor gab Fitz erneut das Passwort. Es kam zu einer kleinen Verzögerung, in deren Verlauf Fitz fröhlich mit dem Infanteriekorporal sprach. Schließlich wechselte ein weiteres Goldstück den Besitzer, und dann durften wir weiter ins offene Land.

Ohne einen Schuss abfeuern zu müssen, waren wir aus der Stadt herausgekommen. Ich wusste noch nichts von dem, was in den Stunden meiner Ungewissheit passiert war, konnte aber im trüben Licht erkennen, dass zwei Personen anderen Geschlechts unsere Gesellschaft bereichert hatten. Einer, der neben Fitz fuhr, hatte einen vertrauten Umriss; die andere, eine unbekannte Dame, war etwas unsicher vor dem Sattel von Joseph Jocelyn De Vere untergebracht.

Als wir uns der Bergstraße zuwandten, ertönte der Donner einer Kanone über das turbulente Wasser der Maravina .

„Sie sind endlich wach", sagte eine schroffe Stimme an meinem Ellbogen. Der Chief Constable wirkte sehr müde und sehr grimmig.

Hart und geradeaus ritten wir durch das vergleichsweise einfache Land zum Gasthaus an der Spitze des Ryhgo- Passes . Wir mussten uns hier mit einem Pferdewechsel begnügen; Es blieb keine Zeit, sich etwas anderes als eine Tasse Gewürzwein zu gönnen.

Am helllichten Tag war der Pass von Ryhgo von vielen seiner Schrecken befreit. Aber als wir über den See fuhren, war der Weg so schmal und die Kurven so scharf, dass immer noch Vorsicht geboten war. Glucklicherweise war der Wind jetzt tot.

Selbst jetzt war ich kaum in der Lage zu begreifen , was geschehen war. Die Belastung für meinen Geist war immer noch groß; Meine Fähigkeiten schienen außer Kontrolle geraten zu sein.

„Wir hatten wunderbares Glück." Die Stimme des Chief Constable klang fern und bedeutungslos. „Es war ein teuflischer Aufstieg auf diesen Felsen, und ich gehe davon aus, dass wir den Gipfel nie erreicht hätten, wenn Fitz sich nicht an eine geheime Treppe erinnert hätte, die direkt ins Herz des Ortes führte. Entweder Die Bürger von Blaenau hatten alles vergessen oder wussten nichts von seiner Existenz, als er zufällig das Loch im Felsen sah, war es so schwarz wie das Grab , außer Fitz' Laterne.

„Es war eine giftige Reise über eine endlose Reihe gewundener Steinstufen. Es dauerte eine ganze Stunde, bis wir ans Ende kamen. Und dann standen wir vor einer Tür aus massiver Eiche, die in drei Teilen morsch war. Wir brauchten noch eine weitere." Stunde, um das zu durchbrechen, und Fitz' Laterne ging aus und wir mussten bis zu meinem Todestag weiterhin Streichhölzer anzünden. Und als wir endlich durch diese höllische Tür kamen, wo haben wir sie wohl gefunden? uns selbst?"

„Das kann ich nicht sagen", sagte ich verträumt und blickte vage auf das schwarze Wasser des Sees unten.

„Hinter dem Wandteppich im Schlafzimmer des Königs. Ein wunderbares Glück! Es ist eine seltsame Vorsehung, die über manche Dinge wacht. Und dort warteten wir in der Dunkelheit, die Hände an unseren Waffen, während Fitz sich auf den Weg zur Prinzessin machte, und er brachte sie und ihre Frau zu uns, und wir kamen davon, ohne eine Menschenseele zu stören.

„Eine wundervolle und unglaubliche Geschichte!"

Ich begann Angst zu haben, dass ich vom Pferd fallen könnte. Doch schließlich überquerten wir den Fjällpass von Ryhgo und um drei Uhr nachmittags befanden wir uns in der Herberge eine Meile hinter der Grenze in der Nähe von Nahrung, Unterkunft und Sicherheit. Daraufhin erklang ein stummes Gebet zum Himmel aus der immer noch zitternden Seele eines verheirateten Mannes, eines Familienvaters und eines Kreisangehörigen.

Die unbekannte Dame, die Jodey so galant auf seinem Sattel durch die gefährlichen Gebirgspässe getragen hatte, war keine andere als die Gräfin Etta von Zweidelheim , diese Liebhaberin Schuberts, diese charmante Interpretin Schumanns, die sich für die Aussage verantwortlich gemacht hatte, dass unser denkwürdiger Abend zu Ende ging die Botschaft sei „peter als Offenbach".

Selbst als sie friert, hungrig und verzweifelt erschöpft aus dem Sattel ihres Kavaliers gehoben wurde, neigte sie zum Lachen; und wir konnten unter uns eine Art hohles Echo ihrer Heiterkeit erwecken, als wir die Feierlichkeit beobachteten, mit der mein angeheirateter Verwandter sie zum Herd begleitete und ihre blutleeren Hände wund rieb, um den Kreislauf wiederherzustellen.

Der etwas förmliche, vielleicht etwas verlegene Charakter unseres Lachens verfehlte auch unter diesen Umständen nicht seine gewohnte Anziehungskraft auf Ihre Königliche Hoheit. Ihre eigenen lösten jedoch tausend Erinnerungen aus, die ich bis ins Grab und vielleicht darüber hinaus tragen werde.

„Aha, *Les Anglais* !“ In den hageren Augen lag eine mütterliche Nachsicht. „ *Très bons enfants!* “ Ihre Stimme war leise, sarkastisch und auf seltsame Weise liebkosend. „ *Très bons enfants!* “

Plötzlich drehte sie sich um und reichte mir beide Hände. Leicht berührten meine Lippen die gefrorenen Finger. Einen Augenblick lang fiel mein Blick auf die seltsame Blässe ihres Gesichts; und dann begegneten sie in einer Art Herausforderung dem versunkenen Glanz, der ihm Leben einhauchte.

„Die Kreaturen von Perrault, Ma'am“, sagte ich ziemlich hysterisch.

DAS ENDE